Nennt sie verrückt,
ich nenn' sie weise

NENNT SIE VERRÜCKT,
ICH NENN' SIE WEISE

Gespräche mit
Heilern, Religionsführern, Philosophen

Malte W. Wilkes

Verlag AG · Zürich

Gewidmet in Liebe meinem Bruder Günter

Konzeption: IFAM Institut für angewandte Marketing-Wissenschaften BDU,
Düsseldorf
Bildarchiv: Ullstein Bilderdienst Umschlag, S. 258, S. 259, S. 264
Druck: Leufgens Druck, Stolberg
Printed in Germany

ISBN 3-906 639-05-3

AUF EIN WORT:

WEISHEIT IST WISSEN DES WISSENS

Als weise gilt derjenige, der Kenntnisse der letzten Gründe und Prinzipien des Seins und des Lebens aufweist.

Als weise gilt derjenige, der Einsicht in die Zusammenhänge des einzelnen mit dem Ganzen besitzt.

Alle hier Ihnen präsentierten Gesprächspartner, mit denen ich das Glück hatte, mich austauschen zu dürfen, besitzen nicht nur Information und Wissen. Immer vermitteln sie ihrer Umgebung auch ein starkes Gefühl, achtsam und weise zu sein; selbst dann, wenn andere Menschen (aus anderen Kulturen) sie manchmal als *»verrückt«* oder *»entrückt«* einstufen.

Einige dieser Gesprächspartner werden von ihrer Umwelt als heilig angesehen und so behandelt, wie der balinesische *»Priester und Geistheiler«* Concordegede Ngura oder die christliche Missionarin Mutter Teresa.

Andere wiederum werden ganz offiziell als Seine Heiligkeit (SH) tituliert: So der Buddhist, SH der Dalai Lama; der Hinduist, SH Swami Shankaracharya; der Jaina, SH Karmayogi Sri Charekeerty Bhattaraak Swami oder der Christ, SH Papst Shenouda III.

Manche dieser Weisen sind in unserer westlichen Welt nicht öffentlichkeitswirksam bekannt, jedoch in ihrer Berühmtheit. Andere wurden auch im Westen durch hohe Ehrungen ausgezeichnet, so die Nobelpreisträger Mutter Teresa und SH der Dalai Lama, so der Träger des Alternativen Nobelpreises Sir George Trevellyan.

Alle aber waren auf ihre Weise wunderbar erdverbunden. Weisheit, die *»grounded«* ist, gibt Hoffnung für alle, die nach Weisheit suchen.

Ich habe im Rahmen der Übersetzungsmöglichkeiten versucht, die Gespräche so wiederzugeben, wie sie waren, und ihren eigenen (manchmal spröden, manchmal fast poetischen) Charme der Gedanken- und Sprachführung eingefangen. Mancher längere, aber sehr persönliche Austausch, ist um diese intimen Teile gekürzt, aber in der reduzierten Art sicherlich immer noch aussagekräftig.

Aus diesem Grunde der übersetzenden Bearbeitung können Sie die Gedanken inhaltlich und formal dem Gesprächspartner ohne »Wenn und Aber« zuordnen. Man darf sie aber im strengsten (akademischen) Sinne nicht damit zitieren.

Es war nicht immer einfach, die Gespräche den hier vorgelegten Grundthemen zuzuordnen. Ist die kurze Aussage des Dalai Lama religiös oder philosophisch einzuordnen? Spricht der ägyptische General a.D. Ahmad Abdel-Wahab Ali über soziale oder islamische Themen? Ich hoffe, daß Sie mit mir spüren, daß das Ordnungsprinzip eher eine erste Grundorientierung sucht, die Gesprächspartner im Prinzip aber ähnliche Gedanken und Inspirationen verfolgen.

Dadurch, daß manche Themen immer wieder auftauchen, werden Sie feine Gemeinsamkeiten und filigrane Unterschiede entdecken.

Manche Aussage reizt zu direkter Widerrede, wirkt zunächst »verrückt«. Und trotzdem kann gerade auch in ihr Weisheit verborgen sein – wenn man sich um diese Entdeckung bemüht. Mir persönlich scheint ebenfalls in keinem Widerspruch zu stehen, daß Sie vielleicht für sich auch etwas Falsches entdecken. Denn wen wir vielleicht als weise erkennen – der ist noch lange nicht unfehlbar erleuchtet.

Letztendlich bin ich vielen von Herzen Dank schuldig. Nicht nur den Übersetzern vor Ort: Wie Uma Goyal in Indien oder Putu Linarta in Indonesien; wie der Christin Georgette Nader und der Muslima Nesrin Sherbini in Ägypten; wie aufgrund der politischen Situation zwei besser ungenannten Tibetanern. Sondern auch den hiesigen

Übersetzern, die nicht nur feinfühlig, sondern auch feinhörig von Tonbändern ins Deutsche übersetzten: Kay Schindzielorz und Martin Schönen. Immer beruht das hier Gesagte auf Tonbandmitschnitten, so daß die nun niedergeschriebenen Aussagen soweit wie möglich dem Gemeinten folgen konnten.

Danken möchte ich auch meinen Mitreisenden auf den verschiedenen Touren durch Indonesien, Indien, Tibet, England, Italien und Ägypten. Manche dieser Reisen wurden über ein bis zwei Jahre vorbereitet. Und trotzdem waren sie nur kurz, intensiv – und voll prallem Leben im »*Inneren und im Äußeren*«. Ich danke diesem Freundeskreis, weil ohne ihn, ohne seine Inspiration, ohne die Mitdiskussionen bei etlichen der auch hier vorliegenden Gesprächen diese Intensität der Weisheit vielleicht nie öffentlich geworden wäre. Es sind im einzelnen Volker Bauvain, Ulla Deppe, Marianne und Wolfgang Disch, Thomas Flensberg, Wilma und Dieter Gunesch, Tom Johanson, Lilo und Jürgen Koinecke, Ruth Küster, Dani und Claus-Dieter Meyer, Barbara und Michael Ollefs und meine Frau Elke.

Wenn Sie nun Fehler entdecken, so befürchte ich, muß ich diese trotz der vielen Helfer und Freunde voll auf mich nehmen. Sollten Sie Kontakt mit mir aufnehmen wollen, so erreichen Sie mich beim IFAM Institut für angewandte Marketing-Wissenschaften BDU, Kaiser-Wilhelm-Ring 43, 4000 Düsseldorf 11, Tel. 0211/57 50 81.

Ich wünsche Ihnen Erkenntnis und Lesespaß gleichermaßen. Ich wünsche Ihnen genügend Ruhe zur geistigen Unruhe.

Herzlichst

Ihr
Malte W. Wilkes

INHALT

HEILUNG:

RELIGION:

SPIRITUALITÄT UND MEDIEN:

PHILOSOPHIE:

Heilung

Professor Dr. »*Master*« Liu Hsiu-ch'i: Der Ganzheitliche

Schon von weitem lese ich: »*The Liu Clinic*«. Darunter für mich unerklärliche chinesische Schriftzeichen. »*Acupuncture, Herbal Treatment & All Branches of Chinese Medicine*« verspricht weiterhin das menschengroße Schild dem Besucher vor dem kleinen Vorort-Häuschen mit seinen Erkern und dem gepflegten Garten. Roter Ziegel wird von weißen Einrahmungen der Fenster und Türen durchbrochen.

Als ich an der Tür läute, höre ich innen eine angenehme Glocke. Man öffnet mir das Tor über einen Summer. Ich bin gespannt: Betrete ich jetzt eine chinesische Welt, so wie sie selbst in Rotchina kaum noch existiert? Bekomme ich es mit einem Meister der Feudalzeit zu tun?

Wer jedoch im Inneren eine klassisch-asiatische Ausstattung erwartet hat, wird leicht enttäuscht. Der Hausherr residiert in einem typisch englischen Haus, und nur spärliche Zeichen machen darauf aufmerksam, daß hier ein berühmter chinesischer Philosoph, Mediziner und Heiler arbeitet. Ein paar kalligraphische Bilder, eine Puppe mit aufgezeichneten Akupunktur-Punkten und Meridianen sind alles in dieser Richtung.

Hier also wirkt Professor Dr. Liu Hsiu-ch'i, den seine Freunde und Bewunderer wie im alten China »*Master*«, also Meister nennen. Nicht umsonst, wie sich in unseren intensiven Gesprächen im kargen Büro des ersten Stocks später herausstellen wird. Dort befinden sich auch in mehreren Zimmern genügend Liegen – immer wieder von Sichtvorhängen abgetrennt –, auf denen die tagesklinische Arbeit durch den Meister und seine ärztlichen Kollegen aus China und Indien am und mit dem Patienten vollbracht wird.

Unsere Verabredung war lange vorbereitet, und so nutzen wir einen patientenfreien Nachmittag für einen ersten, orientierenden Gedankenaustausch, der später intensiviert werden sollte.

Master Liu entpuppt sich als erfahrener chinesischer Meister in den »Martial Arts«, wie Philosophie, Kalligraphie, Musik, Medizin und den Kampfkünsten. Er kennt als heilender Arzt die verschiedenen Tai chi-Übungen und beherrscht in Theorie und Praxis subtile Energie-Arbeit.

Mein Gesprächspartner erweist sich in unserem Dialog als bescheiden und energisch zugleich. Der über Sechzigjährige wirkt wesentlich jünger und beschreibt temperamentvoll seine Ansichten und langjährigen Erfahrungen. Er erklärt, daß die Lebensenergie zu steigern sei und sich dieses nicht nur positiv auf Heilungsprozesse, Gesundheitsförderung und ein vitaleres Altern auswirke, sondern auch geistige Fähigkeiten wie Intuition und außersinnliche Wahrnehmung fördere. Immer wieder scheint er mir die lebendige Verkörperung seiner Äußerungen, der anschauliche Beweis der Richtigkeit seiner Erfahrungen und Thesen zu sein.

Master Liu – der neben den östlichen Erfahrungen und Erkenntnissen auch in England Medizin und Philosophie studiert hat – besitzt das notwendig umfassende Wissen und Verständnis, um die scheinbaren Widersprüche von Ost und West zu überwinden. Schon Anfang der 70er Jahre war er der spirituelle Lehrer des Physikers Fritjof Capra, der sich in seinem Buch »Tao der Physik« dafür bedankt, von Master Liu in die Geheimnisse des »lebendigen Tao« eingeführt worden zu sein.

Mit der Zustimmung verschiedener Patienten erklärt Master Liu mir aktiv die Anwendung von Akupunktur und setzt mit ruhiger Hand die verschiedenen Nadeln. Ich sehe Schröpfen und Tai chi-Übungen und bewundere seine außergewöhnliche Kunst: Die Diagnose an verschiedenen Pulsarten. Hier ist das Wort *»Finger-spitzen-Arbeit«* wirklich angebracht.

Seine ganze Erscheinung schwingt, so fühle ich, mit seiner Philosophie in außergewöhnlicher Übereinstimmung. Ich spüre trotz seiner immer wieder durchbrechenden Ungeduld mit den Ergebnissen in dieser Welt mit jedem seiner Worte: Dieser Mensch steht mit sich ganz in Einklang und Harmonie.

Später lerne ich, daß Ganzheitlichkeit für ihn das Stichwort für die Rettung dieser Welt und des einzelnen ist. Und darum scheint mir auch dieses Wort das beste Charakteristikum für ihn: Meister der Ganzheitlichkeit.

»Master« Liu Hsiu-ch'i

»*Unser unbewußter Verstand gehorcht dem Gigo-Prinzip. Das ist unvermeidlich.*«

Eine Erziehung, wie ich sie noch genoß, ist heute wahrscheinlich nicht mehr durchführbar. Ich stamme aus einer sehr reichen

■ *Generelle Philosophie* ■

Familie, die einen Großteil ihres Geldes für die Erziehung ihrer Nachkommen ausgab. Außerdem gehöre ich einer Generation an, die inzwischen wie die Dinosaurier ausgestorben ist. Wir haben bessere Zeiten als die heutigen gesehen und immer so etwas wie

Nostalgie bei den Gedanken an die Vergangenheit gefühlt, obwohl generell frühere Zeiten genauso schlimm waren wie die heutigen. Viel Energie wurde verschwendet, und zwar nicht nur menschliche Energie, sondern auch die der Erde, und nun befinden wir uns in einer Umweltkrise, die schon seit langem abzusehen war.

Als ob die Menschen, nur um ihren Lebensstandard zu erhöhen, die Industrie erfunden haben ... Man entfernt sich immer mehr von einer Befriedigung der Bedürfnisse – der Grundbedürfnisse – in Richtung Habgier, will immer mehr von demselben besitzen wollen. Daraus entstand die Notwendigkeit der Massenproduktion mit einem gewaltigen Energiebedarf, und diese Energie geht zur Neige. Dessen ist sich jeder bewußt. Große Fabriken, Kraftwerke mit ihren Megawatt – nicht Kilowatt – haben wir entwickelt, ohne daß sich jemandes Leben wirklich bereichert hätte. Die Lebensqualität ist so mittelmäßig, so begrenzt, so unbedeutend wie in der Vergangenheit, als die Menschen noch ums Überleben kämpften.

Welche Veränderungen hat es denn gegeben? Nicht sehr viele, was das innere Leben des Menschen angeht. Nun, sie haben vielleicht die Annehmlichkeiten eines besseren Alltags, doch innerlich sind sie sehr unglücklich.

Eine Umstrukturierung der gesellschaftlichen Regulationsmecha-nismen muß den Bürokraten, Leuten, die gerne organisieren, überlassen bleiben. Hier geht es darum, die Einstellung der Menschen den Dingen gegenüber zu ändern, denn das wird dem Wohle aller dienen.

Wenn man ein paar Jahrhunderte zurückgeht, entdeckt man, daß die Lebensbedingungen für die meisten Menschen ziemlich hart waren. Nur die wenigsten waren wohlhabend, konnten studieren, sich wirklich intensiv mit etwas befassen. Deshalb hatte die Industrialisierung in gewisser Weise auch ihr Gutes. Nur durch den Technologie-Einsatz konnte man die Arbeitszeit verkürzen, Dinge erfinden, die die Arbeit weniger beschwerlich machten und es den Menschen erlaubten, mehr Zeit für höhere Dinge zu verwenden und die Lebensqualität tatsächlich (!) zu verändern. Doch wir haben den eigentlichen Nutzen der Industrialisierung verfehlt: Wohlstand erzeugen und den Menschen die Schufterei ersparen. Wir haben das Mittel zum Zweck erhoben, was äußerst bedauerlich ist. So sieht es aus.

Ein Leben ist verschwendet, wenn Menschen unglücklich sind, weil sie am Ende ihres Lebens die von ihnen angehäuften Besitztümer nicht mitnehmen können. Sie wissen nicht, wohin sie gehen, und das bereitet ihnen Sorge. Welch eine Verschwendung von Leben, wo das zutrifft. Denn so lange man nicht weiß, wo das »chi«, also die Lebensenergie, hingeht und wo es herkommt, so lange kann man unmöglich in seinem Handeln wirkungsvoll sein, so lange kann man kein wirkungsvoller Mensch sein!

Es läuft alles nach einem Programm ab, die Denkmuster, die gesamte Einstellung den Dingen gegenüber. Wenn man diese Formgebung nicht gesehen hat, ist alles, was man tut, dem Karma unterworfen und gibt sich zwangsläufig auf. Gleich, welche Leistungen jemand vollbracht hat, irgendwann kommt sein Karma und macht alles zunichte. Was jemand vollbringt ist weder hier noch dort von Nutzen, wenn er es nicht schafft, die Intelligenz und Weisheit mit seinen Taten auf ein höheres Niveau anzuheben. Die Welt hat keinen Nutzen davon, wenn ein solcher Mensch zur Inkarnation gelangt – warum sich also Sorgen machen, ob man wiedergeboren wird? Warum sich Gedanken machen, ob man in der »Leere«, ob man also nach dem Tod »drüben« bleibt? Es gibt keinen Zweifel, daß viele, viele Leben verschwendet sind.

Ich denke oft, daß die Bevölkerungsexplosion auf der Erde eine Verzweiflungstat der Natur ist, einen neuen Buddha hervorzubringen. Je mehr Menschen es gibt, desto größer ist statistisch gesehen die Möglichkeit, daß unter den Milliarden und Abermilliarden vielleicht ein oder zwei Buddhas hervorgebracht werden. Aus diesem Grund macht die Natur immer weiter. Wenn die Natur zur Besinnung kommt, kann es mit der Überbevölkerung der Erde nicht so weitergehen. Bald wird es nicht mehr genug zu essen geben. Warum das alles? Warum sind die Menschen so dumm?

★

In diesem Sinne versuche ich über die Medizin eine Präventiverziehung genereller Art einzubringen. Mein Unterricht zum

■ *Historie der chinesischen Medizin* ■

Thema Gesundheit und Krankheit richtet sich dabei auch an eine Vielzahl von Fachärzten, Professoren und Ärzten vieler anderer Gebiete, sogar ranghohe Armee-Ärzte und einen britischen General. Ich versuche ihnen klarzumachen, daß die chinesische Medizin ein sehr umfassendes System ist, das aus mehr als den beiden vorherrschenden Bereichen der westlichen Medizin besteht: Chirurgie und Arzneimittel.

Es ist den meisten Leuten im Westen unbekannt, daß die chinesische Literatur über Gesundheit und Medizin mehr als 2000 Jahre zurückreicht: The yellow emperor's *»Classic of Internal Medicine«* (*»Der Innere Klassiker des Gelben Kaisers«*). Wenn man als späteste Datierung des Buches die Zeit der Staatskriege annimmt, also 418, sind das nur etwas über 100 Jahre nach Konfuzius (geb.

551 v. Chr.). Die Erstausgabe stellt den ältesten medizinischen Text dar; das darin enthaltene Wissen ist bereits sehr differenziert.

Schon damals war die Entwicklung der verschiedenen Bereiche des großen medizinischen Systems weit fortgeschritten. Die einzelnen Regionen haben durch den Gebrauch haarfeiner Nadeln, durch ihre Erfahrung im Einrenken, durch Schröpfen, durch therapeutische Übungen, Diätetik sowie Heilpflanzenmedizin zu den Künsten der Therapie beigetragen. Aber alle diese Methoden werden erst zu einem einzigen medizinischen System zusammengebaut. Deshalb ist es so bedauerlich, daß man hier im Westen die Akupunktur für ein eigenständiges System hält. Das ist sie nie gewesen, und sie sollte darum niemals außerhalb des Kontexts der chinesischen Medizin praktiziert werden. Man sollte sie eben nur in Verbindung mit den anderen Bereichen der Medizin sehen und anwenden.

Dieses ist ganz einfach deshalb so, weil der Bezugsrahmen im Westen ein vollkommen anderer ist. Die chinesische Medizin steht nicht im Wettstreit mit Chirurgie und den Arzneimitteln. Im Gegenteil! Sie ist eine unbedingt erforderliche Ergänzung, ohne die man den Kampf gegen chronische Leiden nicht aufnehmen kann.

Es zeigt sich im Klima der theoretischen und auch der praktischen Medizin eine Veränderung, wenn eine gewisse geistige Kompo-

■ *Urgrund westlicher Medizin* ■

nente in der Medizin auftritt. Machen wir uns nichts vor: Die Medizin im Westen ist erst 200 Jahre alt. Die chirurgische Schule bestand aus Barbieren, die Haare schnitten und Eingeweide herausnahmen. Die Schule der Arzneimittel und Arzneimitteltherapien entwickelte sich aus den Apothekern, die allerlei Substanzen mischten, darunter zum Teil hochgiftige Mineralien, höchst merkwürdige Verbindungen und nephrotoxische Substanzen.

Aus den Apothekern und Barbier-Chirurgen wurden irgendwann die Royal Colleges, allerdings mit einem College der Chirurgen, einem College der praktischen Ärzte – bis sie dann eines Tages beschlossen, sich zusammenzuschließen. Doch vorher kamen noch die Universitätsdoktoren der Physik und der Mathematik dazu. Das waren Philosophen. Sie lieferten die medizinische oder philosophische Grundlage einer Medizin mit philosophischen Vorträgen. Diese Vortragsphilosophie wurde später erst zur ernsten Physik und Chemie. Die beiden wiederum – und das ist der Zug, auf dem die Medizin mitfährt – sind materialistisch.

Die chinesische Philosophie hatte das große Glück, nie einen Descartes zu haben, der den Geist von der Materie trennte. Meiner Meinung nach war er ein großer Mathematiker, aber ein lausiger Philosoph.

★

Man darf allerdings der chinesischen Medizin nicht ihren Urgrund rauben, das Verstehen von chi. Drei- bis viertausend Jahre hat chi

■ *Urgrund: chi* ■

den Kern der chinesischen Medizin gebildet. Wir wissen nur zu gut, daß eben dieses chi, das heißt die Lebens- und Universalenergie, sowohl für als auch gegen uns arbeiten kann. Wenn es gegen einen arbeitet, dann ist es die Wurzel einer Krankheit. Wenn es auf

Dauer gegen einen arbeitet, macht man sich seinen falschen Gebrauch zur Gewohnheit.

Ich möchte es mit einem Programm vergleichen, wie ich es einmal in einem Vortrag vor der Königlichen Gesellschaft für Kinderheilkunde getan habe. Einer der Zuhörer hielt das Programm »*chi*« für zu sehr vereinfachend, aber die Wahrheit ist immer einfach – jedoch nicht vereinfachend. Deshalb hatte er nicht verstanden, um was es ging.

Wenn man sich bezüglich Gesundheit und Krankheit fragt, »*Wie bekommt man eine Krankheit?*«, dann ist die Antwort ganz einfach: Es hängt davon ab, wie man gelebt hat. Es gibt keine andere Art, krank zu werden. Und wie man lebt, so verwendet man auch seine Energie, sein chi. Dieses chi ist kein anderes als das, das unser Leben erzeugt.

Wenn man chi falsch anwendet, arbeitet es jedesmal gegen uns: Letzten Endes gehen die Kraftreserven des Körpers zur Neige und brechen zusammen. Dann muß man das zarte Gleichgewicht nur mit etwas Kraft anschlagen, und der Patient fühlt sich höchst unwohl. Aber schon lange vor dem Zusammenbruch gibt die Natur uns Zeichen, Warnungen, Unwohlsein, Unbehagen; irgend etwas ist nicht in Ordnung. Werden diese Botschaften ignoriert, steuern wir auf den Zusammenbruch der Funktionen zu. Das ist klar!

★

Wir alle, gleich, wer wir auch sein mögen, haben einen unbewußten Verstand, an den wir alle unsere weltlichen und sozialen Funk-

 Unbewußtes: Gigo-Prinzip ■

tionen weiterleiten. Wäre das nicht der Fall, so könnte sich unser Verstand nicht mit höheren Dingen befassen. Wir müßten uns auf jeden Atemzug, jeden Schritt konzentrieren. So könnte man nicht leben.

Indem wir die Nachrichten an unseren unbewußten Verstand weiterleiten, dekodieren wir sie in einem Programm für den unbewußten Verstand, genau wie in einem Computer. Wenn uns dieses Programm zu zerstören droht, ist etwas nicht in Ordnung. Man kann noch so sehr versuchen, das Programm von außen zu korrigieren, es wird nichts nützen. Es ist wie bei jemandem, der einen Computer benutzt und ständig die Fehler korrigieren muß, die sein blödsinniges Programm macht. Man verbringt sein Leben damit, doch es ändert sich nichts, es funktioniert nicht richtig. Unser unbewußter Verstand gehorcht dem Gigo-Prinzip: Das ist unvermeidlich. [1]

Der Unterschied zwischen Gesundheit und Krankheit besteht also aus dem richtigen bzw. falschen Programm in unserem unbewußten Verstand.

★

Sie werden vielleicht die angeborenen Krankheiten dagegen aufführen, denn dabei ist das Prinzip nicht ganz so offensichtlich.

 Angeborene Fehler

Doch nichtsdestotrotz ist man in der Lage, das angeborene Programm in einem Umfang zu ändern, daß die aus angeborenen Fehlfunktionen resultierenden Behinderungen nicht allzu beein-

---

(1) garbage in, garbage out – goodies in, goodies out: etwa Schrott rein, Schrott raus - Gutes rein, Gutes raus

trächtigend wirken. Es ist sogar so, daß eine angeborene Krankheit gar nicht erst zum Ausdruck kommt, wenn man ein Umfeld schafft, das die Schwäche unterdrückt. Von der Wiege bis zum Grab kann man glücklich leben, wenn die Fehlfunktion keinen Nährboden hat.

Die Zelle entwickelt sich, wird zum Embryo, und das chi versucht bereits zur Inkarnation zu gelangen. Wenn wir geboren werden, müssen wir uns mit einer nicht sehr freundlichen Umwelt zufriedengeben, die wir freundlicher gestalten müssen. In der geschützten Lage im Mutterleib sind wir glücklich, weil wir alles haben, solange die Blutzufuhr ausreichend und die Mutter gesund ist.

Wenn wir dann der Umwelt ausgesetzt werden, müssen wir darauf reagieren. Sie muß in den Jahren unserer Abhängigkeit freundlich gestaltet werden, damit sich störende Reaktionsmuster gar nicht erst entwickeln können.

Reden wir z.B. aber auch von einem Kind von vielleicht einem Jahr. Es hat eine Krankheit, die nicht vererbt wurde. Kann man

■ *Baby-Erkrankungen* ■

trotzdem von falscher Lebensweise sprechen? Ja, es muß am falschen Programm im unbewußten Verstand des Kindes liegen. Zunächst einmal: Wenn das Kind mit einer schwächlichen Konstitution in die Welt geboren wird, dann sind seine Widerstandskräfte gering, und es wurde bisher nicht richtig ernährt.

Der Ernährung kommt gerade in der Kinderheilkunde große Bedeutung zu. Ein großes Problem stellt die Auswahl der Nahrung dar, die es einem Kind erlaubt, seine Unabhängigkeit zu erhalten; d.h. also Homöostase gegen Umwelteinflüsse. Alles hängt von der Qualität des chi, dieser Lebens- und Universalenergie ab. Innerhalb eines Jahres – und vollkommen unabhängig von den Reaktionsmustern – kann das Kind ohne Schwierigkeiten die falschen Gewohnheiten annehmen. Es lebt in einer schlechten Umgebung, einem schlechten Wohnumfeld. Das ist äußerlich, wenn Sie wollen. Äußere Einflüsse – Kälte, Feuchtigkeit – beeinflussen den Aufbau von Reaktionsmustern im unbewußten Verstand, wie Reflexe. Erlernte Reflexe werden ebenfalls in den unbewußten Verstand abgedrängt. Einige Monate oder Jahre genügen, um die ständige Stärkung dieses Reaktionsmusters zu Krankheiten werden zu lassen, denn jedesmal wird die falsche Melodie oder, wie ich sage, das falsche Programm gespielt.

Die physiologischen Funktionen werden durcheinander gebracht, die Widerstandskraft des Kindes sinkt, es wird anfälliger für Infektionen; vieles kann jetzt passieren.

In der chinesischen Medizin nennen wir diese störenden Reaktionsmuster sin-chi, d.h. schlechter Einsatz des chi, wobei chi die Lebenskraft ist, die den Körper zusammenhält. Sie ist der Schöpfer dieser unserer Form. Man kann sagen, chi ist der göttliche Funke, der von Gott direkt kommt. Aber damit begeben wir uns auf ein Thema, das zu verstehen unseren Intellekt bei weitem überfordert, denn dieses chi befindet sich in einem Prozeß ständigen Kommens und Gehens: sein kompletter Rückzug von der Form bedeutet den Tod. Wo kommt es her, wo geht es hin? Das muß sich jeder selbst fragen, denn wenn man das Kommen und Gehen sieht, dann ist man erleuchtet. Man sieht dann, wie der Verstand in den Verstand blickt. Darum geht es beim Zur-Inkarnation-Gelangen.

★

Wenn wir uns mit dem Studium des chi befassen, und deshalb habe ich diese Klinik ungefähr 1982/1983 gegründet und die entspre-

■ *Medizin als Kunst* ■

chenden Ergebnisse erzielt, werden wir alle gezwungen, die Medizin als Geisteswissenschaft und als Kunst anzusehen. Die Medizin ist nicht nur dazu da, das Objekt Körper zu heilen – sie soll doch dem gesamten menschlichen Organismus helfen. Körper und Geist gehören als Funktion zusammen. Wo Krankheit des Körpers ist, ist auch Krankheit des Geistes. Und auch, wenn in einem physiologisch voll funktionierenden Körper ein Kranker steckt, ist das eine verschwendete Inkarnation. Sie kann großes Leid und Elend für die Welt bedeuten. Weil ein vom politischen und soziologischen Umgang krank gewordener Geist, der keine Vorstellung davon hat, was Leben und leben eigentlich ist, leicht irregeleitet werden kann. Die Geschichte ist voller Beispiele von Macht-Mißbrauch, vom Mißbrauch sozialer Organisationen. Die Gesundheit von Geist und Körper muß vom Verständnis des chi in einem selbst kommen.

Wenn die chinesische Medizin richtig verstanden wird und nicht nur auf die Sicht von Gesundheit und Krankheit beschränkt bleibt, dann kann sie auf einer hohen Stufe zu einer Erneuerung von Arzt und Patient führen. Ja, von beiden, denn beide sehen, wie man chi sinnvoll einsetzen kann : Wie das chi, wenn es richtig funktioniert, harmonisch funktioniert. Wie chi zur Kraft wird, die Materie erzeugt, Wandel herbeiführt bzw. die dafür nötigen Kräfte freisetzt.

Ich versuche von zwei Seiten an chi heranzutreten : Zum einen an das chi im Individuum, zum anderen an das chi im Kosmos. Es gibt keinen Unterschied zwischen den beiden.

★

Westler fragen sich manchmal, wieviel Intellekt man benötigt, um sein chi zu finden. Nicht sehr viel, ist meine Antwort, denn es ist

■ *chi in jedem* ■

mehr als Intellekt. Es ist so etwas wie *»die Intelligenz, die jeder hat«*. Nur ist sie wahrscheinlich von zuviel Reflexion und Betrachtung verhangen.

Wir müssen Krankheit und Gesundheit hauptsächlich von einem vitalistischen Blickwinkel aus betrachten. Das können Ärzte und andere bei uns lernen, und wir können darüber Zertifikate ausstellen. In diesem Sinne wurde hier alles konzipiert. Wir sind auf Ärzte eingestellt, die hier Lehrgänge machen, so oft sie können, und das System der chinesischen Medizin in einem ihnen zusagenden Tempo verinnerlichen. Es geht ihnen ins Blut, dringt in ihr Bewußtsein und hilft, diese oberflächliche kulturbedingte Sperre niederzureißen. Das ist nicht sehr schwer.

Wenn der Arzt Gesundheit und Krankheit von einem vitalistischen Standpunkt aus betrachten kann, wird er es wirklich schaffen, zu

■ *Patient als General* ■

seinem Patienten durchzudringen und ein Verständnis für das aufzubauen, was tatsächlich schiefgegangen ist. Die meisten Patienten sind ängstlich und fühlen sich im unklaren darüber, was ihnen eigentlich fehlt. Sie sehen den Arzt an und wollen, daß er sie wieder gesund macht. Sie wollen nicht mit etwas Unangenehmem, Unbequemem konfrontiert werden, fassen ihre Krankheit als Fluch und Strafe auf und beklagen ihr schreckliches Schicksal.

26

Ich sage ihnen immer folgendes: »*Dies mag vielleicht Ihr Karma sein – aber es ist gleichzeitig auch eine geistige Herausforderung. Wenn Sie wieder gesund werden, weisen Sie Tausenden, die die gleiche Krankheit haben, den Weg. Wenn Sie die Krankheit tatsächlich besiegen, erreichen Sie etwas, das in den Augen vieler Menschen ein Privileg bedeutet.*«

Wir geben ihnen zu verstehen, daß sie mit einbezogen sind, lassen sie, so weit es geht, an ihrer Behandlung mitarbeiten.

Wer von Karma hört und das für einen asiatischen Unfug hält, der wird von mir im christlichen Kontext angesprochen. Dann gibt es noch die, die mit der Kirche nichts am Hut haben. Agnostiker eben; auch gut. Das macht eigentlich keinen Unterschied.

Wir erklären diesen Menschen, daß das Annehmen der Herausforderung eine sehr humanistische, sehr humane Weise ist, seinen Mut zu zeigen. Auch wenn sie egozentrisch sind, erkläre ich ihnen, daß es eine Leistung darstellt, die Krankheit zu besiegen.

Wenn Patienten zum ersten Mal in meine Sprechstunde kommen, möchte ich die Dinge gern in die richtige Relation bringen. Deshalb sage ich ihnen, daß sie und nicht der Arzt die VIPs sind, denn letztendlich ist der Patient der Hauptbetroffene im Kampf gegen die Krankheit. Der Arzt, so klug, so erfahren er auch sein mag, ist eindeutig nur zweitrangig, denn er hat nicht die Schmerzen des Patienten, leidet nicht an dessen Beschwerden. Natürlich kann er zuhören und versuchen zu helfen, doch der Patient ist es, der leidet. Ich erinnere sie auch immer daran, daß sie in der Schlacht der General sein müssen. Sie sind nicht nur das Schlachtfeld, sondern müssen auch das Kommando darüber übernehmen, wie sie mit ihrem chi umgehen.

Im wahrsten Sinne des Wortes: Wir heilen viele Unheilbare. Wir haben Gelähmte aus ihren Rollstühlen und wieder zum Laufen gebracht. Und wir haben viele Patienten von neurologischen und endokrinen Beschwerden befreit. Manche meiner Patienten waren sogar Professoren dieser Gebiete.

Meine Patienten sind es, die den Sieg errungen haben. Wenn sie tatsächlich begriffen haben, was für eine Leistung sie vollbracht haben, dann ermutige ich sie sogar, ihre eigene Krankengeschichte aufzuschreiben. Wir bieten ihnen sogar an, sie mit allen erforderlichen technischen Daten zu versorgen. Wenn sie Lust haben, schreiben sie dann eine Chronik ihrer Heilung. Das ist eine sehr interessante Lektüre und bringt sie noch tiefer in den Kampf gegen die Krankheit, der letztlich doch nur ein geistiger ist. Kein Zweifel!

Die chinesische Medizin betrachtet die Symptome einfach als Möglichkeit der menschlichen Physiologie, des menschlichen

■ *Chinesische Medizin: wissenschaftlich* ■

Organismus, sich auszudrücken. Man kann nur Kopfschmerzen haben, weil man einen Kopf hat. Kopfschmerzen sind entweder horizontal, vertikal, oder sie sitzen an den Schläfen. Doch das macht keinen Unterschied. Man muß und kann sich selbst fragen, welche Bahnen beteiligt sind.

Deshalb messen wir auch den Puls, damit wir das genau bestimmen können. In unserem Arzneimittelbuch finden wir ca. 2000 Arten der unterschiedlichsten Heilkräuter, von denen viele, ich betone viele, bei Kopfschmerzen anwendbar sind. Welches soll man da nehmen? Man kann es nur ausprobieren!

Der Fachmann allerdings nimmt den Puls und weiß, welche Bahnen gestört sind. Er wird das Heilkraut aussuchen, das die Bahn frei macht, die das Symptom verursacht hat. Die chinesische Heilpflanzenmedizin ist also ziemlich wissenschaftlich in ihrem Ansatz, im Gesamtkontext der chinesischen Medizin.

Die Kräuter sind nach ihrem Wirkungsbereich aufgegliedert. Man kann mehrere Patienten mit unterschiedlichen Kräutern behandeln, um den gleichen Effekt zu erzielen, nämlich den Kopfschmerz zu beseitigen.

Wollte man jedoch einen Doppelblind-Versuch durchführen und eine statistische Analyse in der ganzheitlichen Behandlung machen, dann setzte das eine ungeheure Menge von Annahmen voraus, damit kein subjektiver Eindruck entsteht, der das Bild stört. Das ist nicht nur hypothetisch, es ist auch sehr unrealistisch. Menschen müßten wie Roboter sein, identische Gefühlsmechanismen besitzen usw. Aber keine zwei Menschen gleichen einander vollkommen, noch nicht einmal eineiige Zwillinge. Menschliche Wesen machen keine Doppelblind-Versuche, und deshalb kann der mechanistische Ansatz auch nur quasi-wissenschaftliche Ergebnisse liefern, wenn er eine Vielzahl an Zugeständnissen macht. Meiner Meinung nach ist er pseudo-wissenschaftlich.

Es kommt doch wirklich darauf an, daß jeder einzelne Patient sein Verwendungsmuster des chi ändert - und das kann man nach Abschluß der Behandlung sehen. Wenn man feststellt, daß die Beschwerden geringer geworden sind, dann liegen unstreitbare Ergebnisse vor. Das ist genau die Wirkungsweise der chinesischen Medizin.

Ändert ein Patient sein Verwendungsmuster des chi, ist das gleichbedeutend mit: Es geht ihm besser. Wenn es ihm nicht besser geht, kann man nicht davon ausgehen, daß sich die Gewohnheiten des Energie-Einsatzes geändert haben. Sogar eine Infektion verschlimmert sich durch Schwächung der Abwehrkräfte. Viele Schwächungen der Abwehrkräfte gehen auf das Konto psychischer, nicht einfach physischer Belastungen.

★

Nehmen wir eine Krankheit, bei der sich die Darmwindung zu einer pathologischen Spirale verändert (interception). Man

 Psyche immer (!) beteiligt

findet dieses häufiger bei Kindern. Man kann sagen, daß es ein Problem der körperlichen Entwicklung darstellt, und zwar in dem Sinne, daß dieser Darm ein wenig zu lang für die Bauchhöhle ist.

Und trotzdem kann man psychisch auf vielerlei Weise schuld an dieser körperlichen Entwicklung sein. Denn das Innere des Organs, die glatten Muskeln der Darmwand, können einen guten oder einen schlechten Tonus aufweisen. Dann sind einige Muskelfasern träge, eine peristaltische Bewegung, ein Drücken, eine schwache Bauchwand ... Sie sehen, so fängt es an. Aber wenn die glatte Muskulatur einen guten Tonus aufweist, ist das durch die gute Energie bestimmt, durch nichts anderes. Die Lebensenergie auf einer unterbewußten Ebene beeinflußt alle normalen physiologischen Funktionen. Am Puls kann man diese Veränderungen sehr gut bestimmen.

★

Wir können viele Pulsarten fühlen. Aber für praktische Zwecke beläuft sich die Anzahl auf ungefähr achtundzwanzig mit verschiedenen Eigenschaften.

Wir können sie in Yin und Yang unterteilen, was sich nur darauf bezieht, ob sie viel oder weniger Energie aufweisen. Weiterhin beschreiben die Yin- oder Yang-Pulse, ob der Schlag regel- oder unregelmäßig ist. Das sind »*klinische*« Erkenntnisse, die man nur aus der Erfahrung lernt. Denn es ist das chi der Fingerspitze, das auf das chi des Radialpulses reagiert.

Ja, es ist ein Gefühl-Fühlen. Seit dreißig Jahrhunderten haben wir dazu eine Übereinkunft, ein System von Gesetzen. Die besagen: Puls a ist mit Weg a zu Organ a in Beziehung zu bringen. Wir schließen praktisch alles aus, bis wir eine Eins-zu-eins-Beziehung haben. Dann kann man auch sehr leicht ein Diagramm zeichnen: x-Achse, y-Achse; die Variablen sind ja da. Weiterhin kann man mehrere Pulsrhythmen abnehmen und eine zusammengesetzte Kurve konstruieren. Das ist durch den Prozeß des Ausschließens schon Naturwissenschaft, nicht wahr?

Man kann alle Phänomene auf völlig verschiedene Weise interpretieren, wenn man über die Prämissen einig ist, wenn man genügend Daten anhäuft, um intellektuell in der Lage zu sein, ein mentales Konstrukt des Gesamtphänomens zu erstellen. Die angehäuften klinischen Daten sagen uns genug über das, was im Körper abläuft. Aber man muß als Arzt ein gutes »*Empfangsgerät*« haben, man braucht genügend »*Erfahrungsfälle*«, um alles zu bemerken.

Natürlich reicht es nicht, nur zu sprechen, damit der Patient einen Zugang zu diesen Überlegungen findet. Wir haben im Moment

■ *Heilung auch durch »Nichtverstehen«* ■

einen Fall, wo wir einem kleinen Mädchen helfen konnten, ein Sarkom loszuwerden. Nach der Chemotherapie hatte sie alle

Haare verloren. Wir erklärten den Eltern, wie sie Moxibution[1] anwenden, um das chi aufzubauen, damit ihre Lungen wieder stark werden. Der Vater war übrigens Pharmazeut. Wir begannen hier, das Kind mit Akupunktur und unseren anderen Techniken zu behandeln. Die Eltern konnten einfache Methoden in ihrem Heimatland Persien fortsetzen.

Als das Mädchen einige Monate später zurückkam, hatte sie den Kopf voller Haare, und alle Metastasen waren verschwunden. In dem Krankenhaus, in dem man die erste Diagnose erstellt hatte, versuchte man, die Primärgeschwulst zu finden. Sie konnten beim ersten Abtasten nichts finden und fragten sich, ob sie alles nur geträumt hatten und mit der Chemotherapie einen schrecklichen Fehler begangen hatten. Sie erinnerten sich an den schrecklichen Husten und untersuchten die Lungen. Erst bei einer intensiven zweiten Abtastung konnten sie ein Überbleibsel der Primärgeschwulst ausmachen. Insgesamt wußten sie nicht, wie das alles gelaufen war. Ich persönlich führe das auf viele Umstände zurück, von denen nur einer die Behandlung war.

Sie werden es kaum glauben, wenn ich Ihnen sage, daß ein wichtiger Umstand davon war, daß das Mädchen kein einziges Wort Englisch sprach. Sie konnte nicht verstehen, was vor sich ging, obwohl sie von einem Arzt nach dem anderen behandelt worden war. Sie selbst redete sich nie ein: »*Es ist unheilbar. Es ist Krebs.*«

In der chinesischen Medizin sehen wir selbst solche Dinge wie Krebs als ein Ergebnis des falschen Gebrauchs des chi an. Viele

---

[1] Moxibution ist die Anwendung brennender Substanzen auf den Reizpunkt des Körpers. Das meistbenutzte Moxa = brennende Substanz ist der Beifuß.

■ *Krebs und chi* ■

Krebspatienten sind sehr nervös und angespannt. Außerdem behalten sie Dinge für sich. Und wenn da eine verborgene Anspannung ist, die zu einer Stauung in diesem Bereich führt, dann ist das ganze chi, das in den Bereich geht, verschwendet. So können diese Orte Anlaß für viel Kummer sein. Keine Frage.

Die chinesische Medizin lehrt: Wohin auch immer chi, das Yang in Umlauf setzende Medium geht, folgt Blut. Wenn wir von chinesischer Medizin reden, sprechen wir von höheren Dimensionen als die physikalisch-chemische Art von Medizin, die wir in der westlichen Medizin vor uns haben. Sie behandeln Blut nur als ein Medium, das etwas in Umlauf setzt, und die im Blut gebildeten Elemente.

Wenn von der Lebensenergie chi die Rede ist, dann glauben die westlichen Mediziner, man sollte Philosophie statt Medizin studieren. Das ist ja das Problem. Aber man muß sowohl einen philosophischen als auch (!) einen naturwissenschaftlichen Standpunkt vertreten.

Haben die Patienten jedoch nicht genug Lebensenergie, wie z.B. in den letzten Stadien des Krebses, dann ist das chi so verbraucht, daß man kaum noch weiß, womit man noch arbeiten soll. Doch wenn wir das nicht können, gibt es keine Möglichkeit der Heilung. Wenn es also gelingt, die Botschaft so zu vermitteln, daß der Patient kämpfen will, dann ist das sehr gut. Ohne chi rennen wir mit dem Kopf gegen die Wand. Natürlich kann man keine Wunder bewirken und das chi in alle Patienten bringen. Es kommt schließlich aus einer »*namenlosen*« Quelle: Aus dem Tao.

Man kann in einigen Bereichen des Organismus zu viel, in anderen zu wenig chi haben. Letztendlich kann man nur soviel haben, wie man aufrufen kann. Aber wegen der eigenen Unfähigkeit, die Dinge glatt laufen zu lassen, erhalten einige Bereiche zu viel, während andere mit zu wenig auskommen müssen. Das führt zu Entzündungen, zu Spannungen usw.

★

Jede unserer Handlungen, bei der wir eine Wahl treffen, ist mit Karma geladen. Im Zen-Buddhismus ist ziemlich klar dargelegt,

■ *Wählen macht krank* ■

daß das große Tao nicht schwer zu verstehen ist. Aber das erste, was man tun muß, ist, daß man das Wählen vermeidet. Sobald ein Auswählen mit im Spiel ist, ist man nicht länger ein Ganzes. Es ist eine Voreingenommenheit; als ob ein Beobachter, eine außenstehende Person eine Auswahl träfe. *»Ich möchte das dieses und nicht jenes passiert. Ich kann wählen.«*

Eine Handlung ohne zu wählen haben wir dann vor uns, wenn es die eine Handlung ist, die man ohne Denken und ohne Überlegungen einfach verrichtet, weil sie getan werden muß. Dann, also dann ist sie jenseits des Karma. Solange man wählen kann, ist man voller Karma. Denn genau dieser Akt des Wählens bestärkt Ihre gewohnten Denkmuster, Ihre Vorlieben und Abneigungen. Und solange Sie diese haben, können Sie die Wahrheit nicht erkennen. Ihr Urteilsvermögen und alles andere wird zwangsweise voller Vorurteile sein.

Im Zusammenhang mit Karma muß man sagen, daß wir alle eine Menge Karma abzuarbeiten haben. Es kann sich dabei sehr wohl um ganz einfache Entscheidungen handeln. Wir sprechen darum von einer *»Wachsamkeit, ohne zu wählen«*.

★

Wenn wir über Meditation sprechen, dann möchte ich darauf hin-
weisen, daß das Buch der Wandlungen, das I Ging selber tat-

■ *Meditation und I Ging* ■

sächlich eine Meditation des Schauens ist. Denn Sie und ich, wir
verändern uns wie die gesamte Natur. Man muß sicherstellen, daß
man auf einer höheren Ebene den sehenden und nicht den denken-
den Geist benutzt. Dann kann man sich alles bewegen sehen und ist
selbst die Bewegung. Man bewegt sich damit ohne Konfliktsitua-
tionen fort. Wenn man Zweifel hat, kann das I Ging ein großartiges
Werkzeug sein. Es wird zeigen, welches Vorgehen das harmo-
nischste ist, welchen Weg ein souveräner Philosoph einschlagen
würde.

Aber auch die tägliche Meditation ist in gewissen Zusammenhängen notwendig. Wenn z.B. eine Person dauernd aufgewühlt ist und
keine Ruhe findet sowie den Verstand nicht beruhigen kann, dann
ist das Sitzen in einer stillen Atmosphäre mit einem ruhigen
Gemütszustand eine Notwendigkeit. Wir sprechen dann vom
»*Sitzen in Vergessen*«.

In der Meditation muß man im Gemütszustand des Nichterinnerns
sein. Man muß also wirklich vermeiden, sich in irgendeiner Weise
zu identifizieren, mit irgendwelcher Art eines Ego-Konstruktes
identifiziert zu werden.

Der Sinn der Meditation ist es, daß man die Bedeutung des Lebens
und des Todes erkennt. Man muß dann in einer Meditation auf-
gehen und dennoch mit Handlung konfrontiert werden. Auch
wenn Sie in stiller Meditation sitzen, müssen Sie sich der Heraus-

forderung des Lebens stellen. Wenn einem im I Ging der rechte Weg des Handelns klar aufgezeigt wird, dann folgt man ihm ohne Ausflüchte und Fragen.

Aber wenn man eine Entscheidung treffen muß – und das ist es, was die Menschen umbringt –, dann kann es immer die falsche sein. Eine falsche Entscheidung ist dann genauso wahrscheinlich wie eine richtige. Und dieses ewige Treffen falscher Entscheidungen hat zu dem »Schlamassel« geführt, in dem wir leben. Oder?

★

Fritjof Capra war vor vielen Jahren einer meiner Schüler beim Tai chi chuan. Er war ziemlich gut. Er war zu einer Zeit mein

 Prominenter Schüler ■

Schüler, als ich eine Halle für meine 150 Schüler hatte und die Miete mit einer Judo-Schule teilte. Er schrieb ja dieses Buch über Tao-Physik, und wir redeten ziemlich viel über taoistische Philosophie. Ich glaube, er leistet jetzt gute Arbeit.

In seinem Werk »Wendezeit« zeigt er ja auch sehr deutlich, daß die moderne Physik immer weniger materialistisch wird. Denn: Wenn man heute über Quanten- und Relativitätstheorie spricht, muß man den Beobachter mit einschließen. Das zeigt aber, wie willkürlich der Beobachter ist. Es ist nichts Wirkliches an ihm. Aber das ist es ja, was der Zen-Buddhismus und der Taoismus auch schon immer sagten. Es existiert kein kühl kalkulierender Beobachter, der sich aus der Gleichung heraushalten kann. Ich denke, Capra hat großartige Arbeit geleistet, den krassen Materialismus zu durchbrechen.

★

Als Schüler heißen wir hier jeden willkommen, der wirklich studieren will und seinen Geist wirklich öffnet. Wir bieten Kurse

■ *Studien und Studenten* ■

in chinesischer Philosophie, Kultur und Medizin an. Wir haben Kurse für jeden Terminkalender, weil wir uns im klaren darüber sind, daß viele Menschen wenig Zeit haben. Für viele ist es sehr schwierig, an einem Vollzeitunterricht teilzunehmen. Wenn wir jedoch Leute medizinisch ausbilden, dann betrachten wir sie als Lehrlinge.

Ich halte nichts von Vorlesungen, da sie eine dumme Sache sind. Man könnte eigentlich auch ein Buch lesen. Wir stellen dagegen den Leuten praktische Aufgaben, so daß sie Akupunktur und andere Behandlungsmethoden anwenden. Die Studierenden hier nehmen also an einem wirklich sehr guten praktischen Übungs-programm teil. Ich sage Ihnen, das gibt es nicht einmal in China, daß einem erlaubt wird, direkt praktisch zu arbeiten. Ich glaube an diese altmodische, praktische Lehrlingssache.

So ein Studium dauert hier mindestens 4 Jahre. Ohne medizinische Grundkenntnisse braucht man für das Basis-Diplom 4 Zertifikate, die kaum unter 6 Monaten zu erreichen sind. Dann folgen zwei Jahre mit Unterricht und praktischen Übungen. Danach folgt ein weiteres Jahr mit Erfahrungen, in denen man einfache Fallge-schichten abfaßt, selbstgemachte Befunde erörtert. Wenn dieses dann alles für gut befunden wird, erhält man sein Diplom. Aber auch dieses ist nur eine Grundlage, weil die chinesische Medizin ein lebenslanges Studium erfordert.

Wenn man weiter studieren möchte, muß man ein Mitglied unserer Fakultät werden. Das erfordert ein Jahr Vollzeitunterricht mit

Zertifikatsabschluß. Dann folgt ein weiteres Jahr klinische Praxis. Der höchste Grad ist dann unser fellowship. Wir wollen unsere Anforderungen so hoch oder besser noch höher setzen als Medizin-Kollegs an chinesischen Universitäten.

Wir stehen in Verbindung zu Professoren der Universität Xian. Man hat dort sehr viel Erfahrungen, *»Übersee-Kurse«* zu leiten. Sie fungieren bei uns auch als externe Prüfer für fellowships, haben aber auf die Vergabe des Diploms keinen direkten Einfluß. Sie werden die Studierenden in den praktischen Fertigkeiten prüfen, denn die chinesische Medizin ist eine praktische Kunst. Gerade die diagnostischen Fähigkeiten können nur anhand genügend direkt konfrontierter Fälle erworben werden. Man kann nicht lernen, den Puls zu nehmen, wenn man nur darüber liest. Ich bin als Dekan der Fakultät sehr unnachgiebig in Qualitätsfragen.

Auf der anderen Seite sind wir flexibel. Wir sagen: *»Okay, wenn Sie nur drei oder sogar nur zwei Monate hier sein können, um das Basis-Diplom zu bekommen, so ist das möglich. Alles, was Sie tun müssen, ist, den Stoff für sechs Monate vollständig zu erwerben.«* Besonders Ärzte mit eigener Praxis wollen das so arrangieren. Das läßt hoffen.

Die westliche Medizin ist so in Fachgebiete unterteilt, so daß Spezialisten wie Neurologen, Endokrinologen etc. speziell nur daran interessiert sind, ihren Spezialbereich näher zu durchleuchten. Ihnen schneidern wir ein entsprechendes Unterrichtsprogramm zusammen. Wir diskutieren mit ihnen, welche Methoden auf ihrem Spezialgebiet besonders brauchbar sind, welche Literatur wichtig ist usw. Und dann händigen wir ihnen ein Spezialzertifikat aus.

Das letzte, was wir wollen, ist, daß Leute zwei oder drei Monate irgendwelche Kurse besuchen und ein volles Zertifikat erhalten.

Es gibt leider viele sogenannte Kollegs, die nicht sehr gut sind, ihre Standards zu setzen. Es wäre einfach Unsinn, wenn jemand nach zwei Wochen »*Meister der Akupunktur*« würde. Das würde den Menschen ein völlig falsches Bild von der chinesischen Medizin vermitteln.

★

Wir haben es ja mit einem gigantischen System zu tun. Zu den höheren Gebieten dieser Medizin gehört z.b. die chinesische

■ *Gewalt in Städten* ■

Umwelt-Medizin, von der die meisten nichts gehört haben. Sie beschäftigt sich mit Wind und Wasser, aber auch Umriß und Struktur der Formen. Auch die Art der Stoffe, ob organisch oder anorganisch, müssen ausgeglichen sein. Folgerichtig würde ich unsere Erkenntnisse beinahe zu einem Pflichtfach für Architekten und Städteplaner erklären.

Häufig haben wir einen nicht sofort nachvollziehbaren Grund für Gewalt in den Städten. Man glaubt, das habe soziale Ursachen, und das stimmt ja zum Teil auch. Doch häufig muß man die Möbel umstellen, um die Harmonie des Steigens und Fallens der Umrisse zu erhalten. Es ist wichtig, wo sich Türen und Fenster befinden. Das kann zu positiven Wirkungen beim »*Durchdrehen*« von Menschen in Städten genutzt werden. Denn wenn man nur anorganische Stoffe sieht, die emporragenden Gebäude in Innenstädten, wo überhaupt nichts durch Pflanzen ausgeglichen wird, dort wird man zu sehr mit Yang »*aufgeladen*«.

Gar nicht davon zu reden, daß man sich die ganze Zeit in anorganischer und damit animalischer Materie bewegt. Nichts ist still und ruhig wie vegetarische Materie. Kein Yin. Man sieht kein Wasser.

Eines Tages, vielleicht an einem heißen, langen Sommertag, erhitzt sich das Yang so sehr, daß man explodiert.

★

Pharmazie-Studenten in höheren Semestern erkläre ich den Unterschied zwischen Drogen und Heilkräutern. Ich erläutere ihnen,

■ *Studium der Heilkräuter* ■

daß man mit der Droge eine »*nackte*«, molekulare Substanz in hoher Konzentration in den Blutkreislauf gibt und sie deshalb tatsächlich wie Gift wirke. Sie kann nicht anders, als als Gift wirken, denn sie ist etwas, das in der Natur nicht vorkommt. Kein chi.

In einer Pflanze hat man etwas, das eine Mischung vieler, vieler Substanzen ist. Die Chemiker halten vieles davon für überflüssig, isolieren und werfen weg. Aber woher wissen sie, daß diese Bestandteile der Pflanze nicht notwendig sind? Die Pharmazeuten interessieren sich zu viel ausschließlich um das aktive Prinzip und verwerfen die passive Komponente.

Man findet in der Natur aber auch Substanzen, mit denen diese das Ungleichgewicht im Yang berichtigt. Mandelkerne enthalten Blausäure. Diese wurde sogar in der westlichen Medizin in früheren Zeiten als Nerven-Tonikum verwendet. Aber weil Blausäure in der Nuß nur in geringen Dosen auftritt, kann man sie ungestraft mit den anderen Substanzen des Mandelkerns essen, und das ist vielleicht sogar gut für das Nervensystem. Aber in reiner Form genügt ein Tropfen, um jemanden ins Himmelreich zu schicken. Sie sehen, das ist der Unterschied.

Das heißt nicht, daß man nicht in manchen Fällen auch die reine Droge braucht. Absolut. Damit bin ich hundertprozentig einverstanden. Nur dürfen die Pharmazeuten nicht behaupten, daß die Heilpflanzen primitiver seien, daß sie zu einer archaischen, vorwissenschaftlichen Zeit gehören. Damit reden sie Unsinn.

Seit der Gründung dieser Klinik hier haben wir zur aktiven und effektiven Kooperation beider Systeme ermutigt. Bei einem Not-

■ *Harmonie der medizinischen Systeme* ■

fall, bei einer Krise hat man oft keine Wahl und muß die schnell wirkenden Drogen einsetzen. Man kann aber nicht einen Patienten als einen dauernden Notfall behandeln, weil sich dann am Ende doch die toxische Wirkung zeigen wird, während die beabsichtigte Wirkung stets abnimmt.

In der Medizin kommt leider das spirituelle Element zu kurz, und man versucht unter jeder Art von Vorwand, sie zu einem Anhängsel von Chemie und Physik zu machen. Damit tut man dem Fach nichts Gutes, denn es basiert ja in der Tat auf einem viel weiteren Bezugssystem, in das Chemie und Physik auch sehr gut hineinpassen – jedoch nicht umgekehrt. Chemie und Physik sind eine Art, das Universum objektiv als Ergebnis einer Reihe von Vorgehen zu sehen. Aber hier stehen wir am Beginn von allem, wo die Lebenskraft emporsteigt. Die Mystiker würden sagen, daß der Geist in den Geist hineinsieht. Die Tiefe ruft die Tiefe. Die Stimme des Schweigens. Das ist die ganze Bedeutung von Leben und Tod. Es liegt alles in unserer Natur.

Concordegede Ngura: Der Edelmann

»Ich würde gerne so etwas wie einen Schamanen sprechen«. Mein balinesischer Gesprächspartner zuckte sichtlich zusammen. Das wäre eine sehr ungewöhnliche Bitte, bedeutete er mir. Man hätte es nicht gerne, wenn solche *»hohen Leute«* gestört würden. Und man dürfe sie auch für profane Dinge nicht aufsuchen – das brächte Unglück.

Und so begann mein Kontakt mit einem interessanten Heiler zunächst damit, diesen Balinesen von dem Sinn meines Begehrens zu überzeugen. Ich lernte, daß man die von mir gesuchten Heiler auf Bali Balyans nennt. Sie sind Ärzte, Magier und Medizinmänner in einer Person.

Drei verschiedene gäbe es, bedeutete mir der Führer. Zunächst wäre da der Balyan ussada. Es handelt sich um einen Arzt, der jedoch auch mit magischen Methoden heilt.

Dann wäre noch der Balyan tetakson zu nennen. Er versucht, eine Verbindung zu den Göttern herzustellen und ist somit Mittler zwischen den Göttern und den Menschen. Er träumt, und er spürt inspirativ die Techniken und Mittel, mit denen Menschen zu helfen ist.

Letztendlich sei da noch der Balyan manak, eine Art Heilgehilfe.

»Mich interessiert ein Gespräch mit einem Balyan tetakson«, versuchte ich meine Wißbegierde nochmals zu verdeutlichen. Doch die Ungeduld wird einem Europäer nicht immer sofort belohnt.

Er wisse keinen, so der Führer. Er sei noch jung und habe niemals einen benötigt. Aber er würde solche Leute sowieso nur in wirklicher Not aufsuchen. Dann dachte er nach.

Schließlich kam er damit heraus: Sein verstorbener Schwiegervater wäre aus der Zunft gewesen. Ich solle mich gedulden –, er wolle seine Frau nach einer Adresse fragen.

Und tatsächlich. Einen Tag später bekomme ich die Nachricht: In einem Dorf, drei Stunden mit dem Kleinbus durch den Wald entfernt, lebe ein berühmter Balyan ussada und (!) tetakson. Natürlich fahren wir sofort los.

Auf dem Fahrtweg durch Palmenhaine und Reisterrassen frage ich mich wieder einmal, wie ich es schaffen soll, diese Person zu einem Gespräch zu überzeugen. Es ist mir klar, daß man nicht so ohne weiteres »*Guten Tag*« sagen kann.

Doch im Dorf entwickelt sich alles ganz anders, als ich es mir vorstellte. Ich bekomme überhaupt keinen direkten Kontakt zu »*meinem*« Balyan, wie ich ihn schon insgeheim nannte. Mitten auf der Dorfstraße, an einer kleinen Verkaufsbude wird verhandelt. Es scheint sich um einige Dorfälteste zu handeln, die nun mein Führer mit mir zu überzeugen versucht.

»*Was ich denn wissen will*«, fragt man mich. »*Ich möchte etwas über die Philosophie und die Technik des Balyan erfahren*«, lautet meine Antwort, »*ich möchte sie mit anderen Auskünften aus Europa, Indien und Tibet vergleichen und studieren*«.

Boten werden hin und her geschickt. Junge Burschen in bunten Sarongs flitzen mit Frage und Antwort irgendwo hin und kommen mit neuen Nachrichten zurück. Entgegen meiner Gewohnheit kaufe ich ein paar Nelkenzigaretten und rauche die würzig-aromatische Mischung mit der nun immer größer werdenden anteilnehmenden Menschengruppe. Palaver.

Endlich. Die Audienz ist gewährt. Jedoch erst in drei Tagen soll das Gespräch stattfinden.

Einerseits befriedigt, andererseits enttäuscht über das Tagesergebnis fahre ich zurück ins Hotel mit den Strandtouristen, die mich fröhlich gebräunt anstrahlen.

Pünktlich erreichen wir drei Tage später unsere Vereinbarung. Irgendwie hatte ich mir als Praxis eines Heilers eine kleine Hütte vorgestellt. Doch der Fahrer wird durch die Dorfbewohner zu einem großen, fast palastartigen Gebäudekomplex geleitet. Mehrere Gebäude und Gartenanlagen sind durch eine Mauer eingefriedet. Später erfahre ich, daß mein Gesprächspartner aus einem großen Fürstengeschlecht stammt. Ich trete ein.

Überall sehe ich fleißige Menschen. Sie reparieren, fegen die Wege oder füttern die vielen Vögel in Käfigen und Volieren. Ein munteres Zwitschern geht durch den Garten.

Dann wird mein Blick magisch angezogen. Ein Gebäude, auf einer Seite völlig offen – wie eine Theaterbühne – verwirrt durch seine darin aufgebauten Gegenstände. Ob das so eine Art Tempel ist? Ich sehe alte Uhren, Heiligenbilder, englisches Tafelbesteck. Es wirkt alles wie ein Antiquitäten- und Trödelmarkt – wenn, ja wenn nicht gleichzeitig die religiösen Symbole und Gegenstände zu sehen wären.

Dann lerne ich ihn kennen. Ein buntes Tuch, wie ein Turban um den Kopf gewickelt, prägt die äußere Erscheinung. Er wirkt unnahbar, kritisch und skeptisch. Wir setzen uns auf die Terrasse eines der Gebäude.

Langsam, sehr langsam kommen wir ins Gespräch. Er schätzt mich um 10 Jahre älter, als ich wirklich bin, ich ihn um 15 Jahre jünger, als er ist. Daß ich ihn für etwas über 60 gehalten habe, freut ihn sichtlich. Jetzt gibt er einem Helfer den Hinweis, man möge uns doch bitte allen Kaffee bringen. Das erste Eis ist geschmolzen.

Und dann kommen wir aus dem Plaudern nicht mehr heraus. Balyan Concordegede Ngura ist förmlich entzückt, wenn ihm Fragen sachverständig erscheinen. Nur der Dolmetscher bleibt innerlich unruhig. Immer wieder bedeutet er mir, daß man *»so eine Äußerung nicht mache und so eine Frage nicht stelle«*. Doch es nützt ihm nichts. Ich insistiere, wenn ich das Gefühl habe, Frage und Antwort würden zu vorsichtig umschrieben.

Nach mehreren Stunden erhalte ich plötzlich ein überraschendes Angebot: *»Wollen Sie meinen Meditationsplatz im Urwald sehen?«*. Ich will. Schnell kaufe ich auf dem Markt noch ein paar Blumen und Früchte als Opfergabe für die Götter im Wald.

Der Urwaldplatz entpuppt sich als kleine Tempelanlage mitten im Dschungel. Wir trinken zusammen Kokosmilch, und der Balyan erzählt, wie er gegen die Holländer und Japaner gekämpft hat.

»Manchmal gehe ich in meine Meditationshöhle«, beschreibt er seine Geist-Techniken, *»und meditiere dort mehrere Tage und Nächte im Dunkeln«.* In der Nähe der Höhle befindet sich ein kleiner See im Wald mit einem Wasserfall, so daß man in ihr das Rauschen der Natur wahrnehmen kann. Jetzt scheint es so, als könnte ich auch seitens des Balyan gar nicht genug zu sehen bekommen, und so geht es weiter.

An einer anderen Stelle lerne ich seinen Kräutergarten kennen. Dort befindet sich ein kleines Häuschen – hoch über dem Tal – von dem man wunderschön in die Landschaft schauen kann. *»Hier meditiert man am besten zu Sonnenauf- und -untergang. Die verschiedenen Einstimmungen.«*

Später, wir unterhalten uns über besondere »*paranormale*« Phänomene, macht er mir ein besonderes Angebot. »*Selbstverständlich*« könne er aus seiner Hand Feuer kommen lassen. Das wäre eine rein meditative Übung. »*Blitze*« würden heraustreten. Ich könne es gerne sehen.

Doch dazu müsse er sich mehrere Stunden im Urwald vorbereiten und vorher fasten. Und um Mitternacht, im Wald an der Tempelanlage, müsse es geschehen. Er wäre ganz sicher: Ich würde dann auch die Götter direkt zu sehen bekommen. Sie würden sich mir dann zeigen.

So verlockend das Angebot auch ist, ich muß leider, leider weiter. Ich verabschiede mich herzlich und erfahre nach einem prallen gemeinsamen Tag, daß nur für mich die »*Sprechstunde mit den täglich 50-200 Kranken und Ratsuchenden*« ausgefallen war. Auch dafür nochmals ein herzliches und artiges »*Dankeschön*«.

Doch in Erinnerung wird mir Balyan Concordegede Ngura wegen seiner zunächst skeptischen, jedoch höflichen und korrekten Art sein: Als heilender Edelmann.

Concordegede Ngura

»*Wir müssen beherrschen, was ein Ei beherrscht.*«

Unsere Balyans werden inzwischen vom Staat geschützt. Man wird geprüft und bekommt eine Art Zeugnis.

■ *Balyan und Staat* ■

Unser Staat muß solche Prüfungen vornehmen, da man mit magischen Sprüchen auch Menschen schaden kann – und dieses soll verhindert werden. Damit besitzen Balyans auch eine offizielle Heiler-Anerkennung.

Der Staat hilft uns auch, Kräuter zu finden, die bei uns auf Bali aussterben, damit wir die überlieferten Rezepte weiter nutzen können.

★

Ich lernte zunächst in Tempeln, in denen ich mich den Göttern opferte. So kam der höchste Gott auch zu mir. Das war die Bedin-

■ *Magische Techniken und Seele* ■

gung, daß ich dann bei verschiedenen Priestern ausgebildet werden konnte.

Ich setze mich durch verschiedene Techniken immer wieder in Verbindung mit den Göttern und dem Nirvana. Das geschieht unter anderem dadurch, daß ich magische Mantras rezitiere und damit die dann geschlossene Verbindung direkt in den kranken Menschen überführe ... Ich spüre diese Verbindung. Dann überkommt mich ganz plötzlich auch ein Gefühl, ganz bestimmte Kräuter einsetzen zu sollen.

Ich lebe vegetarisch, hauptsächlich von Gemüse. Natürlich darf ich auch nicht töten. Meine Ernährungsanweisungen gegenüber den Kranken stützen sich ebenfalls auf vegetarische Kost.

Zusätzlich setze ich dabei auch die Farbtherapie ein und nutze die heilenden Kräfte der Farbe. So lasse ich je nach Krankheit ganz unterschiedliche farbige Gewürze unter den Reis mischen, wie

Safran oder Curry. Es geht dabei jedoch nicht um die Heilkraft des Gewürzes, sondern um die Heilfarbe im Gewürz.

Bei todkranken Menschen besitze ich eine starke Intuition, daß dieser Mensch nicht mehr zu retten ist. Vielleicht ist dann ja die schwarze Magie von anderen so stark, daß man nichts mehr machen kann.

Ich sehe die Seele und spüre sie aber auch gleichzeitig. Die Seele kann sich selbst stark machen, wobei ich eben auch versuche, sie aktiv zu stärken. Der Körper ist ja nicht das Entscheidende bei einem kranken Menschen. Für den Körper verabreiche ich die Kräuter, die ich im Urwald suche oder an verschiedenen Stellen selbst anbaue. Doch sie reichen eben insgesamt alleine nicht: Für die Seele haben heilige Wörter, sogenannte Mantras, ganz große Bedeutung.

Überhaupt ist bei uns die Seele das Wichtigste. Wir wollen die Seele festhalten. Denn: So lange die Seele noch beim Menschen verbleibt, so lange lebt er. Sie verursacht, daß ein Mensch sprechen kann. Sie treibt bei einer Verletzung das Blut heraus, nicht etwa der Körper.

»Schizophrenie« kannten wir z.B. lange nicht. Seit unsere Unabhängigkeit 1945 mit der Industrialisierung begonnen wurde, erkennen wir immer mehr *»Schizophrene«*. Das heißt, die Seele existiert nur unstabil im Körper. Man kann das mit einer elektrischen Leitung vergleichen. Mal fließt sehr wenig Strom, mal mehr.

★

Mantras sind unsere geheiligte Tradition. Um diese Mantras aber zu beherrschen, muß man durch Samadhi. Ein Ei geht auch durch

■ *Samadhi und Meditation* ■

das Samadhi, damit hinterher ein Huhn daraus wird. Nur wenn wir das beherrschen, was ein Ei beherrscht, können unsere Mantras auch wirken.

Wir kennen besondere Meditationstechniken, um in Samadhi zu kommen. Man muß sitzen oder sich bewegen, darf nicht essen und keinen Speichel schlucken. Kombiniert wird dieses mit ausgefeilten Atemtechniken. Dann plötzlich erkennt man zum Beispiel ganz klar das Meer.

Der Unterschied zwischen weißer und schwarzer Magie wird u.a. durch die Länge der Atemtechnik in der Meditation ausgelöst. Manchmal nehme ich bei einem Menschen gute oder böse Punkte wahr.

Daran kann ich ausmachen, ob diese Person schwarze oder weiße Magie betreibt. Von mir selbst nehme ich oft mit drei Augen und vier Händen Notiz. Das zusätzliche Auge und die zusätzlichen Hände helfen mir dann, die meditativen Erkenntnisse genau zu erfassen.

Ich sage Ihnen aber nicht gerne, wie man gute oder auch böse Kräfte erhält. Lassen Sie mich darum zurückfragen: »*Wie stellen Sie es denn an, wenn Sie starke innere Kräfte Ihr eigen nennen möchten? Wenn Sie das wissen, dann kennen Sie auch die Antwort auf die Frage, was wir unternehmen*«.

★

Wir glauben fest an die Wiedergeburt. Ich stamme früher aus Tampasierung und erwähne das, weil ich mich in der Meditation

■ *Wiedergeburt* ■

bereits in einem früheren Leben dort gesehen haben.

Ich lebte also in Tampasierung, und meine Frau wollte mich nicht haben. In einem Streit schlug und verletzte sie mich mit einem Gegenstand. Und diese Verletzung in einem früheren Leben kann man heute noch als Mal an meinem Arm sehen. Gleichzeitig hat damals der König diesen Vorfall in der Form kommentiert, daß ich deswegen sieben Generationen keine Kinder mehr mein eigen nennen könnte. Erst dann werde ich wieder Nachwuchs besitzen. Bis jetzt bin ich allerdings kinderlos geblieben, so daß die sieben Generationen, von denen ich in der Meditation erfahren habe, wohl noch nicht vorüber sind.

An meinem Meditationsort im Urwald sehe ich immer Seelen. Es gibt aber auch Tage, da erkennen die Einheimischen hier an

■ *Geister* ■

diesem Fleckchen Erde Seelen, wie z.B. eine hübsche Frau oder einen jungen Mann. Die Leute wissen dann, daß ich wieder mit den Geistern Kontakt aufgenommen habe.

Glaube ist wie ein Berg. Manche gehen von Süden, manche besteigen ihn von Norden. Der Kluge findet meistens schnell den Weg. Aber im Endeffekt hat das keine Bedeutung, weil die Spitze für alle dieselbe ist.

★

Mich besuchte einmal ein ausländisches Fernsehteam, das mir 20.000 DM geben wollte, um meine Arbeit zu filmen. Das hatte

■ *Wundersames Geschehnis* ■

ich zunächst abgelehnt. Doch dann bat mich die Regierung, das zuzulassen, weil es schließlich um den Namen von Bali und Indonesien ginge.

Sie drehten also: Wie ich meine Medizin zubereite, wo ich die Kräuter hole und wo ich den Göttern opfere. Das ist ein versteckter Ort mitten im Urwald, und ich reite dort sonst immer hin.

Das Fernsehteam fuhr natürlich mit einem Kleinbus. Alle abgedrehten Filmrollen hatten sie fein säuberlich im Wagen eingeschlossen.

Doch dann war ich von der weiteren Entwicklung entsetzt: Sie haben nichts, aber auch gar nichts an dem Götterplatz den Seelen geopfert, die dort immer anwesend sind. Als dieses Team nun nach den Dreharbeiten zum Auto zurückkam, waren alle bisher aufgenommenen Filme verschwunden. Der Bus war aber verschlossen, und man konnte keine Gewalteinwirkungen erkennen. Der Fehler der Fremden war, daß sie den Seelen keine Geschenke wie Früchte oder Blumen mitgebracht hatten. Auch die Polizei hat auf der ganzen Insel dann nichts mehr gefunden.

Ivy Davis: Die Mütterliche

»*Rest a While*« steht in schwarzer Schrift auf einem weißen Brett über der Tür des kleinen Hauses. Ein Wohnhaus mit nicht mehr als 4 bis 5 Zimmern, schätze ich. Neben dem gepflegten Vorgarten steht in einer Parkbucht ein weißer Mittelklasse-Wagen. Hier wohnt und arbeitet eine in der Szene bekannte und für manche Leute wohl auch berühmte geistige Heilerin.

Geistige Heiler waren für mich interessant geworden, weil sie nicht nur eine physische, sondern auch verlorengegangene psychische Ordnung im Lebensbereich des Menschseins wieder herstellen wollen. Damit ist ihr Ansatz wesentlich umfassender als der der klassischen praktizierten Humanmedizin und schließt eine spirituelle, theologische und philosophische Dimension mit ein.

Ivy Davis gehört zu denen, die sowohl Heilen als auch Hellsehen ausüben, wobei sich ihr Selbstverständnis deutlich als eine Heilerin herausstellt.

Nach meinem Eintritt in die Wohnung stehe ich mitten in einer kleinen, anheimelnden, aber auch kleinbürgerlich wirkenden Behausung, ohne lange Flure, Korridore oder Dielen.

Im bunt-geblümten Ohrensessel sitzt sie: Ivy Davis. Ihre Arme stützen sich auf die Lehnen ab, die durch weiße, spitzenverzierte Schoner verdeckt sind. Auf dem Kaminsims stehen Vasen, Leuchter und ein Ankerkreuz. Alles wirkt sehr englisch.

Und mitten drin, ja ich muß sagen »*thront*« diese Frau – und strahlt mich dabei herzlich und freundlich an. Das weißgraue Haar ist verhältnismäßig kurz und dabei sorgsam frisiert. In ihrem geblümten, kurzärmeligen Kittelkleid bildet sie optisch fast eine Einheit mit ihrem Sessel.

Ein älterer Herr gesellt sich zu uns: Es ist ihr Ehemann. Aus dem weißen, offenen Hemd baumelt ein Kreuz heraus. Sein Gesicht wirkt auf mich sofort verinnerlicht und verklärt und zieht mich immer wieder magisch an. Beide haben strahlende Augen, deren sichtbare Güte und Liebe ich wohl nie vergessen werde.

Wie noch häufiger, lerne ich von den Gesprächspartnern, daß ihr Heilauftrag mehr zufällig entstanden und doch folgerichtig aus einer Tugend heraus zu erklären ist. *»Erst war ich Heilerin«*, erklärt mir Ivy Davis, *»von dort hat es sich dann zum Übersinnlichen ausgedehnt«*.

Doch wie viele ihrer Zunft besteht sie darauf, daß es sich um zwei unterschiedliche Phänomene handelt, die man nicht verwechseln dürfe. Mir persönlich scheinen es auch nicht zwei Aufgaben einer Fachrichtung zu sein, so wie man als Arzt Chirurg oder Internist oder gar beides zusammen werden kann. Ich habe mehr den Eindruck, als handelt es sich zwar um nahverwandte, aber doch völlig getrennte Disziplinen: So wie ein künstlerisch orientierter Goldschmied nicht automatisch ein begnadeter Maler sein muß.

Später gehe ich mit in das Sanctuary, das ich mich nicht traue, als *»Heiligtum«* zu übersetzen. In diesem speziellen und als sehr geheiligt angesehenen Raum werden sowohl Gebete als auch Heilhandlungen vorgenommen.

Optisch bin ich etwas enttäuscht. Sehr sakral wirkt dieser *»längere Schlauch«* eigentlich nicht. An den Wänden sind alte Stühle und Sessel in einer Reihe aufgestellt. Eine Bibel, ein paar religiöse Schriften, Kreuze sind auf den ersten Blick scheinbar alles, was mir einen Hinweis auf die Bedeutung dieses Raumes geben kann.

Doch er strahlt eine himmlische Ruhe aus und beruhigt den menschlichen Geist. Als dann noch meditative Musik durch das Sanctuary schwingt, schmelze ich dahin. Diese außergewöhnliche, entspannende Ruhe …

Ivy Davis verstärkt in dieser Atmosphäre den Eindruck in mir, der sich die ganze Zeit während unseres Gespräches verdichtet hatte. Sie verkörpert in ihrer ganzen Art das Mutter-Prinzip; sie ist *»die mütterliche Heilerin«*.

Ivy Davis

»Die Dahingegangenen sind Helfer in der heutigen Welt – sie können uns aber keine Arbeit abnehmen.«

Es gibt zwei Arten von Spiritualismus: Die eine Richtung, die die spiritualistische *»Gewerkschaft«* vertritt, glaubt nicht an Christus

■ *Zwei Spiritualisten-Typen* ■

und die unbefleckte Empfängnis. In der anderen dagegen sind Christen. Ich bin ordinierter Ministrant und Christin.

Jetzt jedenfalls gibt es die Spaltung, die nicht vertuscht wird, über die aber auch niemand spricht. Der Präsident der Gewerkschaft Spiritual Nationalist Union SNU verfolgt den nicht-christlichen Weg im Rahmen der Spiritualisten-Bewegung und drängt die Christen, ihrer Kirche nicht treu zu bleiben.

★

Ich selber wurde am 15. 1. 1925 in Southampton geboren. Wir waren eine große Familie, ich bin eine von zehn, die von 12 noch

leben. Ich bin die jüngste von sieben Schwestern. Wir waren nicht reich, und ich mußte wie meine Brüder schon mit 14 arbeiten, weil es nicht reichte. Mein Vater war Vorarbeiter in den Southampton Docks.

Meine Mutter war eine faszinierende Frau, die uns alle in Trab hielt. Sie war eine jener Frauen, die mit einer Peitsche in der Hand dazustehen scheinen, aber auf eine nette Art, um uns zum Arbeiten zu bewegen. Wir mußten jeden Morgen um 8 Uhr in die Kirche und hatten eine Stunde Fußweg dorthin. Wir waren Anhänger der Church of England. Der Fußweg hat Spaß gemacht, denn alle mußten mitkommen. Nur Vater nicht, weil der nachts immer arbeiten mußte. Am Sonntag durfte er ausschlafen. Das war ein guter Anfang für mich, denn obwohl man als Jugendlicher nicht aufstehen und in die Kirche gehen will, dann zu den Bibelstunden am Nachmittag und auch noch zum Abendunterricht gehen soll, so daß der ganze Sonntag hin ist – es hat mir gutgetan. Heute sehe ich meine Mutter als Person, die begriff, wie wichtig das Christentum für uns war.

Meine Mutter war bereits übersinnlich veranlagt, wußte und fühlte Dinge. Meine Mutter hat nicht als Medium gearbeitet, ich wußte nicht, daß es sich um Spiritualismus handelte. Wir nannten es damals auch nicht so.

★

Es war damals eine schwere Zeit für die ganze Familie, und ich erinnere mich an meine spiritualistischen Anfänge, in denen als

■ Erste Übersinnlichkeiten ■

Kind geistige Menschen (Geistwesen)[1] um mich waren. Ich konnte sogar Feen sehen. Damals wußte ich zum ersten Mal, daß etwas Übernatürliches oder die Liebe der Geisterwelt mich umgab. Keiner wollte mir damals aber glauben, alle hielten es für Kinderphantasien.

Ich sah kleine Wesen mit winzigen Flügeln. Man kann sogar, wenn man so veranlagt ist, im Garten Elfen und Kobolde sehen. Man weiß, da ist etwas, und man kann mit niemandem darüber sprechen. Angst hatte ich allerdings nicht.

Ich habe meinen Mann kennengelernt, als wir beide 14 Jahre waren. Mit 18 haben wir geheiratet und sind noch immer zusammen.

Von damals bis heute habe ich es einfach genossen, den Kontakt mit denen aufrechtzuerhalten, die ins Reich der Geister hinübergegangen waren. Doch zuerst kamen meine beiden Kinder, zwei Mädchen, und erst als die etwas größer waren, fing ich an, in Kirchen zu gehen. Damals sprach man noch nicht von spiritualistischen Kirchen, obwohl bekannt war, daß es sie gab.

In der Hampton Hill Church nahm ich an Treffen teil und begann mich dafür zu interessieren, was ich dort sah: Ein Medium, von Leuten umgeben, bei der Arbeit.

---

[1] vgl. hierzu z.B. die Gespräche mit Sir George Trevellyan, Seite 208 oder Ursula Roberts, Seite 198

Angefangen hat es schließlich wirklich damit, daß ich Heilung von einem Medium in Anspruch nehmen wollte. Also ging ich hin, und es war ein derart erhebendes Gefühl, daß ich es nie mehr vergessen habe.

Man muß nicht krank sein oder gar im Sterben liegen, um sich heilen zu können. Man sitzt ganz einfach dort, entspannt sich, schüttelt den Streß ab und nimmt Ruhe auf. Ich kann mich z.B. heute noch daran erinnern, wie das Medium seine Hände auf meinen Körper legte und was ich damals fühlte, so erhebend war es. Mein Interesse wurde größer, und so ging ich noch öfter hin.

Nach einiger Zeit fragte man mich, ob ich mich nicht an der Heiler-Gruppe beteiligen wolle, denn es seien nur zwei Heiler

■ *Beginn als Heilerin* ■

anwesend und man brauche Unterstützung. Ich sagte nur: »*Ich weiß gar nicht, was ich tun soll. Ich kann mich höchstens zu Ihnen setzen und abwarten.*« Das tat ich dann auch. Ich habe einfach dagesessen und mit Hilfe der anderen einen jungen Mann geheilt, von dem ich nicht wußte, daß er der Sohn des einen Heilers war. Beim nächsten Treffen sagte mir der Kirchenvorsteher der spiritualistischen Kirche: »*Ich hätte Sie sehr gerne in meiner Heilergruppe. Sie wußten nicht, daß es mein Sohn war, dem Sie Heilung gaben. Er hat so gute Fortschritte gemacht.*« So hat meine Heilerlaufbahn seinen Anfang genommen.

Vom Heilen hat es sich dann zum Übersinnlichen ausgedehnt. Ich öffnete meinen Verstand für Gott und die Erkenntnis, daß es ein Leben nach dem Leben gibt und wir den Kontakt dorthin herstellen können bzw. daß der Kontakt in und durch den göttlichen Geist der Liebe hergestellt wird. Das sehe ich als Grundlage meiner Arbeit.

Ich war schon einige Jahre als Heilerin tätig, nahm montags an den Heilbehandlungen- und mittwochs an den Hellsehersitzungen teil.

■ *Beginn als Hellseh-Medium* ■

Natürlich war ich auch sonnabends bei den Gottesdiensten. Ich war also stark engagiert. An einem Mittwoch erschien das Medium nicht, und der Vorsteher kam zu mir und sagte: »*Komm, Ivy, Du kannst das doch. Nimm diesen hellseherischen Kontakt für uns auf.*« Da bin ich nach vorne gegangen und habe diese Art von Gottesdienst gehalten. Die Leute waren zufrieden. Damals hat meine übernatürliche Arbeit angefangen.

Heute heile ich, bin als Hellseh-Medium aber auch in der Ministrantenarbeit tätig, also Hochzeiten, Beerdigungen, Einäscherungen, Gottesdienste.

Seit mein Mann pensioniert ist, arbeiten wir zusammen. Dabei haben wir mit Heilen gute Ergebnisse erzielt.

Ich habe in dem kleinen Zimmer meiner Wohnung angefangen zu heilen. Zuerst hatte ich nur drei Patienten. Doch dann kamen

■ *Beginn der professionelleren Medien-Arbeit* ■

immer mehr Leute, so daß wir im wahrsten Sinne des Wortes unser Zuhause verloren. Durch einen amerikanischen Freund lernten wir einen anderen Amerikaner kennen, der uns, als dringend etwas geschehen mußte, 300.000 Dollar spendete, mit denen wir das Sanctuary bauen konnten, in dem wir heute arbeiten. Ein bekanntes Medium, Joseph Benjamin, hat damals auch den Namen für unseren Wohnsitz und das Sanctuary gefunden: Rest a while. Seitdem haben wir dreimal pro Woche – Montag morgens, Mittwoch abends, Freitag morgens – das Sanctuary geöffnet. Ich habe hier in der Kirche Heiler ausgebildet, und wir haben ungefähr 20 Heiler, die zwischendurch aushelfen.

Ich spüre, wer zum Heilen geeignet ist. Gott sagt, wir sind alle in unserem Herzen Heiler, weil wir alle die Begabung in uns haben.

■ Heiler-Begabung hat jeder ■

Nur gibt es Menschen, die wegen ihrer Einstellung zum Leben und zum Glück nicht zum Heiler taugen, aber normalerweise kann man schon sagen, wer ein guter Heiler wird und wer nicht. Die Liebe, die jemand zu geben bereit ist, zeigt es; nicht, was jemand an Kapital daraus gewinnt. Im Grunde genommen lehren wir Liebe und Mitgefühl.

Neuerdings kommt zum Heilen auch die Arbeit mit Ärzten in Krankenhäusern dazu, die sehr wichtig ist. Man muß sich ein wenig mit dem Körper auskennen, nicht so gut wie ein Arzt, aber immerhin gut genug, um zu wissen, wo die einzelnen Körperteile sind, denen man seine Liebe schenkt. Man darf eigentlich nichts außer etwas Liebe dorthin schicken, wo sie gebraucht wird. Man hält die Hände über den Körper, und das aurische Feld erledigt den Rest. Natürlich haben wir auch Vorschriften.

Heilen und Hellsehen muß man ganz klar auseinanderhalten, weil es vollkommen unterschiedliche Sachen sind. Als Medium macht

■ *Heilen und Hellsehen trennen* ■

man entweder nur heilende oder nur hellseherische Arbeit – niemals beides zugleich.

Ich habe es einmal erlebt, daß ein Medium gleichzeitig zu heilen und hellzusehen versuchte, während alle Patienten auf das Hellsehen warteten und sich gar nicht auf das Heilen konzentrierten. Alle warteten nur auf eine Nachricht, und das war falsch. Man muß davon Abstand nehmen. Ich mache den Unterschied, indem ich die Bewußtseinsprozesse auseinanderhalte. Sonst würde ich von dem, was ich fühle oder was mir eingegeben wird, nur abgelenkt.

★

Bevor wir mit dem Heilen beginnen, meditieren wir gemeinsam, um Körper und Seele zu beruhigen und unsere Liebe auf die Anwesenden übergehen zu lassen.

■ *Heil-Arbeit* ■

Man ist verantwortlich für seine Patienten, da sie einem Heiler wie einem Arzt vertrauen. Sie vertrauen darauf, daß der Heiler – oder Gott – ihnen ein wenig hilft. Sie sind in unserer Hand, oder etwa nicht? Es gibt Patienten, die dasitzen und plötzlich direkt ausrasten.

Ich persönlich arbeite mit Gesprächsmeditation und ein wenig Entspannung. Ich habe auch Kassetten aufgenommen, die ich manchmal laufen lasse. Es geht einfach nur ums Zuhören und

Mitmachen, denn Patienten und Heiler sind im selben Raum. Sie mögen es, still dazusitzen, und es hilft ihnen, sich und ihre Krankheit ein paar Augenblicke lang zu vergessen, vollkommen loszulassen. Man hat nämlich viele Patienten, denen ihre Krankheit so sehr zu schaffen macht, daß sie nicht an Heilung glauben. Es sind auch viele Patienten dabei, denen es Spaß macht, krank zu sein, weil sie dann zu uns kommen können. Die können auch nicht abschalten. Es geht ihnen zwar in mancher Hinsicht nach einer Heilung besser, aber sie erkennen es nicht, weil sie gern zu uns kommen. Manche Menschen pflegen ihre Krankheiten.

Ich bin kein Trance-Medium und darf nicht in Trance fallen, da ich für den Patienten verantwortlich bin und darum stets den Überblick behalten muß. Ich lasse einige Augenblicke innerlich alles von mir abfließen. Dann muß ich meine eigenen Gefühle unter Kontrolle halten, um zu erreichen, daß Gott die göttliche Kraft seiner Liebe über mich selbst als Kanal zum Patienten leitet. Das kann man in den Händen spüren. Sie werden heiß oder kalt, je nach dem, was der Patient benötigt.

Wir heilen auch Tiere und haben gute Ergebnisse erzielt mit Katzen, Hunden und Vögeln. Einmal sogar mit einem Fisch.

Sie müssen als Patient nicht an die Heilung glauben. Oft wird das, was wir tun, als Glaubensheilung bezeichnet. Man hört das jetzt immer öfter. Aber man muß eben nicht gläubig sein, um Heilung zu bekommen. Wir haben den Glauben, der Patient hat ihn manchmal nicht. Deshalb heißt es auch geistiges Heilen, weil es vom göttlichen Meister des Geistes kommt, der Heilung durch den Heiler als Kanal zum Patienten bringt. Wir sind nur das Medium, das Instrument für den Meister. Wir versprechen auch keine Heilung, weil man nie genau weiß, was passieren kann. Es ist alles in Gottes Hand. Wir können nur hoffen und beten, daß den Patienten geholfen wird.

★

Als Hellseherin arbeite ich mit Inspiration und auch nicht mit Trance. Ich verlasse mich auf die Geistwesen. Ich meditiere zuerst

■ *Hellseh-Arbeit* ■

und bitte um Gottes Liebe und die Hilfe, die ich für diese Art von Gottesdienst benötige. Dadurch werde ich inspiriert. Die Worte kommen durch Inspiration zu mir. Doch wenn ich als Medium arbeite, dann höre ich auch etwas.

Dabei sieht man nicht eine bestimmte Person und denkt, er oder sie könnte eine Nachricht gebrauchen. Man wird gesteuert.

Manchmal kommt es zu Zweck- oder Vibrationsüberschreitungen. Ich könnte Ihnen wahrscheinlich eine Nachricht zukommen lassen, die Ihnen nichts sagen würde. Das kommt manchmal vor, weil man zusammensitzt. Dann bitten wir die Person, die etwas zu erkennen glaubt, einfach zu sagen: »*Sie sind bei mir!*« Das ist eine große Hilfe.

Ich habe das Gefühl, daß man aus jeder Nachricht etwas für sich herauslesen kann, besonders, wenn im Rahmen eines Gottesdienstes hellgesehen wird, bei dem viele Menschen anwesend sind. Das gilt natürlich nicht für Familienbeziehungen, die man als Beweis für den Kontakt zur Geisteswelt offenlegt. Dahingegangene Verwandte oder Nahestehende liefern den Beweis für das Zustandekommen der Kontakte.

Als ich letzte Woche hellsehend arbeitete, bin ich bei einer Dame gelandet, die die Hand hob, als sie ihre Nachricht erhalten hatte. Sie litt an Krebs. Ich fragte sie, wer Burt sei, weil er sich um sie kümmern wolle. Sie sagte, er sei noch nicht einmal begraben, und nun wolle Burt, wie er immer gesagt hatte, nach ihr sehen, da er gerade dahingegangen sei. Das war der Beweis, der mir auf unbekannte Weise eingegeben worden war. Man weiß wirklich nicht, was man sagt, aber man gibt es weiter. Das Verständnis kommt dann von den Anwesenden. Die Betrauerten sind da. Es ist wirklich eine wunderbare Kommunikation.

Ich muß zugeben, daß ich auch nach 25 Jahren Arbeit auf dem Podium jedesmal nervös bin, weil ich nie weiß, ob ich eine Nachricht weiterleiten kann. Gott sei Dank, ich klopfe auf Holz, mußte ich noch nie vom Podium und sagen: »*Da ist keiner.*«

Das muß man nämlich tun, runter vom Podium, wenn niemand kommt. Da muß man ehrlich vor sich selbst sein. Man darf nicht von sich aus, von seinem innersten Selbst die Verbindung herstellen wollen.

Übung macht den Meister, vermute ich. Es kommt vor allem darauf an, an das Nachleben zu glauben. Die Dahingegangenen sind Helfer in der heutigen Welt, die durch den Verstand – nicht durch praktische Dinge, sie können uns keine Arbeit abnehmen – die Hinterbliebenen leiten und ihnen den liebevollen Rat geben, den sie erbitten.

Ich habe immer meine eigene Meditationstechnik besessen. Ich kann nicht sehr gut Meditationskassetten anhören, weil ich zu sehr

■ *Meditationstechnik* ■

auf die Worte achte, auf das, was gesagt wird und man sich dadurch nicht treiben lassen kann. Ich definiere einen heiligen Ort, an den man sich begibt, um sich einen Augenblick auszuruhen. Und all die herrlichen Bilder, in die man einige Sekunden lang eintaucht, verhelfen zu völligem Seelenfrieden. Man kann sich in der Stille treiben lassen.

So habe ich es immer gemacht: Einfach reden, was mir eingegeben wurde. Ein Spaziergang im Wald, am Meer, in der Phantasie etwas anderes tun – ganz still dasitzen und anschließend wieder zurückkommen. Das ist meiner Meinung nach die beste Art der Meditation.

★

Obwohl ich Christin bin, glaube ich an Reinkarnation. Was ich dazu sagen kann, ist, daß es etwas geben muß, von woher die

■ *Wiedergeburt und Tod* ■

Seelen zurückkommen. Es geschehen so viele Dinge, die beweisen, daß es Reinkarnation gibt. Viele aus der Geisterwelt sagen es uns.

Ich betone immer, daß wir den Kontakt nicht herstellen. Das kommt uns nicht zu. Wir haben keine Ansprüche und können niemandem befehlen, der sich in der Geisterwelt befindet. Das sage ich unseren Teilnehmern auch immer wieder, wenn sie kommen und sagen: »*Ich möchte Kontakt zu Onkel Tom.*« Das kann man nicht machen, weil man auch nicht weiß, wo das Geisteswesen gerade ist. Ich glaube, wir haben die Wahl, ob wir auf diese Erde zurückkommen oder nicht; genauso wie wir uns unsere Eltern aussuchen können – ich denke, wir können auch das. Wer zurückkommen will, ob gut oder böse, kommt zurück.

Ich glaube, daß jeder für sein eigenes Leben verantwortlich ist und jeder, bis er in die Geisterwelt hinübergeht, daran arbeitet.

Nun, es gibt auch Seelen, die nicht kommen. Es soll ja eben auch nicht heißen, daß alle zurückkommen. So wie ein Geistwesen nicht zu jedem Kontakt kommt. Ich selber habe z.B. meine Mutter, die in die Geisterwelt gegangen ist, nie gesehen. Aber meine Schwester, die an die Geisterwelt nicht glaubt. Vielleicht sollte es so sein, daß gerade sie sie sah. Sie sah sie sitzen, so wie ich jetzt sitze, fast in ihrem physischen Körper. Sie sah sie nicht bloß als Schatten oder Wolke, und das hat sie zu Tode erschreckt.

Ich habe wenig Vorstellungen, was im Tod passiert. Doch wenn Sie in die Geisterwelt hinübergehen, bemerken Sie sehr deutlich, daß jemand Sie erwartet, eine geistige Seele. Sie wissen auch, daß Sie in das Licht hinübergehen. Viele Seelen, die ich hinübergehen gesehen habe, hatten Angst und kämpften gegen diese Art von Tod an. Dann plötzlich fällt alles ab, weil sie sehen, fühlen oder wissen, daß da jemand ist, der sie durch das Tal führt. Wenn man einen Toten sieht, den man vorher gekannt hat, stellt man fest, daß niemals Schrecken oder Entsetzen auf diesem Gesicht liegt, sondern Frieden und manchmal sogar ein Lächeln. Man kann das Lächeln deutlich erkennen. Ich glaube, daß sie uns damit sagen wollen, daß sie jemanden getroffen haben – den Schöpfer oder jemanden anders –, der ihnen geholfen hat, auf die andere Seite des Lebens zu gelangen. Jene, die nicht glauben wollen oder können, daß es dort etwas gibt, kämpfen dagegen an, weil ihr innerstes Selbst sie daran hindert loszulassen. Dadurch machen sie es sich nur schwerer.

Mein Lieblingssatz ist der : *»Keiner kommt ungeschoren davon!«* Es kommt einmal der Punkt, an dem wir unserem Selbst ins Auge sehen müssen. Wenn der Augenblick gekommen ist, dann gehen wir dahin, und das Leben beginnt noch einmal von vorn, weil wir Lernprozesse durchmachen und zurückblicken, ob wir tatsächlich Fortschritte gemacht haben. Dann sollten wir erkennen, daß wir alles im Rahmen unserer Fähigkeiten Stehende getan haben oder wenn nicht, daß wir nochmals neu lernen müssen. Damit sind wir wieder bei der Reinkarnation. Denn: Wenn man in diesem Leben nicht vorangekommen ist, dann kehrt man solange zurück, bis man es geschafft hat. Man sagte mir, daß ich siebenmal zurückgekehrt sei, ich käme nicht mehr. Ich wußte nicht, ob ich froh oder enttäuscht sein sollte, aber das hat man mir gesagt. Ich muß es also im Leben spirituell zu etwas gebracht haben.

Heißt es nicht: »*Ich gehe vor Euch, und ich werde zurückkehren*«? Das sind Christus' Worte, nicht wahr? Ich gehe und ich kehre zurück. Sind in diesem Glauben und Verständnis nicht die Wiedergeborenen die »*neuen*« Seelen? Es heißt, man kommt mit nichts auf die Welt, und man geht mit nichts wieder von ihr. Etwas müssen wir jedoch mitnehmen können, ein wenig spirituelles Wissen. Ich könnte niemals glauben, daß wir ohne alles gehen.

Tom Johanson: Der Philosoph

»*Wie schön, daß es endlich geklappt hat*«, begrüßt mich Tom. Immer wieder hatten wir »*unser*« Gespräch führen wollen – und nie Zeit gefunden. An einem schönen, sommerlichen Wochenende treffen sich der Engländer und der Deutsche nun – in Italien.

Sein langes weißes und schon etwas schütteres Haar schimmert in der Sonne. Seine knorrigen, starken Hände, die zeigen, daß sie anfassen können, sind noch voller Farbe. Er muß wieder gemalt haben …

Tom kenne ich zu diesem Zeitpunkt schon lange. Wir waren gemeinsam durch Tibet gereist[1], und ich hatte ihn oft in London in der Spiritualist Association of Great Britain besucht. Daraus hat sich eine heute fast 10jährige persönliche Freundschaft entwickelt.

Tom war erfolgreicher Maler, hatte Volkswirtschaft studiert, komplizierte technische Zeichnungen für die Werbung angelegt, um auf einem langen Weg plötzlich der leitende Manager einer der ältesten und größten Spiritualisten-Vereinigungen zu werden. »Das war mein Beruf«, sagt er mir. »Damit verdiente ich mein Geld«.

Und dieses Geld hatte er sich wahrlich redlich verdient. Organisatorisch haben es zu einem großen Teil die Heiler und Medien ihm zu verdanken, aus einer Subkultur der Kirchen herausgekommen zu sein. »Wir müssen an die Öffentlichkeit, wir müssen aus den Kirchen raus, wir müssen mit der Wissenschaft zusammenarbeiten und uns stellen«, war sein Credo, dem viele Spiritualisten gar nicht, viele nur mit großer Überzeugungskunst gefolgt sind.

Vor diesem Hintergrund wurden Demonstrationen auf öffentlichen Plätzen und in Versammlungshallen durchgeführt. Man lud das Fernsehen und die Presse zur Berichterstattung ein. »Wir mußten raus aus dem Muff der Geheimzirkel und irgendwelcher Pseudo-Esoterik«, erklärt er mir immer wieder. »Dazu gehörte auch, sich der Wissenschaft zu stellen und Tests mitzumachen«, erinnert er sich in unserem Gespräch. »Doch so, wie manche von uns die engen Naturwissenschaften abgelehnt haben, so haben die Wissenschaftler mit ihren Vorurteilen uns häufig Tests angeboten, bei denen wir von der methodischen Anlage schon keine Chance

---

(1) Siehe hierzu das Gespräch mit Lama Thubten Renchen, Seite 151

hatten. Da hatte ich viel zu tun, und zu meiner persönlichen Intention, dem Heilen, kam ich nur nebenbei.«

Trotzdem wurde er damit weltweit berühmt. Ich selber habe mit zwei Menschen gesprochen, die »*als Blinde kamen und als partiell Sehende gingen*«. Ich selber habe Menschen dabei gesehen und später interviewt, die nach Jahren im Rollstuhl plötzlich aufstanden und anfingen, sehr wackelig, aber eben doch zu gehen.

Ich selber habe aber auch die Verzweiflung und Deprimiertheit des Heilers Tom Johanson erlebt, wenn er nicht helfen konnte und ihm liebgewordene Menschen oder gar kranke Kinder im wahrsten Sinne des Wortes »*unter den Händen*« wegstarben.

Zwar konnte er sich glücklich schätzen, daß die meisten Patienten durch ihn eine innere Ruhe finden und fanden, die sie in der klassischen Medizin häufig vermißt hatten. Er hat nach meiner Beobachtung auf jeden Fall »*Lebensqualität*« verbessert – ein Begriff, der in der klassischen Medizin erst seit einigen Jahren diskutierten Eingang findet.

Und doch glaube ich, daß diese als persönlich empfundenen Niederlagen ihn neben dem öffentlichkeitswirksamen Manager, dem berühmten Heiler zu seiner dritten Berufung gebracht haben: Zum charismatisch inspirativen Redner über das Leben.

»Heilen können auch andere«, sagt er mir in unserem Gespräch. *»Mir ist es inzwischen zu einer Herzensangelegenheit geworden, den Menschen Hoffnung dadurch zu geben, daß ich Antworten auf die beunruhigenden und krankmachenden Fragen des Lebens gebe. Ich möchte, daß eine Mutter weiß, warum ihr Kind verkrüppelt auf die Welt gekommen ist, und das Leben dabei weiterhin liebt. Ich möchte die Erkenntnis darlegen, warum Menschen leiden müssen. Wer das versteht, der wird das Leid auch überwinden.«*

»Dabei glaubst auch Du an Karma und die Wiedergeburt«, frage ich ihn. *»Heißt das nun, daß Du kein Christ bist?«*

Tom lacht mich an, blinzelt in die Sonne und erklärt dann mit großem Nachdruck: *»Ich glaube fest an Gott und an Jesus. Doch ich fühle mich auch der Philosophie des Buddhismus sehr verbunden. Im Grunde genommen bin ich sicher, daß alle Religionen auf einer einzigen Essenz beruhen.«*

Wenn man in diesem Moment den mit großer Kraft vorgetragenen Worten und der daraus erspürbaren Inspiration zuhört, dann spürt man, wer vor einem sitzt: Tom Johanson, der heilende Philosoph.

Tom Johanson:

»Jeder, der über ein grundlegendes Mitgefühl verfügt, kann fernheilen.«

Der britische Spiritualisten-Verband SAGB (**S**piritual **A**ssociation of **G**reat **B**ritain) gilt als Mekka der Spiritualisten. Aus der ganzen

■ *SAGB* ■

Welt kommen Menschen zu uns, da wir alle Einrichtungen unter einem Dach haben. Wir sind die größte Spiritualisten-Organisation der Welt und mit etwa 120 Jahren auch die älteste. Als Botschafter des Spiritualismus residieren wir selbstverständlich am Belgrave Square, wo auch alle anderen Botschaften sind. Wir verfügen über ein vierstöckiges Gebäude und haben 70 spirituelle, geistige Heiler.

★

Geistige Heiler sind Menschen mit einer besonderen Gabe. Vereinfacht ausgedrückt kann man diese Gabe als Mitgefühl bezeich-

■ Geistheiler-Gabe ■

nen. Sehr häufig treten Menschen an mich heran: *»Mr. Johanson, können Sie mich zu einem spirituellen Heiler machen?«* Meine Antwort ist stets dieselbe: *»Trotz meiner großen Erfahrung kann ich niemanden zum Heiler ausbilden.«* Heilen ist Mitgefühl, Liebe zu den Menschen. Die Fähigkeit des Heilens ist eine Gabe, die man nicht lernen kann – man wird damit geboren.

Die SAGB geht so vor: Wenn jemand glaubt, eine Gabe für geistiges Heilen zu haben, lassen wir ihn das Heilen 12 Monate

■ Heiler-Bestätigung ■

lang unter Aufsicht eines erfahrenen Heilers ausprobieren, der seine Fortschritte beobachtet. Sie müssen wissen, daß man neben Mitgefühl auch viel gesunden Menschenverstand benötigt. Auch das Verantwortungsgefühl ist wichtig. Denn: Wie es Menschen mit starkem Ego gibt, so gibt es auch Heiler mit starkem Ego, die sich mit ihren Fähigkeiten wichtig tun wollen. Das sind keine Heiler, aber sie kommen dennoch vor.

Sie sagen zum Beispiel: *»Sie sind sehr krank. Es tut mir leid, Ihnen mitteilen zu müssen, daß Sie nur noch sechs Monate zu leben haben.«* Ich hatte einmal den Fall einer Dame, einer Mutter mit fünf Kindern, der man gesagt hatte, daß sie im Laufe des Jahres sterben würde. Selbst wenn dies der Fall sein sollte, sagt man es den Leuten nicht. Man trägt also eine enorme Verantwortung.

Heiler sollen Frieden, Glück und Harmonie schaffen. Wir achten neben der Gabe zum Heilen auch auf das Verantwortungsgefühl, da man eine Krankheit auch erzeugen kann, indem man einer Person Furcht einflößt. Stellen Sie sich die Sorgen der Mutter mit den fünf Kindern vor, die nicht weiß, was aus ihren Kindern werden soll, wenn sie im Laufe des Jahres stirbt. Wir müssen die Menschen mit Frieden und Harmonie erfüllen.

Ich selbst habe gewöhnlich den betreuenden Heiler ausgewählt, der nicht nur für seine Fähigkeit zum Heilen, sondern auch für seine Intelligenz bekannt ist und über gesunden Menschenverstand verfügt. – Er beobachtet dann genauestens jeden Patienten, den der Neuling behandelt. Am Ende sagt er dann entweder: *»Ja, Sie sind ein anerkannter Heiler.«* Oder: *»Nein, Sie sind leider nicht geeignet.«* Natürlich bewerben sich viele Leute bei der SAGB, denen es gefällt, als Arzt angesehen zu werden. Das erste, das sie tun, ist, einen weißen Kittel anzuziehen. So jedenfalls wählte die SAGB unter meiner Führung und heute die Heiler aus, und es sind nun fast 70.

★

Einige Heiler tragen in der Tat weiße Kittel. Als ich sie fragte, warum sie dieses tun, sagten sie, sie wollten sich nicht infizieren,

 Heiler-Symbole ■

was natürlich lächerlich ist. Eine Dame trug gewöhnlich weiße Seidenhandschuhe, wenn sie einen Patienten berührte. Ich fragte: *»Warum tragen Sie die weißen Handschuhe?«* Sie antwortete: *»Ich will mich nicht anstecken!«* Ich faßte dieses als Scherz auf und meinte: *»Ich dachte, weil Sie keine Fingerabdrücke auf dem Patienten hinterlassen wollen, falls er stirbt.«* – Wenn es ihnen Spaß macht ... Vermutlich sieht es sauberer aus. Ich halte mich heraus.

★

Neben den 70 Heilern hat die SAGB noch 50 Hellseher bzw. Medien. Wenn jemand eine nahestehende, geliebte Person ver-

■ *Hellseher und Tod* ■

loren hat und trauert, einsam ist und einen schweren Verlust empfindet, ist es die Aufgabe des Mediums, einen Kontakt herzustellen, der beweist, daß die Person noch lebt, denkt und liebt. Medien müssen auch gute Berater sein, müssen erklären, daß der Tod eine Verlängerung des Lebens ist. Der Tod ist ein Mythos, den es nicht wirklich gibt, da im Tod nichts zerstört wird, doch im Leben alles. Alles in der Natur erfährt Veränderung, und auch wir Menschen sind einem körperlichen Wandel unterworfen, einem Wandel des Körpers, nicht des Geistes oder der Persönlichkeit. So einfach ist das.

Die Wissenschaft hat bereits herausgefunden, daß der Körper aus einer Vielzahl von Energiestufen besteht und alles sich in ständiger Bewegung befindet. Der Tod, wie wir es nennen, ist nur eine Form des Energiewandels und gleichzeitig der Beginn neuen Lebens. Diese Art Evolution setzt sich unendlich fort.

Die Hauptaufgabe eines Mediums, und dieses ist etwas, das ich immer wieder betone, besteht nicht darin, der ihm gegenüber-

■ *Aufgabe der Medien* ■

sitzenden Person zu sagen: »*Sie lernen einen großen, dunkelhaarigen Mann mit viel Geld kennen.*« Das ist Wahrsagerei, die ich mir verbitte.

Aufgabe eines Mediums ist es, den Beweis zu erbringen, daß es mit dem Ehemann, der Ehefrau, dem Großvater oder einem sehr guten Freund Kontakt aufgenommen hat. Es muß eine Vielzahl von Beweisen oder Details in Erfahrung bringen, die nur den beiden bekannt sind, z.B. einen bestimmten Namen, einen besonders schwierigen vielleicht. Oder es kann beschreiben, wie die Person aussah, welchen Beruf sie hatte, wie alt sie war, wo sie gewohnt hat, wann sie starb oder um was für eine Beziehung es sich handelte. Das Medium soll also einen Kontakt zu einem Freund oder Verwandten herstellen und nicht sagen: *»Verkaufen Sie nächsten Monat nicht Ihr Haus.«* Das ist nämlich Wahrsagerei und außerdem illegal. Rät ein Medium, mit dem Hausverkauf sechs Monate zu warten, kann dieses eine Kettenreaktion auslösen, die den Immobilienmarkt in Unruhe bringt und Schadensersatz nach sich zieht. Dieses wollen wir natürlich vermeiden. Die SAGB weist ihre Medien an, Kontakte herzustellen und dafür Beweise zu liefern.

Nicht immer haben Klienten oder Sitzer, wie wir sie nennen, und Medien die gleiche Wellenlänge. Manchmal kommt kein Einklang zustande. Dann sagt das Medium, wenn es aufrichtig ist: *»Es tut mir leid, aber ich kann mich nicht auf Sie einstellen. Gehen Sie bitte!«* Sie bekommen dann entweder ihr Geld zurück oder gehen zu einem anderen Medium.

Die Preise schwanken. Im Augenblick kostet eine halbe Stunde für ein Mitglied etwa 15 DM. Da ich Mitglied sage, bedeutet das, daß

■ *Kosten eines Mediums* ■

auch Nichtmitglieder unsere Dienste bei der SAGB in Anspruch nehmen können. Mitglieder zahlen einen Jahresbeitrag von etwa

73

35 DM und erhalten Ermäßigungen bei Vorträgen und Vorführungen. Nicht-Mitglieder zahlen lediglich etwas, und ich meine etwas, mehr. Neben der Einzelberatung mit dem Medium kann man auch an öffentlichen Vorführungen mit bis zu 100 Zuschauern teilnehmen. Das Medium kommt dann selbstverständlich nicht zu allen. Öffentliche Vorführungen finden in London in der SAGB zweimal täglich statt. Es ist **jeden** Tag geöffnet, und an jedem Tag wird zusätzlich ein Vortrag gehalten, der mit unserem Thema zu tun hat.

Die SAGB verzeichnet ungefähr 160.000 Besucher pro Jahr. Wir wissen das genau, weil wir festhalten, wie viele Besucher zu den

■ *SAGB und Besucher* ■

Vorführungen und Vorträgen kommen. Ungefähr 500 pro Woche oder 25.000 pro Jahr kommen wegen des spirituellen Heilens.

Jeder, der will, kann kommen. Und man braucht auch kein Mitglied zu sein. Es kostet nichts, da auch die Heiler – im Gegen-

■ *Kosten eines Geistheilers* ■

satz zu den Medien – gratis arbeiten. Sie stellen ihre Freizeit zur Verfügung. Es ist so, daß einige im Ruhestand sind. Diese arbeiten dann tagsüber. Diejenigen, die einem Beruf nachgehen, kommen abends oder am Wochenende. Die SAGB-Heiler arbeiten von 13-20 Uhr – und das gratis!

Ich war bis Ende 89 / Anfang 90 der Hauptgeschäftsführer. Es war meine Hauptaufgabe, dafür zu sorgen, daß die Verwaltung rei-

 Tom Johanson als SAGB-General Manager

bungslos funktioniert. Ich war für die Verbandspolitik zuständig, entwarf neue Programme, setzte alte ab und kümmerte mich darum, daß die Organisation finanziell gesund wurde und blieb. Da bei uns, wie in jeder anderen Organisation auch, Kosten für Miete, Strom, Heizung, Druckmittel und Öffentlichkeitsarbeit anfielen, gehörte es zu meinen Aufgaben, sicherzustellen, daß genügend Geld hereinkam.

Hin und wieder, wenn ein altes Mitglied stirbt, hinterläßt es der SAGB ein Haus oder einen größeren Geldbetrag, was sehr wichtig ist, da die Institution im Grunde genommen nicht mehr und nicht weniger als eine Heilklinik ist.

★

Neben den Leuten, die mit physischen Krankheiten zu den Heilern der SAGB oder auch zu mir kommen, heilen wir auch viele, die

 Psychologie geistigen Heilens

an gebrochenem Herzen leiden, einsam sind oder haltlos, weil sie einen lieben Menschen verloren haben. Wir versuchen, mit Rat und Tat, in seltenen Fällen – wo nötig – sogar finanziell zur Seite zu stehen.

★

Wir sind also eine riesige Heilklinik. In die SAGB kommen Leute aus aller Welt. Sie hat Mitglieder in aller Welt. Natürlich waren auch einige Berühmtheiten in London: der Premierminister von Australien, der Premierminister von Malaysia, der Ex-König von Siam – und sehr viele Filmstars sowie Ärzte. Viele davon sind vornehmlich am Hellsehen interessiert. Natürlich wollen einige auch geheilt werden, doch die meisten kommen aus grundsätzlichen spirituellen Interesse. Ärzte, müssen Sie wissen, sind sehr feinfühlig. Und feinfühlige Menschen sind oft begabte Hellseher und aus diesem Grunde an unserer Arbeit interessiert.

Ich selber betätige mich als spiritueller Heiler, halte Vorträge über Philosophie, die nicht aus Büchern stammt, sondern plötzliche

■ *Tom Johanson als Heiler* ■

Eingebungen, Inspirationen sind. So ist es mir möglich, Menschen zu heilen, ihnen verstehen helfen, warum wir leben, leiden und sterben. Ihnen auch zu helfen, den Grund für alles dieses zu verstehen und zu erkennen, daß dieser Grund niemals stirbt. Jedes Individuum, Tiere eingeschlossen, ist ein unendliches Wesen.

Da wir gerade vom Heilen sprechen: Wir haben es dabei auch mit einer ganzen Anzahl von Tieren zu tun. Wir heißen auch Tiere willkommen, Vögel z.B. ... Das ist nämlich wirklich ein interessantes Thema. Tiere und Babys sind für das spirituelle Heilen empfänglicher und sprechen erstaunlich gut auf geistiges Heilen an. Ich vermute, die Erwachsenen lassen sich zu sehr von ihrem Intellekt, ihrem Verstand oder ihrem Ego leiten.

Sehr viele Ärzte stehen dem geistigen Heilen mit Sympathie und Respekt gegenüber. Ich selbst habe viele Patienten behandelt, die

■ *Zusammenarbeit mit Ärzten* ■

von Ärzten geschickt wurden –, und ich habe schon viele Ärzte behandelt, die geheilt werden wollten. Ärzte sind sehr interessiert an unserer Arbeit.

Spirituelle Heiler dürfen in England in Krankenhäusern arbeiten. Die Krankenhäuser unterliegen nicht der Kontrolle durch den britischen Medizinerverband BMA (British Medical Association). Der Verband überwacht ausschließlich die Ärzte. Die Krankenhäuser unterliegen dagegen einem anderen Verwaltungsbereich. Diese Verwaltung ist uns Heilern eine große Hilfe und respektiert unsere Arbeit. Deshalb dürfen wir in über 2.000 Krankenhäusern in Großbritannien arbeiten. Allerdings existiert ein Kodex, den jeder Heiler zu beachten hat: Er darf sich nicht in die Arbeit des Arztes einmischen. Er darf die vom Arzt getroffene Anordnung nicht unterlaufen.

Wenn ein geistiger Heiler einen Vorschlag macht, kann er mit dem Arzt darüber sprechen, aber nicht mit dem Patienten, da dieser dem Arzt vertrauen muß. Wir wollen nicht über die Köpfe der Ärzte hinweg entscheiden. Dieses ist auch eine rechtliche Frage. Wenn ein medizinisch nicht qualifizierter Heiler eine Behandlung ändert oder unterläßt und es zum Tode des Patienten kommt, kann der Heiler vor Gericht gestellt werden. Deswegen brauchen wir diesen Kodex.

Wenn der Arzt einsichtig ist, sagt er: »*Wir können es versuchen.*« Immer, wenn wir in Krankenhäusern arbeiten, unterstehen wir der Aufsicht der Ärzte. Noch etwas: Kein guter, verantwortungsbewußter Heiler arbeitet ohne den Arzt. Ein guter Heiler sieht einen Arzt als Heiler mit einer anderen Methode an. Wir wollen die Ärzte nicht ersetzen. Jede Gemeinschaft ist dringend auf Ärzte angewiesen. Es ist unser Bestreben, Hand in Hand mit ihnen zu arbeiten, daß wir dem Ziel – einer guten Zusammenarbeit – langsam näher kommen.

Trotzdem ist mein Rat an die Patienten: *»Vorsicht vor manchen Heilern!«* Das sind jene, die nur das schnelle Geld wollen und den

■ *Warnung vor Geldschneidern* ■

Patienten mit dummen Diagnosen und, wie wir festgestellt haben, sehr teuren Behandlungen ausnehmen. Die meisten Heiler in Großbritannien, ich eingeschlossen, arbeiten unentgeltlich. Doch es gibt auch einige, die mit Heilen ihren Lebensunterhalt bestreiten und darum den ganzen Tag heilen. Sie verlangen eine geringe Gebühr. Die Heiler, vor denen man sich in acht nehmen muß, verlangen Hunderte Pfund. Ein ehrlicher Heiler kann auch mit niedrigen Gebühren genügend Geld verdienen.

Mich hat man in meiner Eigenschaft als Heiler oft getestet. Wenn ich heile, geht von meinen Händen eine große Wärmestrahlung aus.

■ *Tom Johanson und Tests* ■

Der Patient spürt diese Wärme. Als ich anfing zu heilen, geschah etwas wirklich Merkwürdiges. Ich habe die Patienten regelrecht verbrannt. Die Hitze war so groß, daß Hand- und Fingerabdrücke auf der Haut zu sehen waren. Ich habe es gelernt, die vorhandene Kraft zu kontrollieren und etwas zu drosseln.

Wissenschaftler hörten von dieser Wärme und fragten mich, ob sie diese mit Hilfe eines besonderen Oszillographen aufzeichnen dürften. Ich sagte ja, worauf man Elektroden an meinen Händen befestigte und eine Dame als Patient auf einen Stuhl setzte. Ich legte meine Hände auf sie und konzentrierte mich auf die gewohnte Weise. Nichts geschah. Der Apparat zeigte keinen Ausschlag. Dann überprüften sie den Apparat, doch er funktionierte einwandfrei. Ich versuchte es erneut, und wieder geschah nichts. Bis jemand die Dame fragte, ob sie ein körperliches Problem habe, und sie sagte, sie sei vollkommen gesund. Als man schließlich jemanden fand, der ein körperliches Problem hatte, schlug der Zeiger sofort aus. Dieses zeigt, daß Heilenergie mehr als bloße Energie ist. Sie ist auch eine Intelligenz, und zwar eine Intelligenz, die der des Heilers weit überlegen ist.

Es gibt in London ein berühmtes Ausbildungskrankenhaus, das St. Bartholomew's oder einfach Barth's. Einer der dortigen Wissenschaftler war damit beschäftigt, im Reagenzglas lebende Krebskulturen zu züchten. Man fragte mich, ob ich versuchen würde, diese Kulturen zu heilen. Ich durfte das Glas nicht berühren, sondern meine Hände nur darüber halten, was ich fünf Minuten lang tat. Mit dem Computer konnten sie jederzeit feststellen, wieviele lebende Zellen noch vorhanden waren. Nach meiner Behandlung entfernten sie das Glas, und als sie es zurückbrachten, waren 50 Prozent der Zellen tot. Ich wiederholte die Behandlung – und anschließend waren weitere 50 Prozent abgestorben. Sieben Stunden später waren alle Zellen tot.

Das Ironische dabei war, daß die BBC das Experiment gesponsert hatte. Als sie das Ergebnis sahen, wollten sie es nicht senden, da sie vollkommen richtig erkannt hatten, daß es eine wahre Flut hoffnungsvoller Patienten geben würde, die enttäuscht darüber wären, nicht behandelt werden zu können. Klugerweise entschieden sie sich dafür, das Programm und die dramatischen Bilder nicht zu senden.

★

Wir haben auch ein interessantes Experiment mit Pflanzen durchgeführt. Wir hatten ein Päckchen mit Samen derselben Sorte, vier

■ *Pflanzen-Experimente* ■

Blumentöpfe, Erde und schließlich noch einen großen Krug Wasser. Ich wurde gebeten, meine Hände in das Wasser zu halten, mich zu konzentrieren und meine Heilenergie an das Wasser abzugeben. Das tat ich. Dann gab man mir einige Samen. Ich nahm sie in die Hand und konzentrierte mich. Danach gab man mir die Erde in die Hand, auf die ich mich ebenfalls konzentrierte. In den ersten unbehandelten Topf kamen einige unbehandelte Samen. In den zweiten ebenfalls unbehandelten Topf kamen behandelte Samen usw. Im vierten Topf schließlich befanden sich behandelte Samen in behandelter Erde mit behandeltem Wasser. Die ersten beiden Töpfe erhielten normales Leitungswasser. Alle Töpfe wurden so aufgestellt, daß sie die gleiche Menge Licht und Sonne erhielten. Die Pflanzen des vierten Topfes schossen dreimal schneller als die anderen in die Höhe.

★

Doch ich will zum Heilen zurückkehren. Es gibt nämlich noch einen weiteren wichtigen Aspekt des Heilens, nämlich das, was

■ *Fernheilung* ■

wir Heilen auf Entfernung, also Fernheilung nennen. Ich befasse mich intensiv damit. Dabei sitzt man im stillen Kämmerlein und meditiert. Wenn man jemanden kennt, der krank ist, versucht man, sich diesen zu vergegenwärtigen, sagt ein Gebet und projiziert seine positiven Gedanken auf den Kranken. Heiler in der SAGB machen das mehrere hundert Mal pro Woche und erhalten immer Rückmeldungen, von denen eine sehr hohe Zahl, um die 70 Prozent, positiv sind.

Man muß die Personen noch nicht einmal kennen. Wenn ein Freund sagt, sein Bruder oder seine Mutter sei krank, muß man diese nicht treffen, nicht sehen. Wenn man einen Namen hat, konzentriert man sich ...

★

Jeder kann auf Entfernung heilen. Jeder, der einer Person wünscht, gesund zu werden. Jeder, der über dieses grundlegende Mitgefühl

■ *Fernheilung und Tiere* ■

verfügt, über das wir direkt am Anfang sprachen. Ich erinnere mich an eine Frau, die mich völlig verzweifelt zuhause anrief, weil ihr Hund seit drei Tagen nichts gefressen und nichts getrunken hatte. Der Tierarzt hatte ihr erklärt, daß man das Tier würde einschläfern müssen, falls sich der Zustand nicht bis zum nächsten Morgen bessere. Ich hatte den Hund nie gesehen, kannte nur seinen Namen, und ich zog mich in mein Sanctuary zurück, um zu meditieren. Am folgenden Nachmittag rief die Frau wieder an und sagte, daß, als sie am Morgen runterging, der Hund wieder auf den Beinen war, sein Futter gefressen hatte und sie ihn ausführen konnte. Der Tierarzt war mehr als erstaunt.

Es handelt sich hier um eine unendliche Intelligenz. Nicht die Art Intelligenz, die wir alle besitzen und täglich gebrauchen. Mit anderen Worten: Die Heilintelligenz ist tatsächlich ein Teil des Lebens, und da jedes Lebewesen lebt, muß sie in Einklang mit jeder Art von Leben stehen. Aus diesem Grunde hat sie auch keine Schwierigkeiten, die Ursache der Krankheit zu finden und sie zu beseitigen. Jeder Mensch, der über Mitgefühl und Tierliebe verfügt, kann auf Entfernung heilen.

Es gibt noch eine weitere psychische Kraft, die aus einer anderen Quelle kommt. Es stimmt, ich bin ziemlich bekannt als Heiler,

■ *Knochen-Heilungen* ■

der Knochen biegt. Bei mir ist es so, daß, wenn ich einen Knochen in den Händen habe und mich konzentriere, eine ungeheure Hitze in den Knochen fließt und ich das Gefühl habe, daß der Knochen weich wird. Dieses dauert immer nur ein paar Sekunden, in denen ich den Knochen gerade biegen muß. Es gab nur noch einen anderen Heiler, der dies tun konnte – der berühmte Harry Edwards. Ich habe ein paar Jahre mit Harry gearbeitet, doch würde ich niemals anderen Heilern raten, sich im Knochenbiegen zu versuchen. Es kann gefährlich werden. Sehr oft haben Törichte es nachahmen wollen, weil es so leicht aussieht, wenn es demonstriert wird.

Es gibt keine Antwort darauf, wie lange ein Heiler braucht, wieviele Sitzungen er zur Heilung benötigt. Das größte Problem für

■ *Heildauer* ■

einen Heiler ist der Patient selbst. Es ist erstaunlich, wieviel Widerstand die Patienten zeigen. Manchmal hat der Heiler zuwenig Vertrauen, oft hat der Patient keines. Andere wollen ihre Krankheit nicht wirklich geheilt bekommen, da sie ein Mittel ist, die Aufmerksamkeit auf sich zu ziehen. Oder manche Menschen müßten vielleicht dringend ihre Lebensgewohnheiten, ihre Eßgewohnheiten oder ihre Denkweise ändern. Es überrascht, wie oft der Verstand den Körper zerstört.

★

Die einfachste Heildemonstration meines Lebens fand vor 5.000 Zuschauern am Trafalgar Square in London statt. Großbritanniens

■ *Heil-Demonstration* ■

größte Tageszeitungen, The Times und The Daily Telegraph, schrieben in ihren Leitartikeln, daß es den Anschein habe, ich müsse nur die Hand auflegen und die Menschen seien geheilt. Das kommt aber daher, daß ich auf irgendeine Weise Energie von den Anwesenden aufnehme. Je größer das Publikum, desto wunderbarer die Heilungen. Ich zapfe die Energie der Zuschauer an, deswegen lassen sich bei Vorführungen viel bessere Resultate erzielen als bei Einzelbehandlungen. Ich bin also auf diese Energie angewiesen.

Menschen, die an einer Vorführung teilnehmen, sind am Heilen interessiert. Viele fühlen mit dem Patienten, wollen, daß er gesund wird. Einem Patienten zu wünschen, daß er gesund werde, ist eine Art Gebet.

Sehr oft sage ich dem Publikum: »*Helfen Sie mir, und schenken Sie diesem Patienten Ihre Kraft. Helfen Sie mir, ihn gesund zu machen.*« Dann setzt der Energiefluß ein.

In meinen Seminaren haben wir inzwischen die Heiltechnik geändert. Waren es vorher Einzeldemonstrationen, konnte ich ungefähr zum Abschluß 5 Patienten behandeln – doch 50 waren enttäuscht. Jetzt sage ich zum Publikum: »*Sie sind alle potentielle Heiler. Alle, die ihren Hals nicht bewegen können, stehen bitte auf. Die übrigen sind die Heiler. Sie müssen sich nun mit Gebeten konzentrieren und Ihre Kräfte fließen lassen.*« Nach Sekunden steigt oftmals die Hitze im Raum an, es ist unheimlich heiß. Mir rinnt der Schweiß vom Rücken runter. Aus diesem Grunde wenden wir eigentlich dieselbe Technik an wie am Trafalgar Square, auch wenn es anders aussieht.

Manche Krankheiten, so glaube ich, muß ich wohl eher berühren. Ich habe Kröpfe vor einem Ärztepublikum behandelt, und sie verschwanden. Die Ärzte waren ziemlich verblüfft.

Ich habe auch schon vor Ärzten Knochen gebogen. In Basel sagte einmal eine Ärztin, als sie den geradegebogenen Knochen sah, zu ihren ungefähr hundert Kollegen im Publikum: »*Was er getan hat, können wir im Krankenhaus nicht tun.*«

Es gab noch eine weitere Vorführung, diesmal an einem ungefähr vierzehnjährigen Mädchen. Der Arzt war erstaunt und sagte, daß er den Rücken des Kindes hätte betäuben müssen, um gleiches zu erreichen. Doch das Mädchen lachte die ganze Zeit. Deshalb vermutete er, irgend etwas in meinem Finger müsse den Rücken betäuben. Das kann ich mir durchaus vorstellen.

★

Spirituelles Heilen ist geheimnisvoll. Die Kraft ist echt, doch wir wissen nur wenig über sie. Viele Menschen sind Heiler, doch sie

■ *Heilkraft in jedem* ■

wissen es nicht, weil sie es nicht versuchen. Sie glauben, das sei nichts für sie, das könnten sie nicht.

Das war bei mir auch so. Ich hatte einen Freund, der Mönch war. Er sagte zu mir: *»Tom, Du bist ein großer Heiler!«* Doch ich habe ihm nicht geglaubt. Er hat alles in seiner Macht Stehende versucht, mich dazu zu überreden, ein Heiler zu werden. Als ich schließlich nachgab, tat ich dies, weil ich glaubte, ein schlechtes Ergebnis zu erzielen, das ihn davon überzeugen würde, daß ich kein Heiler sei. Doch mein Ergebnis war außerordentlich. Man braucht nichts von Anatomie zu verstehen, nichts von Physiologie, nichts von Krankheiten. Von all diesen Dingen braucht man nichts zu verstehen.

Diagnosen zu erstellen ist eine besondere und andere Sache, von der ich den meisten geistigen Heilern abrate, denn es ist gefährlich.

■ *Spirituelle Diagnostik* ■

Ich diagnostiziere allerdings manchmal.

Ich erinnere mich an eine Radiosendung in Vancouver, bei der die Zuhörer anrufen konnten. Eine Frau kam durch und fragte: *»Mr. Johanson, was fehlt mir?«* Vollkommen automatisch sagte ich: *»Madam, Sie haben eine durch Arthritis versteifte Schulter. Es ist die linke.«* Sie sagte, es stimme genau. Dann ging es erst richtig los. Immer wieder hieß es: *»Mr. Johanson, was fehlt mir?«* Das habe ich eine Stunde gemacht, und immer wieder hatte ich recht. Dann fragte der Sendeleiter, ob ich noch eine Stunde dranhängen würde; es sei phantastisch.

Danach passierte etwas wirklich Interessantes. Eine Dame kam durch und wollte auch wissen, was ihr fehle. Ich sagte ihr, sie habe starke Schmerzen zwischen den Schulterblättern. Sie sagte:
»Nein, Sir.«
»Sie haben zusätzlich ständig Magenbeschwerden!«
»Nein. Hatte ich noch nie.«
»Haben Sie nicht ein so lustiges Muttermal am Hals?«
»Nein, ich habe kein Muttermal.«
»Laufen Sie denn nicht sommers wie winters in Sandalen herum?«
»Nein!«
»Dann kann ich Ihnen nicht helfen. Es tut mir leid.«

Direkt die nächste Anruferin sagte, sie sei diejenige mit den Magenbeschwerden, sie habe die Rückenschmerzen, sie habe das Muttermal und laufe immer in Sandalen herum. Irgendwie hatte ich eine übersprungen. Verlangen Sie nicht, daß ich erkläre, wie ich das gemacht habe, denn ich weiß es nicht. Doch zeigt dieses, wie unendlich die geistigen Kräfte sind.

Diagnostizieren ist eine besondere Gabe, und ich würde allen Heilern davon abraten, denn es ist nicht ungefährlich. Stellt man eine falsche Diagnose, macht man dem Patienten falsche Hoffnungen. Ich stelle nur dann und sehr selten eine Diagnose, wenn ich vollkommen sicher bin, daß sie stimmt. Mehr auch, wenn Ärzte mich fragen, weil sie es nicht wissen.

Mutter Teresa: Die Unermüdliche

»Wenn ich trotz unseres Termines nicht anwesend sein sollte«, so schrieb mir Mutter Teresa, *»so wenden Sie sich an Schwester Agnes. Sie wird Ihnen dann alles zeigen und mit Ihnen sprechen.«*

»Mother Teresa out« steht auf dem Schild an der Tür zum berühmten Sterbehaus. Ich klingele. Als ich eintrete, stehe ich unvermittelt in einem sehr großen Raum mit Steinfußboden. Etwa 150 Menschen liegen eng nebeneinander auf niedrigen, knapp kniehohen Feldbetten. Die Ventilatoren sind ausgeschaltet und drehen sich nicht. Eine im Verhältnis zu Calcutta außergewöhnliche Ruhe steht förmlich in der Luft. Einige Menschen liegen am Tropf. Manche schlafen, einige schauen mit offenen Augen an die Decke. Wieder andere drehen ihren Kopf zu mir und sehen mich an: Friedlich lächelnd.

Ich weiß – die meisten hier werden bald sterben. Doch in dem saubersten Raum, den ich überhaupt in der Stadt gesehen habe, in der aus der Sicht eines europäischen Krankenhauses primitiven Atmosphäre schwebt keine Angst, sondern Frieden.

»Mutter Teresa ist noch in ihrer Heimat, in Albanien«, erklärt mir die leitende Schwester.

»Dabei ist ihr Name unauslöschlich mit Indien verbunden«, geht es mir durch den Kopf. Denn schon als junges Mädchen ging sie als Missionarin nach Calcutta.

Hier gründete sie nach einigem Widerstand mit Einverständnis des römischen Papstes die Missionaries of Charity (Missionarie della Carita). Dieser Nonnenorden holt die Sterbenden von der Straße und sorgt für ein menschenwürdiges Dahinscheiden oder doch noch eine lebenserhaltende Krankenpflege.

Ich schaue wieder auf die liegenden Menschen. Sie haben alle ein sehr schweres Leben hinter sich. Hier werden sie nicht mit einer High-Tech-Medizin, sondern auf einfache Weise und dabei so menschlich versorgt.

Etwas später besuche ich das Haupthaus. *»Mother Teresa out«* zeigt mir auch hier das Schild an. So erfährt jeder in Calcutta, wann die Ordensleiterin nicht in der Stadt weilt. Taxifahrer hatten es mir schon vorher erzählt: *»Sie ist nicht in der Stadt. Das weiß jeder hier, weil jeder sie liebt.«*

Ich werde durch verschiedene Gänge geführt und stehe plötzlich in einem großen Gebetsraum. Etwa dreißig Nonnen knien vor einem Altar und singen wunderschöne christliche Lieder in tiefer Andacht. Durch die offenen Fenster dringt Calcutta-Lärm: Autohupen, Geschrei der Leute, Quietschen von Karren. Doch er erreicht das Gemüt nicht, da der Gesang hoffnungsvoll und optimistisch alles überstrahlt.

Plötzlich steht sie neben mir: Mutter Teresa, eine kleine gebeugte Frau. Ihre blütenweiße Ordenstracht ist wie ein indischer Sari mit Kopfüberwurf geschnitten. Die Ränder sind blau abgesetzt. *»Herzlich willkommen und namaskar«*, begrüßt sie mich.

»Ich bin gerade angekommen und muß in drei Stunden weiter nach Südindien«, erklärt sie mir mit einer krächzend-heiseren Stimme das Schild vor der Tür. *»Der Orden hat über eintausend Nonnen, die in vielen Ländern verschiedene Sozialarbeiten ausüben. Da gibt es viel zu tun.«*

Einfach ist die Arbeit sicherlich nicht. Eine große Tafel erinnert an all diejenigen Schwestern, die in Ausübung ihres Dienstes irgendwo auf der Welt gestorben sind.

»Neben dem Sterbehaus haben wir später auch ein Kinderhaus aufgemacht.«

Ich überzeuge mich: Auch hier wieder große, peinlich saubere Räume. Kinderbett an Kinderbett steht hier. In einer Ecke sitzen etwa dreißig Babys gleichzeitig auf dem Töpfchen. Kindergeschrei und -gelächter erfüllt den Raum. Einige vielleicht Dreijährige spielen zwischen den Gängen fangen oder verstecken.

»Die Waisenkinder werden zur Adoption freigegeben«, erklärt mir eine deutsche Schwester, die schon über zwanzig Jahre mit *»Mutter«* arbeitet. Ihr Deutsch bekommt sie nur noch langsam zusammen. *»Andere Kinder werden von den Ärmsten der Armen gebracht und von uns gesund gepflegt. Dann gehen sie wieder nach Hause. Einige Neugeborene finden wir auch immer wieder auf der Schwelle.«*

»Mother«, wie sie hier alle nennen, will von mir mehr wissen, als ich von ihr erfahren kann. Sobald ich etwas anspreche, fragt sie in Sorge um die Menschen nach. *»Sie kümmert sich um alle«*, erklären mir immer wieder die Schwestern. *»Heil, Heilung und Heilen hat für sie viel mit Kümmern um Unterprivilegierte zu tun«*, geht es mir durch den Kopf.

Während wir uns unterhalten, sind die Augen und Ohren der Friedensnobelpreisträgerin überall. Sie horcht den Gesängen ihrer Nonnen nach, die aus dem Andachtsraum herüberschallen. Dabei unterschreibt sie Antwortbriefe an alle Welt. Irgend jemand fragt durch eine Schwester um zwanzig Autogramme, und sie signiert sie. Verschmitzt schaut sie mich dabei an.

Doch es ist deutlich zu spüren, der Körper kann diese Hektik nicht mehr lange mitmachen. Sie wirkt sehr aktiv und doch auch müde.

Nur wenige Tage nach unserem Gespräch fordert die Arbeit zwischen den Welten und das Ringen um die Details ihren Tribut. Ein Herzversagen führt dazu, daß ihr ein Herzschrittmacher implantiert wird. Gleichzeitig bittet sie den Papst um die Erlaubnis, die Leitung des Ordens in ihrem 80. Lebensjahr abgeben zu dürfen.

Doch mir wird klar, daß die Motivation dieser Missionarin sie auch dann weiter antreiben wird, wenn sie die Leitung eines Ordens nicht mehr belasten sollte. Sie wird immer die sein, als die ich sie kennenlernte: Die sorgende Unermüdliche.

Mutter Teresa

»Skins und Punks sind Brüder. Brüder wie andere auch.«

Ich war in verschiedenen Städten Deutschlands. So auch in Ost- und West-Berlin. Ich sah auch einige Menschen in den Straßen

■ *Skins und Punks* ■

von Berlin, sie haben einen Platz, wo man sie häufig findet. Sie sind jung und benötigen unsere Hilfe.

Diese Menschen haben verschiedene Haarfarben gleichzeitig oder seltsam geschnittene Haare bzw. eine Glatze. Es sind die Skins und Punks.

Wir sind große Freunde geworden. Sie sind Brüder, sie sind genauso Brüder wie andere auch.

Wir sollten ihnen helfen, denn sie benötigen Hilfe. Es sind manchmal nur kleine Dinge, doch diese bringen großes Glück.

★

Viele fragen, was mein erster Eindruck war, als ich mit 18 Jahren nach Calcutta kam und dieses große Leid sah.

■ Elend in Calcutta ■

Sehen Sie, ich kam als Missionarin. Und für eine Missionarin kann ich nur sagen: *»Hier zu missionieren – was für eine wunderbare Stadt.«*

Religion

Karmayogi
Seine Heiligkeit Charukeerty Bhattarak Swami:
Der Geduldige

»1000 Stufen sollst Du gehen, bevor Du ihn erreichst«, denke ich.
Wir hatten uns in Shravanabelagola in der Nähe von Bangalore in
Indien verabredet, wo das berühmteste Heiligtum der Jainas steht.
Obwohl es sicherlich nur knapp 200 (?) Stufen sind, die ich bis zur
großen Statue auf dem Berg hochgehen muß, bleibt mir in der
indischen Gluthitze die Luft weg. Immer wieder muß ich mich
umdrehen, verschnaufen und sehe dabei in eine wunderschöne
Landschaft. Direkt vor mir liegt ein großes, künstliches Wasser-
becken, das für rituelle Waschungen genutzt wird.

Doch oben auf dem Berg treffe ich meinen Gesprächspartner,
Seine Heiligkeit, den präsidierenden Pontifex der Jainas nicht. So
bleibt mir nichts anderes übrig, als zunächst einmal die Statue des
nackten Menschen anzuschauen, die vielleicht zwanzig bis dreißig
Meter hoch ist und vom Berg herunterblickt.

An ihrem Fuß haben Pilger eine Kokosnuß aufgebrochen. Sie stellt
mit ihrer äußeren Schale als Symbol dar, daß man sein Ego zerbrechen muß, um – im Inneren – an sein weiches und wirkliches
Selbst zu gelangen.

In der Abendsonne steige ich wieder herunter. Telefongespräche.
Wo bitte ist Seine Heiligkeit? Der Aufseher der religiösen Anlage
klärt es mühsam: Wir haben uns um einen ganzen Tag verfehlt.
Aber das Angebot steht –, wenn ich möchte, kann ich in Bangalore
ein erstes Abendgespräch führen. Natürlich will ich.

Auf dem Weg kommt mir in den Sinn, was ich über diese Religion weiß. Jainismus und Buddhismus entwickelten sich etwa zur selben Zeit (um 500 v. Chr.) als Reformreligionen zum Hinduismus, vergleichbar dem Protestantismus gegenüber dem Katholizismus. Mahavira Jaina gilt als Gründer dieser Religion.

Jain kommt von Jina und bedeutet *»Eroberer«. »Doch der Eroberer wovon?«*, denke ich. *»Es handelt sich sicherlich nicht um einen Eroberer wie Napoleon Bonaparte oder Alexander der Große.«*

Jina bedeutet *»Eroberer des eigenen Selbst«.* Das Prinzip des Jainismus ist die konsequente Gewaltlosigkeit. Mahatma Gandhi wuchs unter Jainas auf und hat mit ganz großer Wahrscheinlichkeit hier erstmalig den Kontakt mit seiner persönlichen Philosophie bekommen: Gewaltlosigkeit.

Gewaltlosigkeit und Sanftmut strahlt auch mein Gesprächspartner aus, als wir uns nun endlich treffen. Freundliche Diener bringen Tee und stellen die übergroßen Ventilatoren an, um uns Kühlung zu verschaffen. Wie üblich sitzen wir auf dem Boden, der Pontifex etwas erhöht auf einem kleinen Podest.

»Im Jainismus kennen wir 24 berühmte Propheten, Lehrer und Heilige«, versucht er mich in die Historie dieses Glaubens einzuführen. *»Wir nennen diese Leute Tirthankaras. Sie müssen auch noch wissen, daß wir an keinen persönlichen Gott glauben. Das Wort Tirthankara bedeutet in etwa sinngemäß: ⟩zu einer heiligen Stätte pilgern⟨. Der Körper ist ein heiliger Ort und somit der Sitz des göttlichen Prinzips. Unsere Thirtankaras sind also Heilige, die in ihren Körper gepilgert sind und das göttliche Prinzip dort getroffen haben.«*

Ich ahne, was Seine Heiligkeit sagen will. Die Stimme ist angenehm. Ruhig überlegt er, bevor er etwas ausspricht.

»Vom ersten heiligen Tirthankara wissen wir nicht, wann er geboren ist. Der letzte, der 24., war Mahavira und ist der Gründer unserer Religion.«

Das erinnert mich an den Dalai Lama. Auch hier wurde der erste erst im nachhinein dazu ernannt. Oder an die Propheten des alten Testamentes – und erst Jesus begründete einen neuen Glauben. Letztendlich auch an den Islam, bei dem Jesus als Prophet anerkannt ist – und Mohammed als letzter die *»richtige«* Wahrheit verkündete und damit diese Glaubensgemeinschaft ins Leben rief. Erst der 24. und letzte Tirthankara war also der Gründer des Jainismus.

Immer wieder erläutert mein Gesprächspartner einzelne Aspekte seines Glaubens. Immer wieder korrigiert er Urteile oder korrigiert verhalten einen falschen Eindruck einer ungeduldigen Nachfrage. Es wird fast Mitternacht, als wir uns verabschieden. Der unruhige Europäer von dem gewaltlosen Geduldigen.

Karmayogi Seine Heiligkeit Charukeerty Bhattarak Swami

»Sieht man einen Topf,
erscheint der gesamte Verstand wie ein Topf.«

Körper und Seele sind Partner im Leben des Menschen. Seele bedeutet Selbst und *»mind«*. Seele und Körper sind unterschiedliche

■ *Seele und Körper* ■

Substanzen. Körper und Seele sind Partner, deshalb sollte man beide auch gleich behandeln: Die Religion für die Seele, die

Technologie für den Körper. Doch es gibt mehr Religion als Technologie.

Seit den Anfängen der indischen Kultur steht über das Selbst geschrieben, daß es der wissende Teil unseres Körpers ist. Das ist die Energie, weil das Wissen die direkte Qualität der Seele ist. Das verbindet Körper und Seele.

In der Kantschen Philosophie nennt man das »*Phänomen*«, was bedeutet, daß es weder Körper noch Seele ist, sondern Verstand, Verstehen. Dieses Verstehen ist ein Teil des Verstandes, nicht des Körpers. Der Körper ist nur ein Mittel, seine Sinne sind nur Mittel.

★

Feuer hat die Eigenschaft, alles zu verbrennen. Folglich gehen wir vorsichtig damit um. Diese Vorsicht kommt aus unserem Bewußt-

■ *Umgang mit Gewaltlosigkeit* ■

sein. Man kann das Feuer nicht verändern, doch man kann ihm aus dem Weg gehen.

Kommen wir zum Leben. Leben kommt und geht. Die Seele geht in den Körper ein und erweckt ihn zum Leben. Und darum gehen wir mit dem mentalen und physischen Leben äußerst vorsichtig um. Wir gehen darum in diesem Sinne mit Feuer und mit Gewalt gleichermaßen um.

★

Es gibt vier Arten von Gewalt. Die erste ist die vorsätzliche, die zweite die landwirtschaftliche, die dritte die industrielle Gewalt.

■ *Vier Gewaltarten* ■

Die vierte schließlich ist der Krieg.

Die erste Gewalt ist das vorsätzliche Töten. Wir sollten weder körperlich noch geistig töten.

Das Ziel der Landwirtschaft besteht darin, mehr Getreide zu produzieren, und nicht, Insekten und andere Lebewesen zu töten.

Auf dem industriellen Sektor, wie Transport, Verarbeitung, Lagerung, Verkauf etc., gibt es mehr Möglichkeiten der Gewaltanwendung, doch ist sie unbeabsichtigt.

Im Krieg kämpfen wir gegen Feinde. Vor jedem Feind, der die Waffe auf uns richtet, müssen wir uns schützen. Unsere Gesellschaft, unsere Tempel, unser Land, unsere Bevölkerung. Dann ist Krieg also keine Gewalt.

Wir sollten keine Gewalt anwenden, andere Länder nicht angreifen. Aber wenn wir angegriffen werden, dann müssen wir uns schützen. Es ist keine Gewalt, weil in der Seele keine Gewalt ist. Unser Handeln und Fühlen ist darauf ausgerichtet zu schützen, nicht zu töten. Das ist der Grund dafür, daß viele Tirthankaras Kaiser und Könige waren. Sie kämpften nicht gegen den Feind, sondern um das Land, die Untertanen und die Kultur zu schützen. Es sollte vorsätzliches Töten nicht geben. Jeder Vorsatz entsteht in der Seele, nicht im Körper.

★

In der Landwirtschaft produziert man Getreide, erntet Obst, Blumen usw. Doch die einfache Bevölkerung, die Familien sollten

■ *Mönche* ■

keine Gewalt anwenden. Mönchen sind jedoch alle vier Arten von Gewalt verboten. Sie dürfen keine Landwirtschaft betreiben, keinem Geschäft nachgehen, keinen Krieg führen. Die strengen Vorschriften gelten nur für Mönche, nicht für die übrige Bevölkerung. Außerdem haben die Mönche ihr Leben der Selbstreinigung geweiht.

Wenn die Menschen darauf achten, Gewalt zu vermeiden, wird der Gesellschaft kein Schaden zugefügt. Wer allein leben will, wer im Kloster leben will, der kann das tun, denn von ihm geht keine Gefahr für die Gesellschaft aus, und die Gesellschaft stellt auch für ihn keine Gefahr dar. Wer gewaltlos ist, dient der Gesellschaft, und alles, was der Gesellschaft dient, ist willkommen.

Es gibt mehrere Stufen der Gewaltlosigkeit. Wer auf der ersten Stufe steht, sollte das Prinzip der Gewaltlosigkeit achten, auch

■ *Stufen der Gewaltlosigkeit* ■

wenn er nicht danach leben mag. Auf der zweiten Stufe sollte er aufhören, Tiere zu töten. Auf der dritten Stufe kann er wie gewohnt leben, nur sollte er sich ausschließlich von Gemüse ernähren, und auf der vierten Stufe schließlich sollte er auf Erdgemüse verzichten.

Man kann sich Stufe um Stufe hocharbeiten, genau wie in der Schule: Von der Grund- zur Mittelschule, von der Mittel- zur

Oberstufe und von dort zur Universität. Der einfache Bürger braucht nicht alle Stufen der Gewaltlosigkeit, Ahimsa, zu durchlaufen.

Die Mönche versuchen natürlich gewaltlos zu leben, wenngleich es, obwohl sie so intensiv üben, unmöglich ist. Doch Vorsicht ist

■ *Mönche und Gewaltlosigkeit* ■

immer wichtig. Wenn z.B. ein Mensch einen Weg entlanggeht, sterben unzählige Insekten. Für einen vorsichtigen Menschen zählt jedoch schon das eine Insektenleben, das er vielleicht rettet. Es ist gut, es schadet nicht. Deshalb gehen Tausende von uns ausschließlich zu Fuß und sind vorsichtig. Mönche versuchen dieses Prinzip der Gewaltlosigkeit auf alle Lebewesen anzuwenden.

Wenn ein Mönch eine Virusinfektion hat, so kann er Medizin nehmen. Dieses gilt für Mönche auf der niedrigen Stufe, wobei wir insgesamt vier Mönchsstufen haben. Mönche der ersten Stufe können, wenn sie verheiratet sind, bei ihren Familien leben. Auf der zweiten Stufe sollten sie ihr Zuhause verlassen und nicht mehr als zwei Kleidungsstücke tragen. Auf der dritten Stufe sollten sie nur ein einziges Kleidungsstück tragen, ein Leinentuch. Auf der vierten Stufe schließlich sind sie nackt. Mönche der ersten drei Stufen können Medizin einnehmen.

Auf der vierten Stufe denken sie über die Seele nach, nicht über den Körper. Der Körper ist losgelöst, es gibt keine Verbindung. Man muß den Unterschied zwischen Körper und Seele verstehen. Der Körper ist körperlich, die Seele ist etwas anderes. Wer das verstanden hat, dem ist der Körper egal. Es ist wie ein Haus. Wir haben ein Haus, die Seele hat mit unserem Körper ein Haus.

Der Körper ist also körperlich, die Seele geistig, und im Vergleich zum Körper ist die Seele nicht ausgeprägt. Es sind zwei unterschiedliche Einheiten. Die Seele ist dabei genauso real wie der Körper. Der Körper hilft uns, die äußere Welt zu verstehen. Wer also die äußere Welt verstehen will, muß seinen Körper erhalten. Für den, der das Wesen der Welt verstanden hat, wie z.B. Mönche auf der vierten Stufe, spielt der Körper keine Rolle mehr.

Ich selbst stehe auf der zweiten Stufe und trage darum safrangelbe Kleidung. Auf der dritten Stufe tragen sie nur Leinen, auf der vierten sind sie, wie gesagt, nackt. Bis zur zweiten Stufe hat man Kontakt mit der Gesellschaft, mit den Institutionen. Auf der dritten Stufe hat man solche Kontakte nur noch beim Predigen. Auf der vierten Mönchsstufe soll man noch nicht einmal mehr predigen. Man muß alleine leben, zu Fuß gehen, darf kein Fahrzeug benutzen und keine überflüssige Nahrung zu sich nehmen.

Eine gute Methode zur Meditation ist die Vipashyana-Technik. Sie ist auch als buddhistische Technik anerkannt und ist die Technik,

■ *Meditation und Seele* ■

die man Buddha lehrte. Sie ist das intuitive Erkennen von den drei Merkmalen des Seins: Vergänglichkeit, Leidhaftigkeit und Unpersönlichkeit aller körperlichen und geistigen Erscheinungen. Sie ist der Jaina-Technik sehr ähnlich. Allerdings ist das Verständnis des Wesens der Seele bei uns anders. Der Jainismus glaubt an die Existenz einer individuellen, vom Körper unabhängigen und von der körperlichen Welt verschiedenen Seele. Wie die äußere Welt, so ist auch die Seele real. Der Buddhismus lehrt dagegen die Anitya-Methode, Vergänglichkeit, d.h., alles ist im Fluß aus Werden und Vergehen.

Nehmen Sie folgendes Bild: Wasser ist klar, doch es besitzt die Fähigkeit, jede Farbe anzunehmen. Mischt man Wasser mit Sand, nimmt es die Farbe des Sandes an; gießt man es in eine Silberschüssel, nimmt es die Farbe des Silbers an; gibt man blaue Farbe in das Wasser, wird es blau; mischt man es mit Milch, wird es weiß. In dieser Hinsicht ist das Wasser rein. Es gibt seine eigene Farbe zugunsten einer anderen auf.

Der Verstand, das Wissen und die Kenntnis ist wie Wasser, ständig im Fluß. Man kann Farben und Formen nicht unterscheiden. Sieht man einen Topf, erscheint der gesamte Verstand wie ein Topf. Sieht man ein Gebäude, reflektiert der Verstand das Gebäude. Sieht man einen Menschen, reflektiert er den Menschen.

Es gibt eine Farbe, die die Farbe des Wassers nicht verändert. Füllt man Wasser in eine Kristallschüssel, ändert sich die Farbe des Wassers nicht. Kristall und Wasser haben dieselbe Farbe. Wenn wir den Verstand in uns selbst aufbewahren, bleibt er unverändert. Wir wissen, daß der Verstand und das Wissen einen Teil der Seele darstellt, doch denken wir nie an die Seele als einen Teil des Verstandes. Die Seele ändert sich nicht, verliert nichts, bleibt rein. Wenn wir ohne körperliche Empfindungen, ohne innere Gefühle wie Stolz und Begierde über die Seele nachdenken, bleibt die Seele rein.

Meditation ist nichts anderes als die Reinerhaltung des Verstandes. Der Verstand mischt sich nicht mit anderen Dingen. Deshalb spricht man im Buddhismus auch von Shunyata, was Nichts, Leere, Leerheit bedeutet, womit jedoch nicht die Leere der Seele gemeint ist, sondern die Leere des Verstandes. Wir empfinden ständig körperlich, fühlen Kälte und Hitze, hören Lieder, riechen und schmecken. Der Verstand benutzt die fünf Sinne nacheinander oder gleichzeitig. Er springt dabei ständig zwischen Vergangenheit und Zukunft hin und her. Entweder er befaßt sich mit vergangenen Gefühlen oder mit Zukunftsplänen. Die Vergangenheit ist vergangen, liegt hinter uns. Die Zukunft ist »*Herr über die Zukunft*«, doch die Gegenwart ist kostbarer. Wir sollten sie nutzen.

Der reine Verstand, ohne Wünsche und körperliche Empfindungen, das ist die Meditation, ist Reinigung des Verstandes ohne weltliche Bedürfnisse und Empfindungen. Losgelöst vom Körper ruht er in der Seele. Die Seele ist der Herr, der Verstand der Diener. Die Seele sollte den Verstand dazu bringen, bei mir zu bleiben. Ein Diener ist immer Diener seines Herrn, und wenn Ihr Diener Sie unerlaubterweise verläßt, in einem anderen Haus einem anderen Herrn dient, müssen Sie wissen, wo der Diener dient. Wir müssen wissen, wo unser Verstand dient.

Wir werden zum Wächter unseres Verstandes. Bewachen Sie Ihre Seele, bewachen Sie Ihren Verstand. Der Verstand ist wichtig! Was ist die Aufgabe eines Wächters? Darauf zu achten, daß niemand in Unbekanntes unerlaubt eintritt. Werden Sie Ihr eigener Wächter. Erlauben Sie unbekannten, negativen Gefühlen keinen Zutritt – sie schaden der Seele. Auf die Seele und die Gefühle achten heißt, auf den Verstand zu achten. Tun Sie nur das, was nützlich ist, und unterlassen Sie, was nicht nützlich ist.

★

Ich persönlich übe es, daß sich die Seele vom Körper loslöst. Man muß es verstehen, daß einem sein Körper nicht gehört. Es gibt

 Meditation und Erwartung ■

dabei nichts zu fühlen und nichts zu erwarten. Wer bei der Meditation etwas sucht, etwas erwartet, der meditiert nicht wirklich.

Suchen nach irgend etwas und Erwartungshaltung haben nichts mit Meditation zu tun. Jeden Tag, das ganze Leben sind wir auf der Suche. Bei der Meditation gibt es keine Suche, denn meditieren heißt »*nichts tun*«.

Ich erzähle Ihnen eine Geschichte dazu: Der König besuchte einmal ein Kloster. Der Abt führte ihn herum, zeigte ihm die Arbeitsräume, die Küche, den Speisesaal usw.. Der König fragte, was das große Gebäude in der Mitte sei. Der Abt antwortete nicht, sondern führte den König weiter herum. Als er die Frage weiter unbeantwortet ließ, sagte der König:
»*Sie leben in meinem Land, also müssen Sie mir sagen, was die Mönche dort tun!*«
»*Sie tun nichts.*«
»*Wenn sie dort nichts tun, dann können Sie das Gebäude abreißen.*«
»*Mir scheint, ich muß es in Ihrer Sprache sagen. Die Mönche meditieren in dieser Halle. Sie tun tatsächlich nichts, denn beim Meditieren tut man nichts.*«

Sehen Sie: Man tut den ganzen Tag etwas. Man arbeitet körperlich, spricht und denkt. Doch beim Meditieren tut man nichts: Kein Sprechen, kein Denken. Man ruht sich aus, macht den Verstand frei von allen Dingen und konzentriert sich auf die Seele, wo der Verstand entspringt. Konzentriert man sich darauf, gibt es keine Erwartung. Erwartung ist rein körperlich. Man hat Erwartungen in bezug auf die Familie, die Gesellschaft, das Land. Doch in der Meditation ist alles ruhig, alles im Gleichgewicht.

Guru Brahmachari Vishul Chaitanya: Der Gelehrte

Unter Chaitanya versteht man zunächst einen Menschen mit spirituell erwachtem Bewußtsein, also einen Menschen, der nicht bloß über das Bewußtsein des Denkens verfügt.

Im Ramakrishna-Orden wird die Bezeichnung nach der Initiation als Brahmachari hinzugefügt. Brahmachari ist ein religiös Strebender, der das Mönchsgelübde abgelegt hat.

Guru Vishul treffe ich in seinem Ashram im Vorhimalaya-Gebirge. Ein Ashram ist ein Zentrum für religiöse und philosophische Studien oder auch ein klösterlicher Ort. Dieser liegt etwa eine Stunde Autofahrt von der Residenz des Dalai Lama entfernt in Sidhbari. Es handelt sich um eine weitläufige Anlage mit mehreren Gebäuden, Studienzimmern und einer großen Versammlungshalle mit Altar.

Den Guru (von gu = Dunkelheit und ru = retten), der *»der aus der Dunkelheit errettet«*, treffe ich in einem kleinen Zimmerchen. Ein Regal mit ein paar Büchern, ein Bild vom heiligen Berg Kailas an der Wand ist schon fast alles, was das Auge erblicken kann. Der vollbärtige Mann läßt dem Gast Tee und Bananen reichen.

Später gesellt sich eine junge Frau zu uns und setzt sich neben ihren Guru auf den Boden. Sie ist Ärztin, versorgt die umliegende Umgebung medizinisch und erteilt den Dorfbewohnern im Auftrag des Ashram Gesundheitsunterricht.

Guru Vishul ist ein sehr wissender Mann. *»Ich spreche nicht zu dem einfachen Volk«*, sagt er, *»das ist nicht meine Aufgabe. Hier wird ernsthaft studiert.«* Dann sprechen wir. Doch immer, wenn es kompliziert wird, bittet er, nicht selber Englisch, sondern in seiner indischen Muttersprache antworten zu dürfen. *»Religion und Philosophie sind sehr komplex«*, meint er, *»da kommt es auf jedes Wort an.«* Wie gut, daß wir jemanden dabei haben, der von den 15 offiziellen indischen Amtssprachen gleich fünf beherrscht. So ist auch dieses Vorgehen, wie schon ein paar Mal mit anderen Gesprächspartnern, kein großes Problem.

Später gehen wir in die Versammlungshalle. Hier sitzen etwa 40 Personen auf dem Boden und singen religiöse Lieder. Inzwischen ist die Dunkelheit hereingebrochen. Vogelgezwitscher und Grillenzirpen mischen sich in der warmen Nacht der offenen Halle mit den Gesängen zu einem anrührenden Chor.

Plötzlich höre ich das bekannte Lied *»Hare Krishna, hare ...«*. Doch wie weich ist es hier, wie sanft. Ich erinnere mich an die Hare Krishna-Anhänger im Europa der 70er Jahre, wie sie auf den Straßen sangen und tanzten. *»Wie einschmeichelnd dieses Lied sein kann«*, denke ich. Wunderschön. Ich versuche mit einzustimmen.

Inzwischen hat sich Guru Vishul vor die Gruppe gesetzt. Er fällt in den Gesang ein. Ich bemerke, wie das leise harmoniumartige Musikinstrument von seinem Spieler etwas kraftvoller angefaßt wird.

Dann plötzlich Ruhe. In die abrupte Stille hinein hält der Guru eine kurze Tagespredigt über ein religiös-philosophisches Problem. Dann stellen die Zuhörer ihre Fragen, die an diesem Tag in ihrem persönlichen Studium aufgetaucht sind. Sie erhalten eindeutige und kraftvolle Antworten.

Guru Brahmachari Vishul Chaitanya erweist sich hier als das, als was er auch schon in unserem Gespräch erschien: Als philosophischer Gelehrter.

Guru Brahmachari Vishul Chaitanya

»Der Geist bestimmte früher die Politik.
Jetzt ist es umgekehrt.«

Man lehrt uns drei Bücher: Upanishaden, Bhagavadgita (kurz: Gita) und Brahmasutra. Letztere erklärt die Shankaracharya-Phi-

■ *Drei heilige Bücher* ■

losophie des großen Shankara. Die drei ergänzen sich und heißen auch *»drei zusammen«.*

★

Ich unterrichte nicht die einfache Bevölkerung. Die Studenten, die ich drei Jahre lang lehre, fangen nicht ganz am Anfang an.

■ *Hingabe und Karmayoga* ■

Sie haben schon ein Studium hinter sich. Die einfache Bevölkerung wird nur in der Gita unterwiesen, die anderen beiden sind zu schwer.

Wir kennen Menschen in zwei unterschiedlichen Zuständen: Da gibt es denjenigen, der voll ins Alltagsleben verwickelt ist. Dann gibt es den anderen, der alles hinter sich gelassen hat. Er ist rechtschaffen und tugendhaft. Der erstgenannte Mensch ist handlungsorientiert, und wenn er seine Pflicht tut, orientiert er sich automatisch in Richtung Verstand.

Auf der zweiten Stufe steht der, der bereits einen Schritt weiter ist. Die Gita rät denen, die aufsteigen wollen, Gutes zu tun.

Es gibt einige schwierige Sanskritwörter dafür: Karmayoga ist das, was wir mit dem Körper tun, das jedoch nicht wunschgesteuert ist.

Jetzt stellt sich die Frage, ob nicht alle Taten wunschgesteuert sind. In unserem Alltagsleben kann man nicht für andere etwas tun, ohne die menschliche Psyche zu studieren. Wir fühlen uns glücklich, wenn wir unsere Arbeit einer Person widmen können, der Mutter zu Haus oder auch der Nation. Wenn wir uns zu einem Mann, zu irgendeinem Menschen hingezogen fühlen, kann dessen Wunsch das Motiv unserer Handlung sein.

Hingabe ist der einzige Weg, der zu Karmayoga führt. Sonst können wir nur Arbeiten ausführen, also Karma, nicht aber Karmayoga, das von Hingabe und nicht von unseren eigenen Wünschen gesteuert wird.

Die Gita sagt, daß wir jemanden in unserem Leben brauchen, der uns führt. Eine Gottheit zum Verehren sollte vorhanden sein, an die wir all unsere Hingabe richten.

Diese »Gottheit« kann auch die Nation sein, irgendeine Person oder vielleicht die Ökonomie. Irgend etwas, dem wir uns hingeben können.

Nur durch Hingabe können wir unser gesamtes Potential freisetzen. Menschen wie Einstein, der sein ganzes Leben der Wissenschaft hingegeben hat, und andere große Ökonomen, Wissenschaftler sowie Staatsmänner können sehr viel Leid ertragen – doch dafür bekommen sie Glückseligkeit. Während ihr Körper leidet, befinden sie sich auf geistiger Ebene in einem Glückszustand, der aus der Hingabe resultiert. Es wird deutlich, daß es einen Weg gibt, die Glückseligkeit zu erreichen, selbst wenn der Körper gequält wird – dieser Weg heißt Hingabe.

Eine der wichtigsten Grundlagen besteht laut der Gita wie gesagt darin, etwas zu haben, auf das wir unsere Hingabe richten. Angenommen, wir richten sie auf unseren Guru, und er bittet uns um ein Glas Wasser. So viele Anhänger, alle, würden gerne das Glas Wasser holen. Doch: Obwohl es sein (!) Wille, sein (!) Wunsch ist, nicht der meinige, leistet mein (!) Körper die Arbeit. Er hat seinen Wunsch in mein Herz gepflanzt, und dieses Wissen treibt meinen Körper an.

Das ist das Prinzip des Karmayoga. Es sollte keine ego-gesteuerten Handlungen geben. Wenn wir das beachten, gelingt es uns, den Druck unserer weltlichen Verlangen abzubauen.

Haben wir ein Verlangen in unserem Herzen, das unseren Körper antreibt, dann können wir den Wunsch erfüllen und freuen uns.

■ *Weltliches Verlangen* ■

Diese Freude bleibt als »*Abdruck*« in unserer Erinnerung und weckt neue Wünsche. So geht es immer weiter. Mit jedem erfüllten Verlangen wird der »*Abdruck*« tiefer, doch gelingt es uns nicht, den Druck der weltlichen Verlangen abzubauen.

Die Gita sagt, der Wunsch muß von anderen kommen, sonst ist es keine Karmayoga. Je geringer das eigene Verlangen, desto geringer die Erregung. Aber: Wir haben sehr viele und hohe Ziele für unser Leben, so daß ein Wunsch immer weitere Wünsche nach sich zieht. Geringes Verlangen führt zu geringer Erregung und damit zu verhältnismäßigem Frieden.

Dieser innere Frieden gibt uns die Möglichkeit, über die Wahrheit, über die Seele nachzudenken. Wir gelangen auf diese Weise auch zu Fragen unserer inneren Persönlichkeit und des Lebens allgemein. Wir bekommen Gelegenheit, überhaupt Fragen zu stellen.

Jetzt erlauben wir unserem Verstand jedoch nicht, irgendeine Frage zum Leben, zur Seele, zur Geistigkeit aufzuwerfen. Herz und Verstand arbeiten die ganze Zeit, kommen nicht zur Ruhe. Solange das nicht aufhört, kann man nicht in sich hineinhorchen.

★

Der Tod ist von Mensch zu Mensch verschieden. Manche sterben im Koma, manche sind bei vollem Bewußtsein. Es gibt einige

■ *Tod* ■

weise Männer in Indien, die sich im Samadhi dem höchsten, überbewußten Zustand, hingesetzt und ihren Atem ausgehaucht haben. Doch das ist nicht die Regel.

Die Gita vergleicht den Tod mit einem Wechsel der Kleidung. Wie wir die Kleider wechseln, so wechseln wir auch den Körper.

Will man schwimmen gehen, zieht man Badesachen an. Für jeden Anlaß kleiden wir uns entsprechend.

★

Es gibt aus der Vergangenheit zwei bedeutende Philosophien in Indien: Buddha, der von Shunyata (Leere/Nichts), und Shan-

■ *Nichts und Existenz* ■

karacharya, der von uneingeschränkter Wahrheit oder uneingeschränkter Existenz spricht. Die Frage, um die es geht, ist diese: Existiert Nichts oder nicht? Existiert Leere oder nicht?

Wir sind glücklich, wenn die Existenz akzeptiert wird. Wir nehmen es jedoch nicht hin, wenn jemand behauptet, Nichts bedeute Nicht-Existenz. Gemäß der vedischen Philosophie nach Shankaracharya ist uneingeschränkte Existenz die Wahrheit. Wenn jemand Nichts in diesem Sinn gebraucht, wenn jemand Leere in diesem Sinn gebraucht, dann sind wir der Meinung: Wir werden nicht mit dem Wolf streiten.

Doch die Frage bleibt: Existieren Sie oder nicht? Ich kann niemals sagen: »*Ich bin nicht.*«

In diesem Raum hängt auch ein Bild vom heiligen Berg Kailas. Er ist der Sitz Shivas. Er ist sehr wichtig in unserer Mythologie.

■ *Indischer Geist* ■

Indien war früher noch größer als heute. Afghanistan, das damals Kandahar hieß, gehörte dazu. Auch Peshawar, ganz Pakistan, Burma, der Himalaya, Nepal – es gehörte zu uns.

Eigentlich war es aber eher eine Integration auf geistiger Ebene. Es gab so viele Könige … doch nur eine Nation. Selbst in den Schriften ist von 50, 60 Königen die Rede – doch es war eine Nation.

Die Rassen sind verschieden, das Essen ist verschieden, die Hautfarben sind verschieden, ja, die Sprachen sind verschieden. Die Einheit basiert auf der Verschiedenheit.

Inder aus dem Süden müssen in den Norden pilgern, die aus dem Norden in den Süden, die aus dem Osten in den Westen. Es gab zwar mehr als ein Königreich, doch in religiöser Hinsicht war es eine Nation.

Das ist das Besondere unserer Mythologie, und deshalb gibt es mehr religiöse oder geistige Konzepte als politische. Der Geist bestimmte die Politik. Jetzt ist es umgekehrt.

Einheit bedeutet nicht Gleichheit. Eine Orange sieht wie ein Ganzes aus. Bei einer Melone sieht man all die Linien. Doch innen besteht eine Orange aus vielen Stücken, die Melone aus einem einzigen.

Der Geist, nicht die Politik, wird das Land wieder zusammenführen.

Die größte Versammlung in Indien findet einmal in 12 Jahren statt: die Kumbha Mela. Es handelt sich dabei um ein Baderitual, zu dem Menschen aus ganz Indien zusammenkommen. Wir haben einige Städte wie Hardvar oder Allahabad, wo drei Flüsse zusammenfließen, in denen alle vier Jahre Rituale stattfinden. Doch das größte, die Kumbha Mela, findet nur alle 12 Jahre statt. Man muß es gesehen haben. Ganz Indien ist an diesem heiligen Tag zu einer bestimmten Zeit versammelt.

1989 war Allahabad an der Reihe. Mindestens 15 Millionen Menschen waren dort: Reiche, Arme, Schwarze, Weiße mit unterschiedlichen Sprachen und Gebräuchen waren versammelt, um gemeinsam zu baden. Dort konnte man Einheit sehen. Politik spielte keine Rolle. Es gab keinen Streit.

Der heilige Berg Kailas in Tibet gehörte in diesem Sinne auch uns, gehört eigentlich immer noch zu uns. Er ist der Sitz Shivas, und die Tibeter sind nicht anders als wir.

Sogar Buddha war Inder. Er ging nach China, um seine Schüler von dort aus den Buddhismus verbreiten zu lassen. Er ist überall – in China, Korea, Japan, Malaysia, Thailand, Burma, Sri Lanka.

Wir sehen Tibet als Teil Indiens an. Die ältesten Karten belegen sogar, daß Tibet zu Indien gehörte. Der Sitz Shivas gehörte und gehört zu uns.

★

Die Ursachen von körperlichen Krankheiten können meistens die Ärzte sagen. Ich bin »Arzt« für geistige Erkrankungen, doch

■ *Krankheit* ■

haben viele körperliche Krankheiten ihren Ursprung in seelischer Krankheit. Wer geistig gesund ist, hat beste Aussichten, auch körperlich gesund zu sein.

Die Weltgesundheitsorganisation hat bisher Gesundheit nur als das körperliche, geistige und soziale Wohlergehen einer Person definiert. Anläßlich der letzten Konferenz wurde sie als körperliches, geistiges, soziales und spirituelles Wohlergehen neu definiert. Nur wer seelisch gesund ist, ist geistig gesund; und nur wer geistig gesund ist, ist auch körperlich gesund. Alle drei zusammen sind nötig, um auch sozial gesund zu sein.

★

Die Kontinuität des Lebens ist die Grundlage des Hinduismus. Wenn etwas fortgesetzt wird, kann man dessen Vergangenheit

■ *Lebenskontinuität* ■

nicht in Frage stellen. Die Gegenwart ist ein Produkt der Vergangenheit.

Ein Boot fährt auf dem Ganges, der angeblich eine Fließgeschwindigkeit von 8 km/h hat. Wenn das Boot stromaufwärts fährt und eine Geschwindigkeit von 10 km/h hat, beträgt seine tatsächliche Geschwindigkeit nur 2 km/h. Stromabwärts ergibt das gleiche Tempo 18 km/h. Man darf die Fließgeschwindigkeit des Ganges also nicht außer acht lassen. Wie das Boot im Wasser, so treibt unser Leben in Eindrücken der Vergangenheit. Wir können unsere Vergangenheit nicht leugnen.

Wenn Sie morgen wiederkommen, werde ich Sie wiedererkennen, weil Sie ein Teil meiner Vergangenheit sind.

Es ist also ein ganz klares Bild: Das Ich ist etwas anderes als der Körper. Der Körper ist das Medium, über das Sie mich treffen können, mich ablenken oder bestrafen. Wenn Sie mich schlagen, so schlagen Sie den Körper, doch ich fühle den Schmerz. Liege ich im Koma, können Sie den Körper schlagen, ohne daß ich den Schmerz spüre – doch Sie wollen ja nicht den Körper bestrafen, sondern mich.

Folglich ist der Körper ein Medium für mich, um Erfahrungen zu sammeln und über mich nachzudenken. Unsere Philosophie geht davon aus, daß die körperliche Persönlichkeit eine Reflexion der inneren Persönlichkeit ist, d.h., der Körper ist die Erweiterung des Geistes.

Angenommen, Sie tragen sehr gute, saubere Kleidung. Ich sehe die Kleidung und weiß, daß der Träger ein sauberer Mensch ist, da seine Kleidung sauber ist. Man kann von der Kleidung auf den Menschen schließen, weiß, wie er ist.

★

Ich treibe täglich Yoga, obwohl mein Verstand mir sagt: *»Tu es nicht.«* Aber ich habe genügend Willenskraft, mich darüber hin-

■ Körperliche Ertüchtigung und Geist ■

wegzusetzen. Wer Willenskraft hat, kann seinen *»inneren Schweinehund«* besiegen.

Wir Hindus glauben, daß man den Körper ablegt, wie man ein Kleidungsstück ablegt. Geist und Seele werden von Leben zu Leben mitgenommen. In unserer Philosophie ist der Körper die Reflexion unserer inneren Persönlichkeit.

★

Wenn Ihre innere Persönlichkeit harmonisch ist, wenn man Herr über seine innere Persönlichkeit ist, dann hat man auch Kontrolle über alles andere.

■ Innere/äußere Persönlichkeit ■

Es ist fast wie mit dem Auto und dem Fahrer. Das Auto ist das Werkzeug des Fahrers. Wenn die innere Persönlichkeit stark und gütig ist, dann ist auch die äußere, die körperliche Persönlichkeit gesund, strahlend, gütig, kultiviert. Denn: Sie ist nur eine Reflexion der inneren Persönlichkeit.

Wenn Sie mich besuchen und ich schlafe, so können Sie meine körperliche Persönlichkeit treffen; doch das wollen Sie nicht. Sie werden sagen: *»Er schläft, ich kann ihn nicht besuchen.«* Ich bin dann auf einer anderen Ebene.

Es ist nicht der Körper, der die Übungen durchführt. Ich bin es, mein Wille. Und wenn dieser Wille stark ist, wenn er ein Lebenswille ist, dann wird auch mein Körper gesund sein.

Wer ist schuld daran, wenn ich mich körperlich betätige? Ich bin es. Ich weiß, daß körperliche Ertüchtigung meiner Gesundheit dienlich ist. Alle sagen es: Die Wissenschaftler, die Alten, die Gesunden. Wir wissen es, aber halten uns nicht daran. Warum?

Zeitmangel kann es nicht sein. Wir sind nicht sooo beschäftigt. Wir sind nicht mehr beschäftigt als Gandhi, der sich sehr wohl auch körperlich betätigte. Was uns abhält, es ihm gleich zu tun, ist unsere Faulheit, und die gehört zu unserem Verstand.

Wille und Gesundheit also gehören zusammen.

Was Meditation anbelangt, so kann ich etwas empfehlen: Man muß vergessen, wer und was man ist. Man muß vergessen, daß

■ *Meditation* ■

man Arzt, Ehemann oder Vater ist, und – man darf sich kein Ziel setzen.

Versuchen Sie es immer wieder. Negieren Sie Ihre negative Persönlichkeit. Die Gedanken kommen z.B. durch die Bindung an eine nahestehende Persönlichkeit. Als Geschäftsmann haben wir die Gedanken, die mit unserem Geschäft zusammenhängen. Als Vater haben wir die Sorgen eines Vaters.

Was auch immer wir sind, Ingenieur, Mutter, Ehefrau oder Ehemann, diese Persönlichkeit beeinflußt uns.

Eigentlich sind wir nämlich überhaupt keine Persönlichkeit; wie wir auch kein Ingenieur sind, solange wir das Diplom nicht haben. Man ist auch kein Arzt: Arzt ist ein Ziel. Ehemann ist ein Ziel, das man erst erreicht, wenn man heiratet. Man muß alle diese Persönlichkeiten ablegen, um meditieren zu können. Vergessen Sie, zumindest für den Augenblick, wer und was Sie sind. Es hilft, das kann ich Ihnen versichern.

Meditation ist etwas, mit dem man erst einmal anfangen muß, um Freude daran zu finden. Wenn jemand nicht will, daß wir meditieren, verstecken wir uns und tun es trotzdem, weil wir so großes Verlangen haben, es zu tun. Es gibt Menschen, die soviel innere Freude bei der Meditation empfinden, wenn sie erst einmal auf den Geschmack gekommen sind, daß sie von zuhause fortgehen, um nur noch zu meditieren.

In unserer Philosophie gibt es zwei Arten von Glückseligkeit, von denen die freie, unabhängige die wertvollere ist. Unabhängige

■ *Glückseligkeit* ■

Glückseligkeit liegt dann vor, wenn man in sich selbst ruht, auf niemanden angewiesen ist, ob uns jemand ehrt oder entehrt – es ist uns egal. Normalerweise sprechen wir stark auf solche Dinge an, doch alle weltlichen Dinge, z.B. Geld und Macht, sind uns dann gleich, wenn wir die freie Glückseligkeit besitzen.

Unsere Freude ist so innerlich, daß wir von allem unabhängig sind. Wenn wir jedoch in der Lage sind, bei Geld, Schmerz oder Macht, Freude zu empfinden, ist die Abhängigkeit gegeben, denn wir stecken im Wettbewerb und im Hierarchiedenken. Jemand

116

ist mächtiger oder besser als wir, und dies schmälert unsere Freude. Die Glückseligkeit ist abhängig und deshalb minderwertig.

★

Wenn Sie mich fragen, was ich lehre, so antworte ich: »*Nur das Leben*«. Es gibt nur dann eine Philosophie, wenn sie auch gelebt

■ *Philosophie* ■

wird. Sonst hat sie keinen Zweck.

★

Wissen Sie, wie ein Ashram-Alltag bei uns aussieht? Sie stehen um 5 Uhr auf und meditieren eine Stunde. Danach machen Sie Asanas,

■ *Ashram-Alltag* ■

also Körperübungen im Hatha-Yoga. Anschließend trinken Sie ein Glas Milch.

Im Anschluß daran leisten Sie körperliche Arbeit, bevor um 7.15 Uhr die erste Unterrichtseinheit beginnt. Nach dem Frühstück gehen Sie auf Ihr Zimmer und waschen Ihre Kleidung.

Von 11 Uhr an lernen Sie bis zum Mittag Sanskrit-Dramen.

Um 16 Uhr versammeln Sie sich, um Veden-Hymnen zu singen. Danach Arbeitsdienst für den Ashram nach genauem Plan. Es ist also nicht nur alles reine Philosophie.

So werden in diesen Arbeitszeiten auch Menschen auf den Dörfern in Hygiene und Medizin unterwiesen. Den Frauen wird gezeigt, wie man Babys richtig ernährt. Auch das gehört zu unseren Aufgaben.

Später werden Hingabe-Gesänge gesungen und Fragen zum Unterricht oder zur eigenen Meditation beantwortet. Das ist nicht sehr beliebt.

Nach der Versammlung um 20 Uhr gibt es Abendessen. Danach studieren Sie auf Ihrem Zimmer. Sie sehen: Es ist Praxis, nicht nur Philosophie.

Wir beten gerne. Das Ziel ist es, die Ashram-Gäste zu wahren Anhängern des Herrn zu machen. Sie sollen ihr Leben ganz in den Dienst des Herrn stellen. Wir wollen, daß jeder Gedanke, jede Tat Sein sei. Also, daß wir dieses nicht in Worte fassen müssen, sondern erkennen, daß es so ist.

Wenn alles Sein ist, dann haben Ich und Ego keine Bedeutung mehr.

Unsere indische Philosophie kennt vier Bereiche. Der erste Bereich ist die Bedeutung von Verstand und Erkenntnis. Der zweite ist der Wahrheitsbegriff gemäß der jeweiligen Philosophie (wie Buddhismus, Jainismus usw.). Der dritte ist die Frage, wie der jeweiligen Wahrheit zufolge die Schöpfung, das Universum entstanden ist. Der vierte, sehr wichtige Bereich ist das Benehmen, das Verhalten auf seinem Platz im Universum, seiner Wahrheit entsprechend. Dieses Verhalten muß definiert werden. Das ist sehr wichtig.

Dieses sind die Grundlagen der Philosophie. Aus diesem Grund muß sie gelebt werden. Philosophie ist eine Idee, und man kann es nicht oft genug sagen, die gelebt werden muß. Der große indische Philosoph Swami Vivekananda hat dazu gesagt:

»Philosophie ohne Religion ist klein und nutzlos – Religion ohne Philosophie Heuchelei.«

Seine Heiligkeit Swami Shankaracharya:
Der Unberührbare

Im Tempel ist es unruhig. Wie in einem Bienenhaus bewegen sich die Menschen hin und her. An der Stirnseite des Tempels steht der Altar, ist jedoch im Moment mit einem Vorhang wie auf einer Bühne verdeckt.

Direkt gegenüber hat man mit einem Strick vielleicht 100 Quadratmeter abgesperrt. Hier sitzen Priester, Brahmanen – und erledigen auf dem Boden sitzend an kleinen Pulten Schreibarbeiten. *»Buchhaltung und Kontenführung im Tempel«*, geht es mir durch den Kopf, *»Jesus hätte seine Freude gehabt. Auf der anderen Seite gehört auch das zum Leben. Hier findet das Leben noch wirklich in der Kirche statt.«*

An mir vorbei schleppt ein Mann auf seinem Rücken eine riesige Bananenstaude, die er augenscheinlich opfern will.

Plötzlich Unruhe. Es erklingt eine helle Glocke und der Vorhang geht auf. Über den Köpfen Hunderter Menschen hinweg, die jetzt einen monotonen Gesang anstimmen, erkenne ich einen knapp zwanzigjährigen Mann, der eine kleine Statue mit Milch und Honig salbt. »*Der junge Guru, der junge Guru*«, flüstern die Leute ergriffen um mich. Nach vielleicht drei Minuten ist alles vorbei, und der Vorhang senkt sich.

Ich gehe um die Anlage herum. Plötzlich sehe ich an einer Außenmauer wieder Hunderte von Pilgern, die verzückt in ein offenes Seitentor des Tempels schauen. Neugierig versuche ich auch, einen Blick zu erheischen. Ein alter Mann von über 90 Jahren sitzt mit gekreuzten Beinen und stockgeradem Kreuz auf dem Boden und meditiert. »*Sie sind gesegnet*«, gibt man mir zu verstehen. »*Sie sehen den alten Guru in Meditation. Das macht er den ganzen Tag über, aber nur selten kann man ihm dabei zusehen. Sie Glücklicher, Sie Glücklicher ... Den Jungen und den Alten an einem Tag ...*« Man schüttelt mir die Hand, als würde ich nun das Glück verteilen.

Doch dann steigert sich mein Glück fast ins Unermeßliche. »*Sie können mit dem großen Guru, Seine Heiligkeit Swami Shankara-charya sprechen. Kommen Sie mit auf das Dach des Tempels.*« Ich folge und spüre, wie mir viele Augenpaare neidischen Blickes folgen.

Guru kann man eigentlich in keine Sprache der Welt wirklich übersetzen. Manche sprechen von Lehrer, und doch ist er es nicht, da er keine Klasse unterrichtet. Manche sprechen von Meister (Master) und liegen auch mit dieser Übersetzung falsch, da ein Guru keine Meisterprüfung abgelegt haben muß. Guru kommt von den zwei Sanskrit-Wörtern gu und ru. Gu ist die Dunkelheit, ru die Rettung. Ein Guru ist also derjenige, der die spirituelle Dunkelheit vertreibt oder einen Menschen daraus errettet. Ein spiritueller Lehrer, ein spiritueller Meister, ein spirituelles Vorbild: Alles das kann es gleichzeitig bedeuten.

Ich bin in Kanchipuram, bei dem berühmten Südindischen Guru Shankaracharya angelangt, der weit ins Land hinein bekannt ist. Während ich auf das Tempeldach in eine große Halle geführt werde, gehe ich an übenden Trommelspielern vorbei. Diese Musik wird mich das ganze Gespräch über begleiten.

Schließlich kommt er. Sein Heiligkeit zeigt seinen nackten Oberkörper, um den die Brahmanenschnur als Zeichen der Zugehörigkeit zur obersten (Priester-)Kaste gewickelt ist. In der Hand hält er einen großen Stab. *»Fast wie der Krummstab der christlichen Bischöfe«* schießt es mir durch den Kopf.

Ich sitze schon und beuge nun meinen ganzen Körper wie die Inder auf den Boden. Diese Respektbezeugung und das Zeichen der Unterwerfung unter die Größe des Mannes fällt mir mit meiner Erziehung sehr schwer. Und dann muß ich lächeln: Mein Ego, Stolz und Selbstbewußtsein, hat mal wieder zugeschlagen. Er lächelt auch und ich spüre, daß er meine Gedanken erkannt hat.

Ich übergebe ihm in einer Schale ein paar Früchte und etwas Geld für den Tempel. Ein Helfer trägt die Sachen fort.

Unser Gespräch beginnt schleppend. Meine grundsätzliche Frage habe ich vergessen. Ich wollte ursprünglich mit ihm über die Witwenverbrennung sprechen, da ein deutscher Fernsehfilm behauptet hatte, dieser heilige Mann würde noch dafür einstehen. Doch aus unserem späteren Gespräch heraus glaube ich diese journalistische Feststellung nicht in der dargestellten Absolutheit.

Ich erfahre, daß der Swami *»Sozialclubs«* auf den Dörfern gegründet hat, die sich um wenig verdienende Menschen kümmern. *»Mädchen und Frauen ohne Ausbildung werden besonders versorgt und gefördert«*, sagt er. *»Es ist viel zu tun, und ich muß* *meine ganze Kraft in die Tempelorganisation und Organisation solcher Projekte stecken«*, erklärt er mir.

Gleichzeitig lerne ich, daß Guruji (ji hängt man als Zeichen des Respekts an einen Namen) in die Dörfer geht und organisiert, daß alle verfallenen Tempel aufgebaut und restauriert werden. *»Diese Aufgabe ist wichtig«*, sagt Seine Heiligkeit, *»damit die Dorfbewohner wieder in ihrem Glauben gestärkt werden. Ich bemühe mich, ihnen wieder einen Glaubensmittelpunkt und einen Zentralpunkt innerhalb des Dorfes (zurück-)zu geben oder diesen trotz der Armut auf dem Dorf zu erhalten.«*

Jemand kommt herein und drückt mir einen Zettel in die Hand. Ich grinse: Es ist eine Spendenquittung bis auf die letzte Rupie. *»Fehlt nur noch, daß man mir die Früchte quittiert«*, staune ich über dieses korrekte Vorgehen.

Zum Schluß will mir der heilige Mann geweihten Kandis geben. Doch er drückt ihn mir nicht direkt in die Hand, sondern legt ihn auf den Boden, so daß ich ihn von dort aufnehmen kann. Seinen Segen habe ich damit und einem dazugehörigen Gebet bekommen und beuge mich jetzt auch schon viel leichter zum Abschied vor ihm.

Die Gründe des seltsamen Verhaltens erkenne ich später: Der Guru Seine Heiligkeit Swami Shankaracharya hat seit Jahren keinen Menschen mehr berührt, um sich mehr auf sein Innerstes konzentrieren zu können.

Jetzt verstehe ich auch eine gewisse Distanz in unserem Gespräch. Er ist eben der unnahbare Unberührbare.

Seine Heiligkeit Swami Shankaracharya

»Wenn wir nur noch an die heilige Göttlichkeit denken,
müssen wir nicht mehr wandern.«

Der Tod, oder formulieren wir besser *»gestorben sein«*, heißt für
uns: Die Energie dieses Geschöpfes, die sich ausdrückt in Spre-

■ *Tod* ■

chen, Sehen, Berühren usw., geht weg und wird in eine andere
Gestalt überführt. Dann ist das jetzige Gebilde gestorben. Das ist
schon alles, was wir als Tod bezeichnen.

Diese andere Gestalt existiert dann an einem anderen Platz und hat
dann das, was wir als *»Leben«* bezeichnen, während die diesseitige
Gestalt das ist, was wir *»tot«* nennen.

Woran wir am Ende unseres diesseitigen Lebens denken, sozusagen in der allerletzten Sterbenszeit, das prägt unsere Form und
Gestalt jenseits, im nächsten Leben. Denken wir z.B. sehr intensiv
an unser Haus, das wir nun verlieren, denken wir also an etwas
Materialistisches, so werden wir auf der anderen Seite ein sehr
erdverbundenes, materialistisches Geschöpf. Denken wir jedoch
an etwas Heiliges, Nicht-Materialistisches, so hat dieser Gedanke
Einfluß auf unser nächstes Leben und unsere nächste Gestalt.

Das Ende der Wiedergeburt erreichen wir dann, wenn wir alle unsere Gefühle und Bindungen kontrollieren, sozusagen an einen

■ *Ende der Wiedergeburten* ■

Platz binden und transzendieren. Wenn wir nur noch an die heilige
Göttlichkeit denken, dann müssen wir nicht mehr wandern, um

unsere spirituellen Fehler abzubauen. Dann ist das Ende, das Ziel erreicht. Die Wanderung ist vollbracht, die Wiedergeburt ist nicht mehr notwendig.

★

Guru für andere wird man nicht so einfach. Ein Guru fällt auch nicht vom Himmel. Menschen müssen ein inneres Gefühl für

■ *Guru und Schüler* ■

einen anderen Menschen entwickeln, das ihnen sagt: *»Das könnte mein Guru sein. Ja, das ist mein Guru. Was er bisher gesagt hat, ist für mich richtig. Was er tut und was er bisher gemacht hat ist einfach richtig«.* Man muß das untrügliche Gefühl besitzen: *»Diesem Mann oder dieser Frau muß ich – evtl. für eine Zeitlang – folgen.«* Nur dann hat man seinen richtigen Guru gefunden. Alle anderen Menschen, die man bis dahin kennengelernt hat, sind es darum nicht. Die eigene Seele muß die Entscheidung treffen und ist der entscheidende Faktor bei der Wahl.

Ich selbst bin aber eine Ausnahme und habe meinen Guru nicht direkt entdeckt. Genaugenommen hat er mich auserwählt. Ich war 13 Jahre alt und studierte bereits Sanskrit. Da kam ein heiliger Mann auf mich zu und fragte mich direkt ohne Umschweife, ob ich mit ihm in seinen Ashram kommen wolle. Ich mußte natürlich meinen Vater und meine Mutter fragen, weil ich ja keine Erlaubnis dazu hatte.

Mein Vater allerdings war sich ganz sicher, daß man seine Erlaubnis dafür nicht benötigte. *»Wenn ein Guru, ein heiliger Mann kommt, der anbietet, daß man zu ihm kommen solle, dann muß man auch plötzlich und überraschend mit ihm gehen«,* war seine Meinung.

Das war mein Anfang. Mein verehrter Guru ist nun über 80 und meditiert in diesem Ashram hauptsächlich. Aber auch ich habe schon wieder einen jungen Nachfolger, so daß wir in diesem Ashram nun drei Gurus sind.

Es gibt für uns insgesamt auch sehr viel zu tun. Hauptsächlich arbeiten wir an einem großen Treffpunkt in einem Dorf in der

■ *Aktive Sozialarbeit* ■

Nähe von Kanchipuram. Dort erledigen wir unsere Sozialarbeit, indem wir Kinder und Mütter niedriger finanzieller Klassen versorgen. Wir halten Vorträge, organisieren Demonstrationen, eröffnen zum Beispiel Nähschulen und zeigen Möglichkeiten, die eigenen Kinder zu erziehen und mit dem Leben umzugehen.

Unter unseren vielen Helfern hier, die gerne oft ohne Bezahlung mitarbeiten, befinden sich auch Mediziner. Andere helfen uns für Tage oder auch Wochen und Monate, z.B. in der Küche. Sozialarbeit muß in Indien, weil sonst niemand da ist, oft von solchen Vereinigungen und Ashrams wie unserem durchgeführt werden: Das ist unsere religiöse Pflicht und Aufgabe.

Acharya Swami Kootasthanand: Der Lachende

»Fast mitten in Delhi steht dieser Ashram«, hörte ich von unserem Fahrer. *»Religiöse und spirituelle Themen machen auch vor einer modernen Welt-Hauptstadt nicht halt.«*

Wir halten vor einem wirklich neuen Gebäudekomplex, eingefriedet durch eine Mauer. Im Hof sitzen vielleicht dreißig Personen auf Matten und singen religiöse Lieder mit auffallender Inbrunst. *»Mehr Frauen als Männer«*, fällt mir auf.

Auf einer kleinen Bühne zaubern drei Instrumentalisten und ein Vorsänger eine angenehme Stimmung. In diesem Hof wird zweimal täglich gesungen. Mindestens zweimal täglich werden hier auch Armenspeisungen durchgeführt; Fladen, Reis und Tee ausgeteilt.

Der Swami begrüßt uns lachend. Sein Kopf ist haarlos und wirkt in der Sonne blankpoliert. Fast pinkfarben leuchtet sein blitzsauberes Gewand.

Im kleinen Audienzzimmer wird Tee gereicht. Ich werde durch eine einfache, aber strahlend saubere Küche geführt. Töpfe und Pfannen sind aus Blech und werden mit Sand gescheuert.

»Wir sehen es gerne, wenn uns unsere Übernachtungsgäste beim Sozialdienst in der Küche und bei der Armenspeisung helfen«, erklärt mir ein älterer Ashram-Mitarbeiter.

Die Zimmer für die Gäste verblüffen mich: Einfach, jedoch für indische Verhältnisse groß, sauber und freundlich – alles mit Fichtenholz vertäfelt. Da habe ich in Asien und direkt Indien schon sehr viel Schlimmeres als Hotelangebot gesehen.

Und wieder lacht der Swami.

»Doch lassen Sie uns in einen anderen Raum gehen«, kichert er. Er besteht aus Stuhl und Schreibtisch, davor ein aus unserer Sicht überdimensionales Bett, auf das sich der Gast, mit den üblichen gekreuzten Beinen, setzen darf.

Der Swami verkörpert eine Religionsauffassung, die es bei uns nur (noch?) sehr selten gibt. Er besitzt als Buddhist den höchsten Studienabschluß einer Universität und steht doch nun einem hinduistischen Ashram vor. Als er das erzählt, wirkt er bescheiden, freut sich über mein erstauntes Gesicht – und lacht kichernd in sich hinein.

Die Hitze steigt in dem kleinen Raum proportional auch der heißen Gesprächsthemen. Acharya Swami Kootasthanand wischt sich immer wieder mit einem Tuch über seinen kahlen Kopf. Die großen Ventilatoren werden angeschaltet und verbreiten ein immerwährendes Wuschsch … Wuschsch … Wuschsch …

Plötzlich kommt eine junge Frau mit Begleiterin herein und setzt sich dem Swami zu Füßen. Ruhig hört sie zu. Wir besprechen gerade das Thema *»Selbstmord«*. Der Swami fragt die Sitzende etwas in der Landessprache. Sie nickt. Er kichert. Für Tage wird mich die Rolle, die sie und er zum Thema Suizid miteinander eingenommen hatten, nicht mehr loslassen und unaufhörlich beschäftigen. Kann man wirklich so (!) damit umgehen? Er jedenfalls konnte, kichert er schon wieder. *»Und der Erfolg gibt mir recht«.*

Zum Abschied winkt er freundlich. Ein halbes Jahr später werde ich ihn in Bombay im großen Sadhubella-Ashram wiedersehen. Dort trifft er seinen Guru, Acharya Swami Ganeshdas Sadhubella Mahant, der wiederum mit anderen Gurus zusammenkommt. Das große Guru-Treffen alle ein oder zwei Jahre zeigt, daß auch ein wichtiger religiöser Führer immer noch von seinem persönlichen Guru etwas lernen kann und soll. Man tauscht wichtige philosophische Fragen aus – und wird evtl. auch in seinem persönlichen Verhalten, wenn das Ego zu stark dominiert, korrigiert.

Auch hier erweist sich der Swami wiederum als das, was ihn für mich besonders auszeichnete: Als hochstudierter Lachender.

Acharya Swami Kootasthanand

»Lachen verlangt keine Intelligenz.«

Ich habe den buddhistischen Abschluß der Nalanda-Universität. Große Mönche sagten mir, ich müsse den Buddhismus noch inten-

■ *Persönliches Studium* ■

siver studieren. Also lernte ich Pali und lehrte später auch in Nalanda. Mein Abschluß ist der höchste, genannt Tripitaka. Den Tripitakacharya-Abschluß habe ich im Hinayana-Theravada-Buddhismus.

Der Tod kann unter verschiedenen Voraussetzungen eintreten, z.B. hat der Mensch sehr starke Schmerzen. Er erinnert sich all seiner

■ *Tod* ■

persönlichen Bindungen und fragt, wie seine Zukunft aussieht. Diese Fragen stellen sich einem jeden. Jeder stirbt auf die gleiche

Weise: Sein Geist verwirrt sich, sein Gedächtnis läßt nach, und er kann sich nicht mehr an alles erinnern. Manche Menschen erleben den Augenblick sehr gefestigt. Für sie ist das Sterben nur ein kurzer Augenblick.

Die Seele (Atman), die 60, 70 oder 80 Jahre lang in dem Körper gewohnt hat, will diesen nicht sofort verlassen, sondern hält sich noch einige Zeit im Körper oder in seiner Nähe auf. Hinduisten glauben, daß die Seele den Körper nach 13 Tagen, nach Abschluß der religiösen Zeremonien, verläßt und ihrer Wege geht. Ungefähr 80 Prozent werden innerhalb von 15 Tagen wiedergeboren. Teuflische Seelen nennen wir jene 30 Prozent davon, die im Leben schlecht waren. Hitler und Mussolini waren teuflische Seelen.

20 Prozent kehren nicht in eine körperliche Hülle zurück. Wir bezeichnen diese Seelen als göttliche Seelen.

Wenn die sehr guten Seelen niemanden finden, den sie mögen, suchen sie irgendeine Person, die mit ihrer Hilfe einige Wunder

■ *Gute/schlechte Seelen* ■

vollbringt. Und wenn eine teuflische Seele in einen Menschen fährt, wird dieser sich das Leben nehmen.

Wenn man vor Gericht einen Angeklagten fragt, warum er den Mann umgebracht habe, kann es passieren, daß er sagt: »*Ich weiß es nicht, ich kann mich an nichts erinnern. Ich weiß nicht, was mit mir los war, als ich den Mann umbrachte. Ich bin normalerweise ein friedlicher Mensch.*« Das Gericht läßt dieses Argument aber nicht zu.

Ähnlich kann es passieren, daß eine gute Seele in einen Körper fährt und der Mensch ins Wasser springt, um einen Ertrinkenden zu retten, oder daß er sogar ins Feuer springt, um einem Verbrennenden zu helfen. Auch dieser Mensch wird die Frage, was mit ihm passiert sei, mit *»Ich weiß nicht«* beantworten und sagen, daß er normalerweise nicht soviel Kraft habe.

Genauso kann es vorkommen, daß die Seele eines Sängers in den Körper eines Menschen fährt, der bereits Sänger ist. Er wird ebenfalls nicht wissen, warum er auf einmal noch schöner singt als vorher.

Alle guten Seelen bleiben dabei göttlich, alle teuflischen teuflisch.

Manchmal dauert es sehr lange, bis eine gute Seele in einer entsprechend guten Familie wiedergeboren wird. Es kommt sehr oft vor, daß eine sehr reiche und sehr fromme Familie keine Kinder hat. Es kommt ebenso oft vor, daß eine schlechte Seele in einem Haus wiedergeboren wird, in dem bereits andere schlechte Seelen leben.

★

Die Seelen von Selbstmördern werden in Form von Menschen wiedergeboren, die wir am Straßenrand finden und die Lepra oder

 Selbstmord ■

Hautkrankheiten haben. Selbstmord ist die größte Sünde, die ein Hindu begehen kann.

Manchmal ist ein Mensch so sehr von Frustration und Verzweiflung erfüllt, daß er vollkommen überwältigt ist. Wenn man es schafft, diesen Moment zu überwinden – um 5 Minuten nur – wird dieser Mensch nie Selbstmord verüben, weil er sich nicht mehr in einem Zustand äußerster Frustration befindet.

Wenn z.B. ein Mann bis über beide Ohren in eine Frau verliebt ist und glaubt, ohne diese Frau nicht leben zu können, er also keinen Sinn mehr im Weiterleben sieht, dann erreicht er ein Ausmaß an Verrücktheit, daß ihm der Selbstmord als einziger Ausweg erscheint. Doch man kann den Mann retten, wenn man rechtzeitig mit ihm spricht.

Die Frau hier drüben, die gerade zu uns hereingekommen ist, sie ist sehr jung und hat zwei Töchter. Ihr Mann ist gestorben. Sie war so verzweifelt, daß sie Selbstmord begehen wollte und bat mich dazu um meine Zustimmung. Ich sagte zu ihr: *»Wenn Sie sich umbringen wollen, dann tun Sie es innerhalb der nächsten 15 Tage – und dann nie mehr!«* Heute, sehen Sie selbst, ist sie wie eine Löwin.

Für Buddhisten und Jainas ist eine Abtreibung nichts Schlimmes, weil die Seele noch nicht voll entwickelt und noch schwach ist.

■ *Abtreibung* ■

Von Anfang an hat eine Zelle eine Seele, doch ist sie zu Beginn sehr, sehr schwach. Auch die Bäume und die Steine haben eine Seele, sehr schwache allerdings. Sie kennen doch die drei Seelenstufen: Die der Steine, die der Bäume und die der Menschen.

Für mich ist darum eine Abtreibung bis zum dritten Monat nicht sehr bedeutsam. Bis zum dritten Monat ist es noch kein Mord. Danach, wenn die Seele stärker wird, ja. Wenn Sie bedenken, daß Sie einen Akt der Gewalt begehen, wenn Sie eine Pflanze oder eine

Blume pflücken, einen Ast abbrechen, dann ist es Ihre persönliche Angelegenheit, eine Abtreibung bis zum dritten Monat als Akt der Gewalt anzusehen.

Auch bei uns wird diskutiert, ob es sich schon vorher um Mord handelt. Was ich sage, ist darum meine persönliche Meinung und Auffassung innerhalb des Glaubens.

Es ist wie in einem Kraftwerk. Man dreht eine 40-Watt-Birne oder eine 100-Watt-Birne ein. Licht geben beide, da der Strom derselbe ist, lediglich in der Helligkeit unterscheiden sie sich. Ein anderes Beispiel: Der eine sieht intelligent aus, der andere wie ein Dummkopf. Es gibt also graduelle Unterschiede der Masse, nicht der »*Klasse*«.

Genauso ist es mit den Seelen. Nehmen Sie entwickelte Seelen, wie z.B. Christus, Buddha, Jaina usw., und stellen Sie uns daneben. Die Seelen sind gleich, nur die Entwicklung der Seelen ist unterschiedlich weit fortgeschritten.

Schwere Krankheiten haben mit dem Karma der früheren Leben zu tun. Ramana Maharshi hatte Krebs, Ramakrishna hatte Krebs,

■ *Schwere Krankheiten* ■

Jesus Christus wurde gekreuzigt. Wir haben eine weitere Persönlichkeit hier in Indien, er wurde geviertelt. Sokrates wurde vergiftet – und doch alles edle Seelen.

Die Probleme hängen mit dem Karma früherer Leben zusammen. Der Körperteil, der vom Krebs befallen ist, ist auch der Körperteil, mit dem in einem früheren Leben eine schlimme Tat begangen wurde. Wer sehr böse Worte geführt hat, bekommt Zungenkrebs, wie z.B. der große Ramakrishna. Oder wer etwas sexuell Schlechtes getan hat, bekommt Gebärmutterkrebs. Das Sinnesorgan oder der Körperteil, mit dem das Schlechte begangen wurde, wird auch von der Krankheit befallen.

D. Rewatha Thero: Der Praktische

»*Nameskar*«, begrüßt mich D. Rewatha Thero recht indisch. Wir sitzen auf der Veranda seines Wohnhäuschens. Irgend jemand bringt den unvermeidlichen Tee.

Hier in Sarnath, wo Buddha seine Erleuchtung hatte, residiert der höchste Priester des Theravada-Buddhismus und höchster Leiter der Mahabodi Society of India. Im Westen ist er nicht so bekannt, hat jedoch im Theravada-Buddhismus eine ähnlich hohe Funktion wie der Dalai Lama im Mahayana-Buddhismus.

»*Wir kennen im Buddhismus verschiedene Richtungen und Schulen*«, erklärt der »*Priester*«. »*Der Mahayana-Buddhismus, wörtlich 'das große Fahrzeug', kam im 1. Jahrhundert v. Chr. auf. Der Mahayana-Buddhismus strebt danach, daß alle Menschen vom Leid erlöst werden. Die wichtigste Haltung können wir als Erbarmen bezeichnen. In dieser Buddhismus-Schule wird weniger Wert auf ein Mönch-Leben gelegt.*«

»*Jetzt bin ich aber erstaunt*«, entgegne ich. »*Die Bilder, die sich der Westen z.B. von Tibet macht, lassen den Eindruck aufkommen, als würde es sich dort nur um Mönche handeln.*«

Er lacht: »*Das ist ganz falsch. Der Mahayana ist aus dem Urbuddhismus, dem Hinayana, wörtlich) kleines Fahrzeug ‹, entstanden. Der Hinayana-Buddhismus hatte ursprünglich 18 verschiedene Schulen, von denen heute nur noch der Theravada-Buddhismus ( ) Lehre der Ordensältesten ( ) existiert.*«

Tee wird nachgeschenkt. Die Bedienung sitzt im Hinterraum der Veranda und schaut Fernsehen. Schüsse sind zu hören – ein Western läuft. Thero lächelt in meine Gedanken hinein: »*Das ist Leben; wenn es auch ein bißchen laut ist.*«

Ich schaue ihn mir an. Er wirkt sehr jung in seiner safranfarbenen Robe. »*Ich muß noch einen Termin verlegen*«, sagt er und arrangiert seine Wünsche über ein – kabelloses – Telefon. »*Der 'heilige Mann' steht mitten im Leben*«, mache ich mir meine Meinung.

»*Doch was ist nun der genaue Unterschied zwischen Hinayana und Mahayana?*«? frage ich ihn.

»*Hinayana stellt den Urbuddhismus dar, ist das, was Buddha noch direkt gelehrt hat. Der Mahayana kann als eine geschichtliche Weiterentwicklung angesehen werden.*«

»*Und was heißt das nun konkret?*«

»*Hinayana zeigt den Weg zur eigenen Erlösung. Während das 'große Fahrzeug' sich damit beschäftigt, alle Menschen vom Leid zu befreien, hat das 'kleine Fahrzeug' vornehmlich die eigene Erlösung im Auge.*«

»*Doch glauben Sie mir*«, wird er ganz deutlich, »*aufgrund unserer Toleranz bestehen zwischen unseren Schulen weniger Meinungsverschiedenheiten als z. B. in den christlichen Religionen mit ihrem zum Teil absoluten Alleinvertretungsanspruch.*«

»*Aber Hinayana ist keine Religion, sondern reine Philosophie*«, ergänzt der Mann in Safran, »*da kein Gott existiert und keiner angebetet wird.*«

Und wieder telefoniert er mit dem drahtlosen Telefon. »*Ich versuche einen hohen Mahayana-Lehrer zu erreichen*«, erklärt er mir. »*Den müssen Sie unbedingt sprechen.*«

»*Aber er ist im Moment nicht hier*«, wage ich einen Einspruch, um unser Gespräch nicht zu unterbrechen. »*Das habe ich schon vor Wochen geklärt.*«

»*Ich habe ihn heute morgen gesprochen*«, weist er mich ganz praktisch zurecht. »*Vielleicht kann er Ihnen auch eine Empfehlung für den Dalai Lama geben. Da wollen Sie doch noch hin.*«

Nun hat er einen schwachen Punkt erwischt. Natürlich habe ich auch das schon lange abgeklärt. Aber, ja wenn mir die Bestätigung aus dem Büro des Dalai Lama nicht noch fehlen würde ...

Er telefoniert mit dem hohen Mahayana-Universitätslehrer. Die Termine klappen nicht so richtig. Aber dann wird doch eine Vereinbarung für den gleichen Tag getroffen. Ich bin in diesem Moment sehr zufrieden.

»*Kommen Sie, ich zeige Ihnen das Gelände*«, fordert mich Thero zum Rundgang auf. Ein kleiner weißer Hund kommt – verfolgt durch einen anderen – jaulend auf ihn zu. Er nimmt ihn einfach auf den Arm. »*Den muß ich dauernd beschützen. Und der Verfolger war sicherlich in seinem früheren Leben ganz schön böse*«, lacht er schallend.

Aus einem kleinen Häuschen dröhnen – für meine Ohren – tibetanische Gesänge. »*Kommen Sie.*« Ich werde einer Witwe vorgestellt. »*Ihr Mann ist gerade gestorben, und wir zelebrieren hier die Totengesänge*«, erfahre ich.

Pietätvoll versuche ich, nicht zu stören. Doch auch hier ist alles wieder ganz einfach und erdverbunden. Die Sänger blinzeln mich an und singen weiter. Die Flötenspieler begrüßen mich, um an einer bestimmten Stelle ihren Einsatz wieder voll aufzunehmen. In dieser Zeremonie gehen völlig unprätentiös Leben und Tod ineinander über.

Als ich mich von D. Rewatha Thero verabschiede, hat er schon wieder den kleinen Hund im Arm und beschützt ihn. Während wir uns zuwinken, weiß ich, was ihn mir so sympathisch macht: Er ist erdverbunden praktisch.

D. Rewatha Thero

»*Die Mutter kann den Geburtsschmerz beschreiben – das Kind nicht.*«

Im Buddhismus gibt es zwei Ereignisse, in denen Träume vorkommen: Das erste ist eine Geschichte, in der jemand vom weißen

■ *Träume und Buddhismus* ■

Elefanten träumt. Das zweite handelt von dem Mann, der an einem der acht heiligen Orte eine Menge Geld für Klöster und Buddha spendete. Er träumte, daß bei seinem Tod alle Engel vom Himmel herabstiegen und ihn einluden, zu ihnen zu kommen. Das sind die beiden Träume, die in der buddhistischen Philosophie erwähnt werden.

Im Buddhismus haben Träume an sich keine Bedeutung. Doch im Alltagsleben haben gute oder böse Träume schon eine warnende Funktion, so als ob kommende Ereignisse ihre Schatten vorauswerfen. Ein Traum sagt immer etwas darüber aus, ob angenehme oder unangenehme Dinge bevorstehen.

Träume sagen nichts über zurückliegende Ereignisse, sondern beziehen sich immer auf die Zukunft. Ich weiß nichts von Träumen über die Vergangenheit.

★

Wie Sie wissen, gibt es zwei Schulen im Buddhismus, Mahayana und Hinayana. Bei den Hinayana gibt es eine weitere Schule, den

■ Nichts/Leere ■

Theravada. Die Theravada sagen zum Nichts nichts. Nur im Mahayana sagen sie etwas darüber, doch ich bin Theravada.

Es ist sehr interessant: Im Theravada glauben sie überhaupt nicht an das Nichts, doch wenn man zum Nirvana gelangt, wo Nichts ist, dann wird der Mensch nicht wiedergeboren. Im Mahayana gelangt er zum Nirvana und wird noch mal wiedergeboren. Das heißt: Im Hinayana haben wir Nirvana, also Verlöschen, im Mahayana Shunyata, das Nichts. Die Hinayana-Anhänger glauben, daß, wenn man das Nirvana erreicht hat, keine Wiedergeburt mehr erfolgt. Im Mahayana glauben sie, daß über dem Nirvana noch eine Stufe kommt. Erst wenn man dieses Stadium erreicht hat, ist man im Himmel. Im Theravada glauben wir nicht daran.

★

Wir arbeiten zwar vornehmlich an unserem eigenen Selbst, um ins Nirvana zu gelangen. Dabei tun wir aber auch eine Menge für

■ *Nächstenhilfe* ■

die anderen, denn nur so kommt man ins Nirvana. Nur wer anderen Würde erweist, gelangt dorthin. Nichts anderes als das, was ihn ins Nirvana bringt, sein ganzes Leben, gibt er für die anderen.

Ich gebe Ihnen ein Beispiel: Jemand benötigt für eine Transfusion Ihr Blut, Sie geben es natürlich. Jemand ist sehr hungrig, er will Ihr Fleisch zum Essen, und Sie geben ihm Ihr Fleisch, um seinen Hunger zu stillen. Doch Ihr eigenes Ziel heißt Nirvana. Auf dem Weg dorthin erweisen Sie den anderen soviel Würde.

Ein weiteres Beispiel: Ein Heiliger meditierte, um Nirvana zu erreichen. Dann war da noch eine Frau, wir würden wohl Prostituierte sagen, die so sehr darauf aus war, mit dem Heiligen Geschlechtsverkehr zu haben. Sie war so fixiert auf ihr Vorhaben, so nervös, daß es dieser meditierende Heilige bemerkte. Er war so gütig, daß er in seiner Meditation innehielt, um sich um die Frau zu kümmern und sie, wie es heißt, auch zu befriedigen. Dies zeigt, was der Heilige für ein Opfer brachte. Er unterbrach seinen Weg zum Nirvana, um die Frau geistig und körperlich zu befriedigen.

Wir tun dasselbe wie Mutter Teresa. Wenn irgendwo eine Überschwemmung oder eine Katastrophe die Menschen heimgesucht

■ *Hilfe und Publicity* ■

hat, gehen wir hin und helfen. Nur ist unsere Sache nicht politisch motiviert und an internationale Interessen oder die Interessen

138

einer Kirche gekoppelt. Hinter Mutter Teresa steht eine riesige Organisation. Sie bekommt dauernd Hilfe von internationalen Organisationen und Gesellschaften. Auch die Medien wie Fernsehen, Radio und Presse helfen ihr. Es ist alles nur Publicity. Deswegen ist sie so wichtig und hat auch den Nobelpreis bekommen. Wir machen jedoch dasselbe, leise und unauffällig und bewußt ohne Werbung. Wir mögen Publicity überhaupt nicht, da sie uns persönlich vom Nirvana entfernen kann. Ich habe Europa bereist und weiß, wie es dort gemacht wird.

Es ist eine sehr schwierige Frage, was in der Sekunde des Todes geschieht. Ein Beispiel: Wenn ein Kind geboren wird, kann die

■ *Todessekunde* ■

Mutter sagen, was für Schmerzen sie leiden mußte, doch das Kind hat noch viel größere Schmerzen als sie aushalten müssen. Die Mutter kann die Schmerzen beschreiben, das Kind kann das nicht. So ist das auch beim Tod. Der Tote kann nicht sagen, wie stark die Schmerzen in der letzten Minute, dem letzten Augenblick waren. Die Buddhisten glauben, daß Sterben sehr schmerzhaft ist. Der Schmerz kann so stark sein wie der, den ein Mann empfindet, dem man an beiden Armen Stricke befestigt, an denen starke Männer gleichzeitig ziehen. Oder: Der Schmerz kann so stark sein wie der, den ein Elefant empfindet, dessen Rüssel man durch das Schlüsselloch eines kleinen Schlosses schiebt und auf der anderen Seite festzieht. Doch da der Mensch stirbt, kann er den Schmerz nicht beschreiben.

★

Der Mensch wird, je nach seinen Taten, wiedergeboren; sei es als Tier oder in einem sehr hohen Leben, wenn er nicht schon in

■ *Wiedergeburt* ■

diesem Leben Nirvana erreicht. Wer Nirvana erreicht, der fühlt, daß für ihn kein Karma mehr da ist. Alle Karma sind gut oder schlecht zu Ende gebracht. Er fühlt, daß es für ihn kein Karma mehr gibt und dieses sein letztes Leben vor Nirvana ist.

Es gibt Hunderte Geschichten darüber in Zusammenhang mit Buddha. Zu den Zeiten, als er, gefolgt von seinen Schülern, spazierenzugehen pflegte, war es üblich, irgendwo auszuruhen, und die Schüler fragten Buddha aus. Kratzte sich einer der Schüler dauernd am Kopf, so fragte ein Schüler, warum der andere sich ständig am Kopf kratze. Er sagte, in seinem früheren Leben müsse dieser ein Affe gewesen sein, deswegen jucke er sich dauernd den Kopf. Eines Tages durchquerten sie einen Bach: Alle hoben ihre Gewänder und gingen weiter. Nur zwei hüpften die ganze Zeit. An jenem Abend wurde Buddha die Frage gestellt, warum alle anderen vernünftig gegangen seien, während die beiden herumhüpften. Er sagte abermals, daß das Gewohnheiten aus dem früheren Leben seien, die sie nicht vergessen hätten. Die beiden seien wahrscheinlich auch Affen gewesen.

Der Buddhismus geht davon aus, daß Krankheiten wie Krebs oder Tuberkulose mit einem früheren Leben zu tun haben. Wer eine

■ *Schwere Krankheiten* ■

solche Krankheit hat, muß eine wirklich schwerwiegende, böse Tat begangen haben, wenn er noch in diesem Leben dafür leiden muß. Buddhisten glauben, daß man für Vergehen im nächsten Leben mit schrecklichen Krankheiten büßen muß.

Buddha selbst klagte über Kopfschmerzen und vermutete, daß er vielleicht in einem früheren Leben etwas Schlechtes getan haben müsse, für das er nun mit den Kopfschmerzen bestraft werde.

Selbst bedeutende Menschen bekommen solche Krankheiten, auch sie bleiben nicht verschont, doch sie nehmen die Schmerzen auf sich.

In meiner Kindheit gab es einmal ein paar Hühner. Eines davon traf ich so schwer am Kopf, daß es noch ein paar Kreise drehte und dann starb. Ich hatte danach 6 Jahre Kopfschmerzen und dachte, es wäre deswegen. Dann habe ich oft gebetet, und jetzt sind die Kopfschmerzen weg.

Aber: Die Hoffnung zu leben ist immer da, gleich, um was es sich handelt. Selbst wenn wir denken: »*Es ist Krebs. Das ich das durchmachen muß.*« Trotzdem gehen wir zu Recht ins Krankenhaus und lassen uns behandeln.

Meditation ist ein weites Gebiet, und man kann nicht ohne Guru meditieren. Wer ohne Guru meditiert, wird verrückt. Ich meditiere morgens und abends eine Stunde.

■ *Meditation* ■

Vipashyana als eine besondere Methode ist sehr schwer, besonders heutzutage mit all der Reklame und der ganzen Show, die veranstaltet wird. Es ist schwierig, alle drei Elemente des Vipashyana, d.h. Anitya (Vergänglichkeit), Duhkh (Leidhaftigkeit) und Anatman (Unpersönlichkeit), gemeinsam meditativ »*zu bearbeiten*«.

Wir haben Meditationsschulen für Vipashyana, und ich kenne mich darum aus. Dennoch ist es sehr schwer, die Schulung durchzuführen.

Der Durchschnittsmensch kann mit einer einfacheren Methode anfangen. Das dauert 10-15 Jahre, dann kann er in die komplizierten Methoden einsteigen. Doch nicht gleich zu Beginn! Wenn Sie einer Person ein Medikament geben und der Mensch wird verrückt, müssen Sie eine Gegenmedizin finden, um die Verrücktheit rückgängig zu machen.

Auch ein einfacher Mensch kann einige Grundregeln erlernen und danach vorgehen. Auch ein einfacher Mensch kann sich hinsetzen und die Formel anwenden.

Buddha sagt, man solle alles, egal was es auch sei, ob essen, spazierengehen oder auf der Toilette sitzen, bewußt tun.

★

Die Religion, die auf soviel Entbehrung, soviel Buße, soviel Schlichtheit basiert, ist im gesamten Himalaya, z.B. in Tibet, bei

■ *Entsagung/Entbehrung* ■

soviel Verherrlichung, soviel Vergeistigung und soviel Verheimlichung angelangt. Der wahre Buddhismus – ich bin Hinayana-Theravada – kommt ohne Bildnisse Buddhas aus. Doch da das einfache Volk das nicht verstand, baute man nicht nur Klöster, sondern auch Statuen hinduistischer Götter und Göttinnen dazu.

Das einfache Volk fühlt sich angesprochen, die Götter kommen zu ihm herunter. Gleichzeitig praktiziert der Buddhismus aber auch Entsagung.

Ich halte mich streng an das Gebot der Entbehrung und war z.B. nur mit diesem gelben Mönchsgewand bekleidet in Rom. Die Leute fragten mich, ob ich so arm sei und nichts anzuziehen habe. Ich war auch im Vatikan. Ich sah die Väter in ihren Ornamenten. Und dann brachte mir jemand einen Pullover und Schuhe. Ich sagte, wir benötigten nichts und seien zufrieden.

Buddhistische Mönche sind so arm, die anderen reich. Ich kam mir schon richtig elend vor von der ganzen Fragerei. Doch so sind wir.

★

Ich habe 15 Jahre Buddhismus studiert, die übrigen Fächer nach Zeit und Gelegenheit. Ein Mönch muß aber 15 Jahre Buddhismus

■ *Mönchsstudium* ■

studieren. Dazu existiert eine spezielle buddhistische Universität nur für Mönche. Ich lernte auch, vor Publikum zu sprechen und zu debattieren.

Es gibt drei verschiedene Abschlüsse. Der zweite ist z.B. Vinaya, und der höchste Grad ist der eines Tripitaka, den man hinter seinen Namen setzt. Ich bin Tripitaka und mußte dafür 15 Jahre studieren.

★

Mein Tagesablauf beginnt um 4 Uhr. Ich stehe dann auf, gehe zum Tempel und kümmere mich um dessen Leitung. Anschließend ist

»*Messe*«, an der viele wichtige Leute teilnehmen, um die ich mich kümmere. Wenn alle versorgt sind, nehme ich ein Bad, trinke Tee und höre englische Nachrichten. Ab 8 Uhr bin ich im Büro mit sozialen Aufgaben beschäftigt. Von 11.00-11.30 Uhr esse ich zu Mittag. Gegen 2 Uhr fängt der Unterricht an: Ich bin auch Lehrer an der Universität und lehre Buddhismus. Mein Tagesablauf ist ähnlich dem anderer Mönche und Nonnen.

★

In Rom hatte uns der Papst eingeladen. Es war eine größere Kongregation mit Vertretern aller Konfessionen der Erde. Sie fand in

 Gebet von Assisi ■

Assisi statt. Alle haben gemeinsam meditiert, um den dritten Weltkrieg zu verhindern. Der Dalai Lama war für die Mahayana dort, ich für die Hinayana. Wir haben meditiert, um Lösungen für die Probleme zu finden. Wir haben für den Frieden auf der Welt meditiert.

Seine Heiligkeit Dalai Lama: Der Gütige

Ich hatte dem XIV. Dalai Lama Tenzin Gyatso geschrieben und um ein Gespräch gebeten. In diesem, so kündigte ich an, wollte ich mit ihm besonders auch über Lama Thubten Renchen[1] sprechen.

Auf diesen Brief, ich gestehe es, bekam ich nie eine richtige Antwort. Die Wiedergeburt des vorherigen Dalai Lama und die

---

[1]   Zu Lama Thubten Renchen siehe das Gespräch auf Seite 151

Inkarnation des Avalokiteshvara, eines »*Heiligen*«, des Erbarmens wollte augenscheinlich mit mir nichts zu tun haben.

Trotzdem mache ich mich auf den Weg nach Dharamsala. »*Vielleicht*«, so denke ich, »*vielleicht hat mich die Zusage einer Audienz nur nicht erreicht. Und dann, habe ich nicht noch Empfehlungsschreiben verschiedener hoher Vertreter des Dalai Lama in Europa und eines großen buddhistischen Lehrmeisters aus Sarnath in der Tasche? Schließlich heißt Dalai Lama wörtlich etwa)Lehrer mit der Weisheit so groß wie der Ozean(*«, mache ich mir etwas spöttisch Mut.

Nach einem Flug von Delhi in den Vorhimalaya geht es dann etwa 10 Stunden mit dem Wagen durch die Landschaft nach Dharamsala. Hier lebt der XIV. Dalai Lama seit 1959 aufgrund der Annexion Tibets durch China und der damit verbundenen Unterdrückung des tibetanischen Volkes im indischen Exil.

Das kleine Bergnest macht auf mich eher einen tibetanischen als einen indischen Eindruck. Man kann es im Kern in weniger als 45 Minuten wahrscheinlich gut durchschreiten. Als Sitz einer Exilregierung wirkt es unscheinbar und für den Westler, Pompöses im Umfeld der Macht gewöhnt, ungewöhnlich.

Der Dalai Lama hat als politischer und religiöser Führer einen ähnlichen Doppelstatus wie der Papst mit dem Vatikanstaat, wobei jedoch die tibetische Exilregierung bisher völkerrechtlich von den meisten Staaten der Welt nicht anerkannt wird.

Am Morgen werde ich durch tibetische Hörner geweckt. Ich schaue aus meinem Zimmer und habe den Eindruck, in der Schweizer Bergwelt aufzuwachen. Schneebedeckte Berge, Wälder und saftige Wiesen wirken auf mich ein.

Mönche üben ihre rituelle Musik, und ich fühle mich dadurch aufgefordert, das Gespräch mit seiner Heiligkeit schnell zu suchen.

Doch zunächst lande ich bei jemandem, der wie ein Staatssekretär auf mich wirkt – nachdem ich die indische Wache passiert habe. *»Haben Sie meinen Brief nicht erhalten«*, ist er recht barsch, *»wir schreiben schließlich allen ab«*. Unterschwellig will er mir damit andeuten, daß ich wohl übertreibe, überhaupt um eine Audienz nachgesucht zu haben.

Allerdings machen ihn meine Empfehlungsschreiben etwas unsicherer. So richtig weiß er nicht, wie er damit umgehen soll. So meint er, etwas besser dazustehen, wenn er mir nachweisen kann, daß ich keinen Brief gesandt habe. Also suchen wir ihn in den Akten.

Mit jedem Ordner, der meine Anfrage nicht zu Tage befördert, werde ich nun unruhiger. Sollte ich die weite Reise gemacht haben, ohne mein Gespräch zu bekommen? Doch dann — mein Brief springt mir in die Augen. Dazu hatte ich ein Bild von Lama Thubten Renchen gelegt, und das fällt nun auf den Boden. Ich hebe es auf und reiche es meinem Kontrahenten. Mit einem Seitenblick entdecke ich aber auch zu meinem Entsetzen eine klar formulierte Absage.

»Hätten Sie vor ein paar Tagen angerufen«, höre ich jetzt, *»dann hätten wir noch etwas arrangieren können«. »Aber seine Heiligkeit hat heute schon vier Besucher, darunter einen Abgesandten der deutschen Botschaft. Und anschließend findet eine Kabinettsitzung statt.«*

Ich wiederum habe nur an diesem Tag Zeit (*»Welch ein Blödsinn«*, geht es mir durch den Kopf) und insistiere. Schließlich bekomme

146

ich den Hinweis, daß ich vielleicht mit dem persönlichen Sekretär des Dalai Lama ein Gespräch führen könne. Ich möge doch in zwei Stunden wiederkommen.

Zwei Stunden später die gleiche Situation: Auch der persönliche Sekretär habe keine Zeit. Es ginge eben einfach nicht. Meine indische Begleitung bringt nun den Begriff des »Darshan« ein. Es handelt sich dabei um eine kurze, schweigende Verehrung – was mir als Kontakt nun wahrlich nicht im Kopf vorschwebt. Doch da geht ein Ruck durch meinen Gesprächspartner.

Wenn ich garantieren könne, daß ich nur eine Frage stelle und eine genau definierte Zeit einhalte, dann könne er »es« ermöglichen. Und so geschieht es dann auch.

Vorher werde ich jedoch durch die indische Wachmannschaft genauestens durchsucht und überprüft. Man spürt die Sorge, die sie durchdringt, daß dem Dalai Lama auf ihrem Gebiet etwas passieren könnte.

Dann endlich werde ich in einen Raum geführt, der eher englisch als tibetanisch wirkt. Schwere Sessel, eine Uhr, ein paar Teppiche, das ist schon alles.

Als Seine Heiligkeit der Dalai Lama erscheint, will sich meine indische Begleiterin ihm zu Füßen werfen. Er hebt sie gütig hoch. Ihr laufen die Tränen vor Rührung über das Gesicht.

Dann herrscht Schweigen. Durch das Prozedere vorher ist der Anfang unseres Gespräches nicht so einfach. Doch er überbrückt mit seiner sonoren Stimme die Situation und fragt und fragt …

Schließlich kommen wir auf unseren gemeinsamen *»Bekannten«* Thubten Renchen[1] und auf die Situation in Tibet.

»Ich kann mir Namen nicht sehr gut merken«, gesteht er eine menschliche Schwäche. *»Doch Gesichter vergesse ich nicht.«*

Man habe zwar sehr viele Nachrichten aus Tibet, erzählt er, jedoch wäre das nicht immer genug. Seit der erneuten Unterdrückung des tibetischen Volkes durch Gewalt im eigenen Land durch die Chinesen wäre es jedoch immer schwieriger, über jeden einzelnen etwas zu erfahren. Gerade auch Touristen wären für sein Land sehr wichtig. Sie würden die Chinesen doch in gewisser Weise in ihrem aggressiven Verhalten bremsen und gleichzeitig würden sie als Außenstehende kompetente Nachrichten an die Welt geben. Nur Nachrichten könnten dazu führen, daß die Menschen sich kennenlernen und gleichzeitig wüßten, was auf der Welt geschieht.

Ich weise darauf hin, daß ich versprochen habe, ihn nur eine genau definierte Zeit zu behelligen. Er lächelt und erteilt mir für weitere Zeit jede Absolution.

Er spricht von den Flüchtlingen und der Not, den Krankheiten und den Entbehrungen derjenigen, die nach oft monatelangen Märschen ihre Heimat verlassen haben und in Indien ankommen. Spontan versuche ich mein Mitgefühl durch ein kleines Geschenk auszudrücken um diesen Menschen zu helfen.

Dann gehen wir in den Garten. Er (!) fordert mich praktisch auf, ein Abschiedsfoto zu machen. *»In Europa wollen die Menschen so etwas sehen«*, lacht er lautstark.

---

(1) Zu Lama Thubten Renchen siehe das Gespräch auf Seite 151

Eine Woche nach unserem Gespräch wird bekannt, daß er den Friedensnobelpreis erhalten hat. Er, Seine Heiligkeit der XIV. Dalai Lama: Der weise und lebensfrohe Gütige.

Seine Heiligkeit Dalai Lama

»Negative Gefühle sind wirklich überflüssig.«

Es gibt verschiedene Methoden, Seelenfrieden zu finden. Die Gemeinsamkeit liegt darin, Mitgefühl und Frieden zu empfinden.

■ *Persönlicher Frieden* ■

Auf der Basis dieser Faktoren, im wahrsten Sinne des Wortes Mitmenschlichkeit, ist es uns möglich, unsere Seele zu festigen. Ist das Gefühl für Mitmenschlichkeit erst einmal entwickelt, dann öffnet es unsere Seele, unser Herz. Es hilft uns, das Mißtrauen abzubauen, wodurch wiederum unsere inneren Ängste abgebaut werden. Das ist wichtig!

Vom buddhistischen Standpunkt aus sind alle Lebewesen empfindsam, auch Fische und Insekten. Doch gerade der Mensch strebt

■ *Mitmenschlichkeit* ■

nach Glück, will nicht leiden, genau wie Sie und ich. Wir alle werden geboren und sterben, wir müssen die Probleme und das Leid gemeinsam ertragen. Wir sollten auch unser Glück mit anderen teilen. Das ist ein kleiner Punkt.

Wir sind alle voneinander abhängig. Gerade bei der modernen Wirtschaftsstruktur ist man aufeinander angewiesen. Das zeigt, daß wir täglich das Gefühl der Mitmenschlichkeit brauchen.

Denken Sie nach und versuchen Sie, sich die gesamte Menschenfamilie, nicht Ihre eigene, vor Augen zu führen. Dann versuchen Sie, die negativen Gefühle – Haß, Zorn, Eifersucht – abzubauen und statt dessen Respekt, Vergebung und Mitgefühl aufzubauen.

Sie sollten intensiver darüber nachdenken: Was ist Zorn wert? Was ist der Nutzen von Zorn? Da ist nicht viel Nutzen und Wert. Zorn zerstört lediglich das Seelenglück. Zorn nützt und schadet niemandem.

Nehmen Sie zum Beispiel meinen Fall: Wir haben unser Land verloren. Jetzt gibt es dort soviel Zerstörung, so viele unerfreuliche Dinge passieren. Man kann Gründe finden, auf die Chinesen zornig zu sein, sie zu hassen. Aber Haß und Zorn zerstören den eigenen Seelenfrieden und rauben den Schlaf und den Appetit. Doch das tut den Chinesen nicht weh. Ich empfinde keinen Zorn.

Analysieren Sie die Situation, und Sie werden erkennen, daß negative Gefühle wirklich überflüssig sind.

Lama Thubten Renchen: Der Zurückhaltende
im Gespräch mit Tom Johanson

»Wir werden in Tibet einen sehr hohen Lama treffen und mit ihm ausführlich reden, Tom«, verspreche ich Tom Johanson[1] voller Euphorie. Er lacht.

Natürlich weiß ich selber, daß eigentlich alles gegen uns spricht. Mit Freunden wollen wir nach Tibet und müssen uns der chinesischen Organisation unterwerfen. Unsere Versuche, Referenzbriefe zu erhalten, sind zwar nicht gescheitert, aber auch nicht von sonderlichem Erfolg gekrönt.

Bei dem Vertreter des Dalai Lama in der Schweiz versuche ich, ein allgemeines Empfehlungsschreiben zu erhalten; bei dem tibetanischen Vertreter in London ist Tom der kompetente Gesprächspartner. Er erreicht die erste Etappe.

Dort erfahren wir auch, daß uns das nicht weiterhelfen wird: *»Kein Tibetaner wird offen mit Ihnen sprechen, wenn nur ein Chinese in der Nähe ist«*, hören wir immer wieder. Und so richtig trauen wir uns auch nicht, ein tibetanisches Schreiben mitzunehmen, da wir nicht wissen, wie uns die Chinesen kontrollieren werden. Ein Empfehlungsschreiben des englischen Vertreters des Dalai Lama in englischer Sprache, aber mit tibetanischem aufgedruckten Siegel repräsentiert ein Stückchen unserer Hoffnung.

»Und doch weiß ich es. Wir treffen einen ganz hohen Lama«, gebe ich mich bereits Wochen vorher sehr optimistisch. Es ist eine unbestimmte Ahnung, die ich mit mir trage.

Mit 1000 Fotos des Dalai Lama im Gepäck reisen wir über China nach Lhasa. Die Bilder werden nicht nur ein willkommenes Ge-

---

[1] siehe dazu das Gespräch mit Tom Johanson, Seite 66

schenk an die Tibetaner, sondern sind ein kleines Zeichen für uns, Chinesen und Tibeter auseinanderzuhalten. Tibetaner verneigen sich vor dem Foto und heben es als Symbol der Verehrung und des Respekts kurz über ihren Kopf. Chinesen lehnen unser Geschenk ab oder sind sogar wütend darüber.

Die Höhe macht Tom und anderen der Gruppe sehr zu schaffen. *»Luft«* ist das einzige, was sie denken können und doch nicht ausreichend bekommen. Später werden wir uns darum für ganz beschwerliche Etappen unserer Reise trennen müssen.

Unser chinesischer Führer ist freundlich und soll angeblich Deutsch sprechen. Doch er ist durch einen Schnellkursus für touristische Begleitung gegangen und versteht uns nicht so gut. Gut so. Früher, so erzählt er, war er als Ingenieur in der Flugzeugindustrie beschäftigt gewesen. Was ihn mehr oder weniger als Strafe zum Touristenbegleiter in Tibet gemacht hat, werden wir nie erfahren. Doch er bemüht sich, liest alles über das Land, was er in die Hände bekommen kann, und man merkt ihm an, daß er seinen neuen Job gut machen will.

Der Fahrer unseres kleinen Busses ist Tibeter und versteht auch chinesisch – aber nicht uns. Dabei dachten wir über ihn, mehr Informationen bekommen zu können.

Plötzlich steht er, ein großer Mann, an unserem Bus. Augenscheinlich ein Mönch. Er hätte gehört, so übersetzt der chinesische Führer die Worte des ebenfalls übersetzenden tibetischen Fahrers, daß wir verschiedene Klöster im Lande besuchen wollten. Ob er für einen Tag mitfahren könne.

Wir nicken. Zielsicher setzt sich der Mann neben Tom – und hält dann dessen Hand während einer längeren Fahrt. Der Engländer und der Tibeter: Sie haben keine gemeinsame Sprache, und doch scheinen sie unaufhörlich miteinander zu sprechen.

Aktiv hilft der Lama, als unser Bus wegen einer abgerutschten Brücke eine Furt durch das Wasser suchen muß, wir zu Fuß mehrere hundert Meter durch das eiskalte Wasser gehen müssen.

Aus der Tagesfahrt werden einige gemeinsame Fahrtage. Irgendwo treiben wir jemanden auf, der Englisch spricht. Der erste Informationsaustausch ergibt sich in einer »Hotellobby« auf dem Lande.

Er ist, so stellt sich heraus, einer der höchsten Lamas Tibets. Es handelt sich um den Abt des heiligsten Tempels, des Dschokhang Tempels in Lhasa.

Später sehen wir, wie dieser Mann an die Mönche auf dem Lande Geld verteilt. Es ist Geld vom Dalai Lama, damit diese Menschen überleben können.

Dann werden wir eingeladen, in Lhasa den heiligen Tempel zu besuchen. Der Abt erklärt höchst persönlich jede Einzelheit.

Zwei »private« Dolmetscher, Tibeter, die Englisch beherrschen, begleiten uns. Dem freundlichen chinesischen Führer konnten wir eine andere Aufgabe übergeben, so daß er uns für eine Weile alleine lassen mußte.

Wir werden auf das Dach in die kleine Klause des Abtes gebeten. Der ranzig schmeckende Buttertee wird gereicht. Tom, der englische Teetrinker, kann sich kaum überwinden und nippt nur aus Höflichkeit.

Dann findet das nachfolgende Gespräch statt. Bei der Verabschiedung sagt Abt Lama Thubten Renchen zu seinem Gesprächspartner Tom Johanson: »*Sie sind ein Erleuchteter*« und hängt ihm eine tibetanische Glücksschärpe um.

Nur eine Woche später beginnt der Aufstand in Lhasa, und die Chinesen schlagen brutal zurück. Er soll genau aus diesem Tempel kommen und dort seinen Anfang nehmen. Internationale – aber kaum deutsche – Zeitungen berichten später, daß die Chinesen auch Militär in Mönchskutten gesteckt haben, um das Chaos anzuheizen. Wer weiß?

Lama Thubten Renchen ist seit diesen Tagen – nach Auskunft des Dalai Lama – verschwunden. Das heißt: untergetaucht, unbekannt in Gefangenschaft, bekannt, aber ohne Außenkontakt im Gefängnis oder gar tot.

Lama Thubten Renchen und Tom Johanson

»Es ist in jedem selbst. Nirgendwo anders.«

■ **Tom Johanson:** Es gibt Gott und es gibt den Teufel. Der Teufel ist sehr wichtig, denn nur er bringt die Menschen dazu,

■ *Glück und Leid* ■

sich Gott zuzuwenden. Ohne den Teufel gebe es Gott nicht.

□ **Lama Thubten Renchen:** Wenn eine Mutter sich nur um die Nahrung für ihre Kinder sorgt, so ist sie eine schlechte Mutter. Sie muß sich auch um geistige Nahrung kümmern. In diesem Sinne ist Gott eine gute Mutter für alle Kinder auf der Erde.

■ Ich praktiziere seit ca. 30 Jahren Buddhismus, ZEN-Buddhismus. Wenn wir über Gott und den Teufel reden, dann sprechen Sie dabei über die Manifestation von Leid und Glückseligkeit im selben Leben. Das entspricht dem, was ich das Gesetz der Gegensätze nenne. Dieses Gesetz ist das gleiche wie *»Leid und Glückseligkeit«*.

☐ Es ist sehr gut, daß Sie solch großes Interesse in religiösen Fragen haben. Die Hauptsache aber ist: Es existieren so viele

■ *Religionen* ■

Wege in der Religion, so daß es sehr wichtig ist und bleibt und wir aufpassen müssen, alles in korrekter und richtiger Weise zu tun.

■ Ich möchte das gleiche in einer etwas anderen Art darstellen: Ich stelle mir – wie übrigens viele mystisch orientierte Menschen – vor, daß es sich um einen hohen Berg handelt. Auf der höchsten Spitze sitzt Gott oder – in einem vergleichbaren Bild – auch der Dalai Lama. Nun gibt es unendlich viele Wege, die sehr langsam und mühsam zur Spitze führen. Aber: Jeder Pfad endet in seiner Konsequenz in Gott.

☐ Ich stimme überein. Jeder hat die Möglichkeit. Wenn Sie persönlich ganz nach oben kommen wollen, so fühle ich, daß Sie

■ *Erleuchtung* ■

diese innere Energie und Kraft bereits besitzen. Sie müssen nicht danach Ausschau halten.

■ Darf ich sagen, daß generell statt *»Energie«* ein besseres Wort für die Endphase des Zustandes bzw. des Weges *»Erleuchtung«* ist?

☐ Ja. Erst die Energie, dann die Erleuchtung.

■ Energie ist aber auch Inspiration, der Glaube und die Lehre, daß es eine Wahrheit, eine Religion gibt. Es existiert eine unendliche Essenz, eine unendliche Seele des Menschen. Menschen sind ausgesandt, dieses zu erkennen: Einmal wird man sich dieser unendlichen Seele bewußt. Das ist die eine Wahrheit, die in uns schon enthalten ist. Menschen arbeiten, leiden und freuen sich, das Bewußtsein über die Unendlichkeit ihrer Seele zu erhalten. Wenn wir das erkennen, erkennen wir die Wahrheit, werden wir zur Wahrheit.

Kommen wir zu einem anderen Punkt. Verstehen und akzeptieren Sie, was wir als außerkörperliche Erfahrung bezeichnen? Das

■ *Geistige Führer* ■

heißt: Der Geist oder die Seele verläßt den physischen Körper, tritt praktisch heraus.

☐ Wir sprechen über das Äußere und das Innere. Wir kennen so ein Gefühl in der Meditation, aus dem Körper herausgezogen zu werden. Dann, wenn wir außerhalb sind, müssen wir unser Bewußtsein besonders gut nutzen, Informationen aufzunehmen. Wenn jetzt die Information kommt, existiert nur noch die eine Wahrheit.

■ Das ist gut, das ist das, was ich sage. Kennen Sie eine besondere tibetische Rasse mit gold-brauner Haut und – das ist sehr wichtig – blauen Augen?

☐ Ich habe solche Leute schon gesehen, aber sie waren keine Tibeter. Sie kamen von außerhalb.

■ Waren diese Personen Buddhisten?

☐ Ich hatte mit ihnen tiefe religiöse Gespräche, und wir hatten eine sehr gute, interessante Zusammenkunft. Ich mochte diese Leute darum sehr. Aber im Endeffekt ist mir nicht klargeworden, ob sie Buddhisten waren oder nicht. Es waren auf jeden Fall religiöse Menschen.

■ Dann lassen Sie mich meine Geschichte zu Ende bringen. Als ich in Meditation war, fand ich mich – wie angesprochen – außerhalb des Körpers. Und dieser von mir erwähnte Mann mit der schönen gold-braunen Haut und den blauen Augen stand plötzlich vor mir. Ich ging in der ganzen Szene davon aus, daß es in Tibet passierte. Und er sagte zu mir: »*Folge mir!*« Seitdem folge ich ihm, aber ich weiß nicht, was passieren wird.

☐ Ein ähnlicher, vielleicht derselbe Mann, begegnete auch mir und sagte: »*Komm mit mir! Ich führe Dich nach Shambhala, dem tibetischen, mythischen Land.*«

■ Das ist sehr, sehr interessant. – Sie führten während unserer gemeinsamen Reise durch Tibet in den letzten Tagen aus, daß die

■ *Meditation* ■

Imagination in der Meditation sehr wichtig sei. Ich lehre ja auch Meditation, und ich versuche, den Menschen zu verdeutlichen, daß sie ihre Imagination, ihre Ein-**Bild**-ungs-**Kraft** benutzen müssen.

Sie können ein religiöses Symbol nehmen, das sie sich vorstellen und auf das sie sich konzentrieren sollten. So stelle ich die Meditation dar: Imagination – Konzentration – Meditation.

☐ Ich stimme auch darin überein. – Der Buddhismus hat einen langen Weg hinter sich. Wir hatten dabei viele geistige Lehrer, die uns die Lehre Buddhas erklärten. Da ist eine Verbindung untereinander, die bis zum Dalai Lama geht. Er ist darum ein lebender Buddha, eine erkannte Reinkarnation der geistigen Lehrer.

■ Aber ist es nicht auch wahr, daß jeder erleuchtete Mensch in diesem Sinne ein Buddha ist?

☐ Absolut. Aber es hängt davon ab, ob man den Weg geht oder nicht. Es ist in jedem selbst. Nirgendwo anders.

■ Es ist eben eine Sache, es zu wissen. Aber es ist viel, viel schwieriger, es zu werden. Wir müssen daran arbeiten, zu werden, was wir wissen.

☐ Sie sagen, was ich im Innersten fühle. Es ist darum für uns der existentielle Hauptpunkt, daß der Erleuchtete, Seine Heiligkeit, der Dalai Lama, der Endpunkt von allem ist.

In Tibet haben wir das Gefühl, daß Erleuchtung und Energie in uns sind. So können wir in der Menschenmenge stehen und trotzdem erleuchtet werden. Wenn man dieses Gefühl aber nicht in seinem Herzen trägt, dann sollte man aufs Land gehen, in die offene Weite der Berge, um dieses Gefühl zu bekommen.

■ Sie sprechen indirekt auch die Kulturrevolution und die chinesische Seite in Tibet an. Ich werde es darum etwas anders poin-

■ *Religionsunterdrückung durch Chinesen* ■

tieren: Alles existiert in zwei Teilen. Es gibt die äußere und die innere Welt, wie Tempel, Bilder, Klöster, Statuen. Sie kann man immer zerstören. Doch was man im Herzen trägt, in der Seele hat, kann nicht zerstört werden, kann man Ihnen nicht nehmen.

☐ Das ist in der Tat so. Im Buddhismus ist die innere und äußere Welt eine wichtige Frage. Wenn diese beiden Welten zu einem Punkt kommen, ab diesem Zeitpunkt erfährt man die Erleuchtung.

■ Das sehe ich genauso …

☐ … ich selbst hatte einen sehr guten geistigen Lehrer, Guru Lama Gandetschiba. Er war mir eine große Hilfe. 1964 war das vorbei. Dann arbeitete ich in einem Tempel. Später hatte ich – unfreiwillig und als Strafe in der Kulturrevolution durch die Chinesen – viele verschiedene Arbeiten zu verrichten. Ich half beim Hausbau, rodete, arbeitete beim Steinbruch und -transport. Es waren sehr gute Erfahrungen auf dem Weg zur Erleuchtung. Ich arbeitete auch sieben Jahre auf dem Land. Es war, so würden Sie es ausdrücken, eine Kreuzigung der Religion. Es war Karma.

Als ich Mönch im Kloster war, arbeitete ich in religiösen Dingen sehr, sehr hart. Während ich nun die Strafarbeit auferlegt bekam, blieb ich innerlich weiterhin Mönch. Ich hatte keine sexuellen Kontakte, nahm mir keine Frau, zeugte keine Kinder. So konnte ich später als Mönch wieder ins Kloster gehen.

Nun bin ich hier im Dschokhang-Tempel. Und ich wurde Abt, weil ich religiös weiterhin sehr hart arbeite.

Ich bekam Erkenntnisse aus der inneren Welt meiner Seele, bekam Frieden und gebe dieses, soweit ich kann, weiter. Ich fühle, daß ich in meinem Leben etwas getan habe und noch tun kann.

■ Wenn Sie sagen, daß Sie religiös hart arbeiten, so könnten die Leute meinen, daß es sich um physische Arbeit handelt. Wir sind uns doch einig, daß es sich um das Studium alter, heiliger Schriften handelt, um das Betrachten des Inneren.

☐ Das ist absolut richtig. Zusätzlich kümmere ich mich jetzt natürlich um die Mönche hier. Dazu gehört auch, die Lehre so gut wie möglich weiterzugeben. Doch wir müssen sehen, daß letzteres auch nur wieder das Äußere betrifft. Wir lehren vom Äußeren, sehen muß man vom Inneren. Das schaut durch die jeweils andere Sichtweise etwas differenziert aus. Doch wenn man vom Inneren durch das Äußere hindurchgeht, dann ist es eine Einheit, eine Wahrheit.

Sheikh Mahdi Abdel Hamid: Der Strenge

Ich hatte erwartet, er würde mich mit »*Allahu al Akbar, gepriesen sei Allah*« oder so etwas begrüßen. Doch zunächst läßt uns der Wächter gar nicht erst in die große Al Ahzar Moschee in Kairo. Er besteht lauthals darauf, daß die mich begleitenden Damen und Dolmetscherinnen sich den Kopf bedecken müssen.

Bezeichnenderweise hat sich die Christin ein Tuch mitgebracht, während sich die Muslimin in einem nahegelegenen Geschäft erst eines erstehen muß. Ich, Mann und vermeintlicher Christ, bekomme keine Auflage.

Schwierig war es, überhaupt bis hierher vorzudringen. Es ist zu diesem Zeitpunkt abzusehen, daß der Golf-Krieg in wenigen Tagen beginnt. Da ist die Al Ahzar Moschee mit den höchsten Koran-Auslegern der sunnitischen Welt besonders gefragt.

Auf vielen Umwegen über ein »*Amt für Autoritäten*« und dem ägyptischen »*Bundespresseamt*« besitze ich jedoch nun einen ägyptischen Presse-Ausweis – in dem ich kein Wort lesen kann – und bin bereit, den notwendigen Stempel vorzuweisen, den man angeblich für ein solches Gespräch braucht. Doch siehe da – niemand will ihn ab jetzt noch sehen.

Ich bin gespannt. Sheikh Mahdi ist einer der großen Koranausleger und Religionsführer und gleichzeitig »*Informations-Minister*« des großen und höchsten Sheikh.

Sein Arbeitszimmer ist mit einem Schreibtisch und ein paar Stühlen ausgestattet. Ich begrüße ihn, und er mustert mich unverhohlen skeptisch. Sein blütenweißer und makelloser Turban springt mir sofort ins Auge.

Ich werde in eine Art Konferenz- und Audienzzimmer geführt. Kaffee wird gereicht. Der etwa einmeterneunzig große Mann begegnet meinem Blick emotionslos.

Unser Gespräch soll eine halbe Stunde dauern. Lose ist vereinbart, die Politik auszuklammern. Ich will, so hatte ich vorher erklärt, über die Seele sprechen. Er ist vorbereitet. Eine Dolmetscherin erklärt mir, daß er einen Kommentar zum Thema »*Die Seele im Islam*« neben sich liegen hat. Er blättert darin.

Ein Protokollführer schreibt jedes Wort mit. »*Ihm wird niemand ein Wort unterstellen können, daß er nie gesagt hat*«, geht mir durch den Kopf.

Ich bringe mein Anliegen vor und will die erste Frage stellen. Doch er erklärt mir erst einmal die Methode. Strengen Blickes verdeutlicht er mir, daß er Suren zitieren will – und in dieser Zeit dürfe ihn niemand unterbrechen.

Ich verspreche es und schaue auf meine Uhr. So würde meine Zeit schnell herumgehen. Doch dann geht es Schlag auf Schlag. Präzise seine Antworten, deutlich seine Inhalte. Wenn ich etwas zu lax oder vermeintlich anti-islamisch formuliere, werde ich von ihm fast harsch zurechtgewiesen.

Die Uhr im Zimmer und eine weitere vor der Moschee schlagen laut. Mein Tonband zeigt mir, daß wir schon über eine Stunde gesprochen haben. Der Protokollführer macht Sheikh Mahdi auf etwas aufmerksam. Er gibt ihm etwas mürrisch zu verstehen, daß ich ruhig weitermachen soll.

»Was ist geschehen?«, frage ich die übersetzenden Damen flüsternd. *»Das Mittagsgebet ist fällig«*, wird mir ebenso leise angedeutet, *»doch der Sheikh gibt uns noch ein paar Minuten«*.

Er gibt mir noch eine weitere Stunde. Immer wieder kommen wir an interessante grundsätzliche Probleme. Die Aussagen dazu vergleiche ich später mit denen anderer Gesprächspartner, so daß sich ein neues Bild ergibt.

Plötzlich habe ich das Gefühl, den Islam etwas besser zu verstehen. Immer wieder stoße ich durch meine Fragen und Antworten mehr auf christlich-kulturelle Vorurteile denn auf Tatsachen.

Dann gilt es, *»Auf Wiedersehen«* zu sagen. Ich verabschiede mich von meinem Gesprächspartner. *»Als Zeichen des Dankes«*, so lasse ich erklären, *»als Zeichen des Dankes bitte ich ihn, einen Schal anzunehmen.«*

Ich gehe zu ihm und lege die Wolle um seinen Hals. Einmeterneunzig springen urplötzlich aus dem Stuhl und bauen sich vor mir auf. Ich, klein und eher schmächtig, werde von einem Mann förmlich erdrückt, geherzt und angelächelt, der bis dahin kaum eine Miene verzogen hat.

Der Sheikh zeigt sich in diesem Moment nicht mehr offiziell, sondern »*privat*«. Die Strenge ist weich geworden. Um so mehr und wegen des Kontrastes bleibt er in meiner Erinnerung als – ein strenger Diplomat.

Sheikh Mahdi Abdel Hamid

»*Gott nimmt nie etwas, ohne zu geben.*«

Zunächst möchte ich feststellen, daß wir im Islam nicht »*eine Meinung über den Islam haben*« sagen. Das Wort »*Meinung*« bedeutet

■ Koran: Unveränderliche Regel ■

nämlich, daß sich eine dafür und eine dagegen findet. Im Falle des Islam stellen wir zunächst die Regeln des Islam fest. Dann können wir eine Interpretation geben.

Wenn es sich um Gottesaussagen oder Aussagen des Propheten handelt, dann betrifft es immer eine Regel. Hier ist uns auf keinen Fall eine Meinung überlassen. Was wir dann darauf äußern, sind unsere Bestrebungen, diese Regeln für uns zu verstehen und anzuwenden.

Es existiert auch keine genügend präzise Übersetzung des Korans. Darum kann auch unser Gespräch nur bedeuten, daß wir versuchen, dem Koran näherzukommen.

★

Wenn wir die Frage der Beseelung des Embryos untersuchen, so beschreibt uns der Koran drei Phasen des Menschwerdens. Der

■ *Empfängnis, Geburt und Seele* ■

Embryo ist am Anfang als reine Flüssigkeit, ausschließlich Ei mit Spermium, dargestellt.

In der zweite Phase entwickelt sich die Flüssigkeit etwas klebriger, so daß sie an der Gebärmutter festwächst.

Die dritte Phase bedeutet eine weitere Verfestigung dieser Materie. Sie hat dann eine Konsistenz, die man – so möchte ich sie beschreiben – zerkauen könnte.

Unser Prophet hat uns erzählt, daß die Dauer jeder Phase 40 Tage anhält. Erst dann, also nach 120 Tagen, nähert sich Gottes Seele und wird in den Embryo hineingepustet. Die Seele nennen wir das *»Geheimnis Gottes«*. Jetzt formt sich der Embryo, und die normale Schwangerschaft entwickelt sich, wobei wir eine Austragung zwischen 6 und 9 Monaten als normal ansehen.

Sie werden sich vielleicht wundern, warum ich bewußt von 6 bis 9 Monaten spreche.

Es gibt die schöne Geschichte von dem Mann, dessen Frau 6 Monate nach der Heirat ein Kind geboren hat. Er ging zu einem Religions-Scheich und fragte, ob dieses Kind überhaupt seines sein könne. Die Antwort lautete klar und eindeutig: *»Es ist Dein Kind«*.

Doch wie sollte das geschehen sein? Nach dem Koran hat Gott die Dauer des Kinderstillens auf 2 Jahre festgelegt.[1] Und in einer anderen Sure hat er die Zeit des Stillens und der Schwangerschaft auf insgesamt 30 Monate datiert.

Wenn wir nun die vierundzwanzigmonatige Stillzeit von der Gesamtzeit abziehen, dann bleiben 6 Monate für die Möglichkeit übrig, daß ein Embryo vollständig wird.

Ich möchte hinzufügen, daß das Kind dann zwar komplett ist, daß es aber eines psychologischen Mangels, z.B. Nervosität, bedarf, wenn es bereits jetzt – oder mit 7 Monaten – geboren wird.

Ob allerdings bis zu 120 Tagen eine Abtreibung schon als Mord anzusehen ist, da haben die Scheichs unterschiedliche Auslegungen.

■ Mutter, Kind und Abtreibung ■

Die einen, die gegen die Abtreibung votieren, sagen, daß mit der Bewegung der Spermien bereits Leben im Körper existiert.

Die anderen dagegen beschreiben diese Phase nicht als Leben, sondern als Wachstum. Darin wird der gravierende Unterschied gesehen.

Ich persönlich würde die Abtreibung nicht gestatten, es sei denn, die Mutter ist gesundheitlich gefährdet. Man darf sie auch nicht erlauben, nur weil der Vater arm ist. Denn Armut, Essen und Geld spendet uns Gott.

---

(1) Sure 2:223

Wenn es dagegen der Mutter durch die Schwangerschaft schlechter ergeht, dann bemühen wir uns vor allem um die Mutter. Ich neige zwar dazu festzuhalten, daß es sich bereits innerhalb der 120 Tage um Leben handelt. Trotzdem: Die Mutter ist der Ursprung, der Embryo ist der Zweig.

Ursprung kann einen anderen Zweig hervorbringen, aber ein Zweig keinen weiteren Zweig, es sei denn, er macht alle Phasen durch und entwickelt sich selbst zum Ursprung.

Wenn man die Frage logisch überdenken würde, was würde man retten: Ursprung oder Zweig? – Hinzu kommt, daß der Koran fordert, uns nicht umzubringen und in einer schlechten Lage nicht zu leiden. Darum entscheiden wir uns für die Mutter.

Dieses ist keine Entscheidung zwischen zwei vollständigen Menschen. Deshalb greift die Frage auch nicht, ob ich (als Mutter) einen anderen (den Embryo) umbringen darf, um mich nicht umzubringen. Dieser »andere« besitzt nicht alle Qualitäten eines Menschen, wie wir sie jetzt zum Beispiel vorweisen. Er ist nicht vollständig. Der Mensch ist dagegen komplett; er hat alle Phasen durchgemacht und befindet sich auf dem Gipfel. Darum kann man diesen Menschen nicht vergleichen mit »jemandem«, der noch in der ersten oder zweiten Phase steckt.

Man darf Vergleiche nur dort anstellen, wo beide Teile vollständig sind; jeder andere Vergleich ist nicht erlaubt.

Körperlich handelt es sich bei der Schwangerschaft um einen langen Prozeß. Die Seele ist »Gottes Geheimnis« im Menschen und wird dagegen sofort »eingeblasen«.

Ich muß auch noch erwähnen, daß ich eine Abtreibung auch dann erlauben würde, wenn das Leben der Mutter nach 120 Tagen der

Schwangerschaft gefährdet wäre. Dort hätten wir die Wahl, entweder den Embryo oder die Mutter zu retten. Aber auch hier käme die Frage erneut: Ursprung oder Zweig? Unser Kopf und unser Herz würde sich sicherlich für den Ursprung und die Mutter entscheiden.

Tiere existieren im großen und ganzen anders als wir, aber auch sie besitzen eine Seele. Ob die tierische Seele und die menschliche

■ Tiere, Tierseele und Quälerei ■

Seele identisch sind, ist für uns nicht tabu. Aber: Als Gläubige hat Gott uns gesagt, daß wir die Seele, so wie sie ist, akzeptieren sollten. Wir dürfen uns nicht damit beschäftigen, was und wie sie ist.

Im Koran heißt es sinngemäß: »*Sie fragen Dich nach der Seele. Sieh, die Seele ist allein Gottes Sache.*« Und an einer anderen Stelle heißt es, daß das, was wir an Wissen aufweisen, wenig und begrenzt ist.[1] Das schließt nicht die Aussage in anderen Suren aus, daß wir das Wissen immer anstreben und zusätzlich lernen sollen. Aber im Endeffekt besitzen wir wenig Wissen. Wir können darum auch nicht einfach vereinbaren, daß die tierische und die menschliche Seele identisch sind. Die Seele ist eben Gottes Geheimnis.

Sehr wohl kennen wir Tiere, die wir, die Menschen, essen dürfen. Gott hat den Menschen so hoch gestellt, daß uns alles auf der Welt zu Diensten steht. Das ganze All ist uns anheimgestellt.

---

(1) Sure 17:85

Tiere mit Pranken, mit Reißzähnen, Schweine, Aas, alle Tiere, die durch einen Unfall gestorben sind, erwürgte und erschlagene Tiere, durch Löwen gerissene Tiere und Tiere, die für uns auf einem heidnischen Altar geschlachtet worden sind, diese alle dürfen wir nicht verzehren. Ebenso ist uns Blut verboten. Wir dürfen auch keine Tiere essen, die nicht mit Gottes Namen im Mund (»*im Namen Gottes*«) geschlachtet wurden.[1]

Tiere sind wie alles eigentlich göttlich. Tiere darf man darum auch nicht quälen. Natürlich kann man ein Tier töten, das einem Menschen schadet.

Ein Tier nicht zu füttern oder zu schlagen ist z.B. deutliche Quälerei. Wenn wir aber ein Tier zu viel füttern, dann bewerte ich das bereits als relativ. Es existieren ja auch so viele Menschen, die über ihre Potenz essen, so daß wir hier von einer Sache aus Gewohnheit ausgehen können.

Der Prophet hat z.B. ein Kamel gesehen, das besondere Geräusche von sich gab. Er fragte: »*Wem gehört es*«, und man bedeutete ihm: »*Dem da*«. Daraufhin gab der Prophet dem Besitzer zu verstehen: »*Das Kamel hat bei mir protestiert, daß Du ihm viel zuviel Lasten zu schleppen gegeben hast.*« Der Prophet hat den Muslims und dem Mann damals deutlich erklärt, daß dem Kamel nicht so viel Last aufgeladen werden darf.

Sehen Sie, daß war ein klarer Hinweis, daß wir mit Tieren vorsichtig umgehen sollen. In dem Fall also haben wir einen Beweis. Wir können somit nicht generell sagen, was erlaubt oder unerlaubt ist – bis wir hundertprozentig wissen, daß ein Tier wirklich leidet.

---

(1) Sure 2 : 173; 5 : 3

Der Mensch besitzt sich selbst nicht, sondern gehört Gott. Es ist ihm nicht anheimgestellt und ihm ist nicht die Freiheit gegeben,

■ *Selbstmord* ■

die Seele zu vergeuden. Im Islam ist wie in anderen Religionen Selbstmord darum nicht erlaubt.

Der Selbstmord-Begehende sagt mit seiner Tat aus, daß er mit seinem Leben nicht zufrieden ist und ihm auch nicht recht erscheint, was Gott ihm gegeben hat. Das ist somit ein Protest gegen Gott. Schon dieser Standpunkt ist natürlich Gott gegenüber nicht fehlerfrei.

★

Drei Sachen sind uns im Islam immun und heilig: Das Geld und der Besitz der Mitmenschen, das Blut und Leben sowie die

■ *Verteidigung und Angriff* ■

sexuelle Ehre der verheirateten Frau. Im Islam muß man diese drei Dinge unbedingt respektieren, und sie gelten für jeden anderen Menschen als tabu.

Und deswegen ist es in unserem Koran so geregelt: Sollte jemand sterben, während er angegriffen wird und diese drei Dinge verteidigt, so ist er ein Märtyrer, weil man sich während dieser Verteidigung Gott ergibt.

Im Koran ist auch festgelegt, daß ein Angriff von einem Muslim auf einen Muslim, aber auch einen Nicht-Muslim verboten ist.

Alles was Angriff ist, ist verboten. In der politischen Situation um Kuwait und Irak sah sich der Irak nicht als Angreifer, sondern als Verteidiger seines ihm angestammten Besitzes. Der Irak glaubte sich also im Recht, doch können wir seine Argumentation nicht akzeptieren.

★

Wir unterscheiden im Islam deutlich zwischen einem Mord mit und ohne Absicht.

Wir haben die Frage zu stellen, ob der Mensch die Wahl hat. Wenn ich mit Absicht jemanden umbringen will, dann war ich vor eine

■ *Tat und/oder Wille* ■

Wahl gestellt. Wenn ich dagegen auf einer Bananenschale ausrutsche, ein kleines Kind dadurch zu Fall bringe, das daran stirbt, so besaß ich nicht die Wahl und mich trifft auch keine Schuld. Hier handelt es sich um den Willen Gottes.

Zu allen Taten, in denen der Mensch mit einer Wahlmöglichkeit versehen ist, wird er von Gott bewogen. Dabei ist es unerheblich, ob die böse Absicht dann auch im Endeffekt erfolgreich abgeschlossen werden konnte. Wenn jemand einen Stein in der Absicht zu töten wirft und der Stein verfehlt sein Ziel, so wird Gott ihn trotzdem strafen. Es kommt nicht auf das Ergebnis der Tat, sondern die Gesinnung an. Auf Erden mag er kein Mörder sein, für Gott ist er es.

★

Es ist ein großer Unterschied zwischen der Aussage: »*Gott hat etwas festgelegt*« oder »*Gott weiß das Ergebnis schon immer*«.

■ Von Gott unabhängiger Wille ■

Bei uns ist klar, daß Gott jedem zwei Wege zeigt: Den richtigen und den falschen. Gleichzeitig hat er uns den Verstand mitgegeben, selbst zu entscheiden und selbst abzuwägen, was wir tun sollen. Gerade aufgrund unseres freien Willens wird uns Gott auch ganz zum Schluß richten.

★

Wer glaubt, daß Gott unfair und ungerecht ist, ist ein Heide. Gott behandelt seine Sklaven jedoch nicht mit der Richtschnur, sondern mit Großzügigkeit.

■ Gottes Gerechtigkeit ■

Diese Großzügigkeit und Mildtätigkeit liegt auch darin, daß Gott nicht sofort richtet. Man kann auf der Welt sehr viel fehlen. Doch der Mensch bekommt immer noch eine Chance, wenn er seine Taten bereut, von Gott akzeptiert zu werden.

Im Koran wird Gerechtigkeit auch wie folgt definiert: Wer nur ein Atom Gutes tut, hat Verdienst und bekommt soviel Gutes.

Gott kreiert, was er möchte und was er wählt. Wir dagegen können nicht auswählen, was wir sind. Was Gott dagegen will, hat eine besondere Bedeutung und eine Weisheit dahinter und in sich.

Ein z.B. taubblindes Kind kann später durchaus ein Genie in einem Bereich sein. Wie häufig finden wir später Gebiete, in denen Verkrüppelte Meister sind.

Das bedeutet: Gott nimmt nie etwas, ohne zu geben. Wenn die Eltern akzeptieren, was Gott ihnen bietet, dann (!) händigt Gott ihnen etwas anderes aus, um das aufzuwiegen.

★

Zionismus wollte im ursprünglichen (!) Plan Religionen – ohne auf Moral zu achten – verschmelzen, um die Macht zu erobern.

■ Religionsverschmelzungen ■

Das steht sehr klar in den zionistischen Protokollen. Und deswegen arbeiten die Zionisten im Rahmen von religiösen Kämpfen. Es ist zu beobachten, daß diese Angriffe besonders auf den Islam ausgerichtet sind. Entweder durch Leute wie in Indien oder durch Schriftsteller.[1]

Der Islam dagegen erlaubt jedem, seine Religion auszuüben. Das heißt längst nicht, daß wir unsere Religion nicht erklären, wenn wir dazu gefragt werden. Unser Hauptprinzip lautet: *»Ich habe meine Religion, Du hast Deine Religion. Ich zeige Dir meinen religiösen Zustand und Glauben. Möchtest Du kommen? Schön, wenn nicht, dann hat jeder seinen Weg.«*

Unser Glauben ist darauf aufgebaut, daß keiner in seiner Religiösität gezwungen wird. Und was jetzt gerade von Intellektuellen angezettelt wird, um Religionen aufzulösen, damit alle Leute in einem Topf schmelzen, ist ein Plan von Zionisten, die auch andere motivieren, dieses Thema immer wieder hochzubringen.

---

(1) Hier ist wahrscheinlich Salman Rushdi gemeint

Und da finden wir dann Leute, die auf der Basis von Abraham eine Religion (er)finden, um aus Christentum, Islam und Judentum eine (!) Lösung zu entwickeln. Das ist bei uns nicht akzeptiert; wir müssen aufpassen, die Augen unbedingt aufhalten. Ein starkes Beispiel dafür erscheint uns zu sein, was in Indien passiert.

★

In vielen Religionen wird Gott als Licht bezeichnet; Sufis sagen es zum Zustand der tiefen Meditation, Jesus sagt: *»Ich bin das*

■ Gott und Licht ■

Licht«. Ich persönlich habe zu diesen Überlegungen die Überzeugung, daß es sich um ein Symbol, eine Metapher handelt.

Das Licht, das wissen wir alle, ist etwas Ungreifbares. Wenn die Sonne scheint, kann niemand die Sonne abhalten. Das Licht ist durchsichtig, sehr transparent und doch gleichzeitig auch sehr stark. Diese Gegensätze können wir spüren, wir wissen, um was es sich handelt, aber wir können sie nicht genau beschreiben.

Im Koran steht zur Annäherung an Gott: Gott ist das Licht der Himmel und der Erden.

Gottes Licht ist ähnlich dem Licht. Das bedeutet eben, daß wir es mit einer vergleichenden Beschreibung zu tun haben, jedoch nicht, daß es sich um etwas Identisches handelt. Und deswegen haben wir 99 Namen für Gott, und trotzdem steht unter diesen nicht *»Das Licht«.*

★

Beim Tod handelt es sich um eine Transformationsphase, also eine Bewegung von einer Phase in eine andere, und diese wird durch

■ *Sterben und Tod* ■

Gott ausgelöst. Danach ereignet sich die Phase des Lebens im Grab, schließlich die Wiederauferstehung. Damit fängt das ewige Leben im Jenseits an.

Gott hat im voraus vier Punkte in bezug auf einen Menschen festgelegt: Was man verdient, die Arbeit, den Tag, an dem man stirbt und schließlich, ob man glücklich oder unglücklich sein wird. Und deswegen stirbt niemand vor oder nach dem von Gott festgelegten Punkt.

Was wir von Gott wissen, ist, daß ein Engel kommt, der in der Todessekunde die Seele des Menschen entnimmt. Sein Name ist Israil. Dieser Engel hat die Aufgabe, die Seelen zu greifen, zu »*pflücken*«.

Die Seele, wie wir wissen, ist Gottes Geheimnis und darum ein Thema, über das wir nichts wissen. Aber wir glauben daran als etwas Verstecktes, das uns von Gott gesagt worden ist. Um ein guter Muslim zu sein, müssen wir auch an das Versteckte und nicht Offensichtliche glauben.

Unsere Religion hat uns auch beigebracht, daß aus dem Menschen, der in der Welt gut gewesen war, die Entfernung der Seele leicht ist. Der Böse, der Heide, der nicht an Gott glaubt, wird leiden, denn ihm wird die Seele rausgerissen.

Wenn sich die Seele außerhalb des Körpers bewegt, wenn die Seele den Körper wie aus einer Hülle verläßt, dann kann sie sehen und empfinden, was sie nicht wahrnehmen konnte, als sie noch im Leib gebunden war.

Sie entdeckt dann mehr als das, was sie im Körper erlebt hat. Und deshalb steht im Koran, um diese Zeit zu beschreiben, daß in dem Moment der Schleier gelüftet wird und die Sicht dann stark und deutlich wie Eisen ist.

Die Seele verläßt den Körper nie. Aber wenn wir schlafen, wenn die Materie liegt, dann steigt die Seele höher, und man kann jemanden in Amerika oder in Kairo oder sonstwo sehen, weil dann die Seele einen gewissen Teil von Freiheit besitzt.

Stellen Sie sich vor, wenn die Seele dann wirklich total frei wird, was sie dann erlebt …

Papst Shenouda III: Der Lachende

»Guten Abend.«

Ich bin erstaunt, eine deutsche Stimme zu hören. Ein Mönch oder Priester steht vor mir. *»Woher können Sie Deutsch?«* frage ich ihn. *»Ein Mitbruder hat es mir beigebracht. Und so konnte ich vor ein paar Monaten Seine Heiligkeit nach Deutschland begleiten und auch unsere dortige Gemeinde besuchen.«*

Deutschland liegt im Moment gar nicht so weit weg. Nur ein paar Flugstunden sind wir getrennt. Und doch würde unter dem *»Papst«* der Mann auf der Straße in München nur den römisch-katholischen Pontifex verstehen – und von einem koptisch-orthodoxen Papst noch nie etwas gehört haben.

Der Einheimische in Kairo wird dagegen immer sofort an S.H. Shenouda III denken und den katholischen Führer kennen – selbst wenn er Muslim ist. *»Wie eingeengt bewegt sich eigentlich unser Weltbild«*, geht es mir mal wieder durch den Kopf.

Es ist Anfang Januar, zwei Tage vor Weihnachten. Auch das Fest besitzt einen anderen Zeitplan, ist verrückt. Oder ist das katholische und protestantische Weihnachten nicht mehr das Original? Ich weiß es nicht. Ich weiß nur, daß es mit dem julianischen und dem gregorianischen Kalender zu tun hat.

»Bitte nehmen Sie Platz«. Ich schaue mich in dem kleinen Büro des Mönches um, während der Willkommens-Kaffee serviert wird. Ein kleiner, schmaler Schlauch mit einem Schreibtisch, einem Tischchen, einer Couch und zwei kleinen Sesseln, einem Schrank. Es wirkt auf mich alles wie in den fünfziger Jahren.

Dann entdecke ich auf dem Schreibtisch drei Telefone. Eines davon arbeitet schnurlos. Ein Computer ist mit einem Telefonmodem versehen und deutet an, daß auch ein Papst sich der modernen Technik bedient.

In einem Nebenraum sehe ich etwa 40 Personen, die alle auf eine Audienz beim Papst warten. Aus neunzehn ist bereits einundzwanzig Uhr geworden, als mein Gespräch beginnt. *»Es ist Weihnachten. Wir haben so viel zu tun«*, begrüßt mich Seine Heiligkeit lachend. *»Und so viele warten noch auf mich. Machen wir es kurz.«*

Der Audienzraum ist groß. Viele alte englische Sessel, Tische und Schränke stehen in ihm. Eine Uhr schlägt alle fünfzehn Minuten *»Big Ben«*. *»Das soll also mein Rhythmus sein«*, geht es mir durch den Sinn.

Eine Protokollführerin nimmt jedes Wort auf. Und plötzlich grinst sie mich an. Ich lasse den Papst nicht aus der Diskussion. *»Ist Gott nun gerecht oder nicht?«*

Er lacht, als ich ihm deutlich widerspreche, und versucht seinen zunächst mehr schwadronierenden Gedanken zu präzisieren. Ich gebe ihm zu erkennen, daß ich Gott für kreativer halte als er und natürlich auch als ihn.

Seine Kapuze fällt ihm vor vergnüglichem Lachen fast vom Kopf. Sein Bart bebt, wenn er die Mundwinkel verzieht.

Immer wieder gibt er seiner Ordonnanz – *»oder nennt man das bei einem Heiligen Mann nicht so?«* –, immer wieder gibt er ihr ein Zeichen, daß wir noch weiterplaudern wollen.

Nach über zwei Stunden, nachts um elf, verabschiede ich mich mit einer ausgesprochen herzlichen Umarmung von demjenigen, dem seine Gefolgsleute und Mitbrüder nur ehrerbietig die Hand küssen. Die vierzig Wartenden sind jetzt in ihrer Reihenfolge seine neuen Gesprächspartner.

Sein »Bruder« bin ich in der Zeit wohl nicht geworden, obwohl ich die tiefe Ausstrahlung von Güte deutlich spürte. Er, der von der ägyptischen Regierung widerrechtlich 30 Monate – im wahrsten Sinne des Wortes – in die Wüste geschickt worden war; der seinen Frieden mit dem katholischen Papst nach jahrhunderterlanger Auseinandersetzung gemacht hat; er, der jeden Mittwoch in Kairo siebentausend und mehr Menschen zu einer theologischen Vorlesung gewinnt; er wird mir besonders als freundlicher Mensch in Erinnerung bleiben: Auch in der Auseinandersetzung äußerst warmherzig und herzlich im Lachen.

Seine Heiligkeit Papst Shenouda III:
Papst von Alexandria
und Patriarch auf dem Stuhl des Heiligen Markus

»Auch wenn man sich langsam umbringt ist das Mord.«

Vom ersten Moment an, also vom Zeitpunkt der Empfängnis, ist der Mensch körperlich, geistig und seelisch komplett.

■ *Empfängnis und Seele* ■

Das Kind erbt als Embryo die Natur des Vaters und der Mutter. Weil der Vater und die Mutter auch Seelen sind, muß das Kind auch Seele und Körper sein.

Ich habe auch schon einige Meinungen gehört, daß die Seele erst nach der Empfängnis in den Embryo eintritt, kann dieses aber nicht akzeptieren. Wenn sich nämlich zuerst der Körper bilden würde und dann die Seele einzöge, wäre die Seele dem Körper fremd. Und dann müßte man fragen: Woher kommt sie?

Wenn also die Seele später *»in den Embryo schlüpfen würde«*, dann könnte sie nicht von Vater und Mutter stammen, sondern müßte ungeboren kreiert worden sein. Sie wäre damit nicht menschlich. Wäre sie aber als freie Kreation göttlich, dann besäße sie eine vom Menschen losgelöste andere Natur. Als Christ müßte es uns klar sein, daß diese *»andere«* Seele dann die Sünde nicht geerbt hätte. Und das hätte mit der christlichen Erlösung/Rettung nichts mehr zu tun.

Plato war auch schon einer, der sich damit beschäftigt hat. Doch ich stimme mit ihm nicht überein.

★

Wenn die Seele nachträglich käme, dann wäre es auch kein Verbrechen und keine Sünde, wenn man abtriebe. Dieses ergäbe für

■ *Abtreibung* ■

Menschen auch mehr die Chance zu morden, da sie leicht sagen könnten: »*Dort oder dort ist keine Seele mehr enthalten, also können wir jetzt töten.*« Natürlich ist mir bekannt, daß manche genau dieses Argument benutzen, um abzutreiben. Doch dann sollten wir unsere Gesetze nicht ändern, bis wir (wissenschaftlich) wissen, wann genau die Seele im Embryo enthalten ist und wann nicht.

Auch Suizid ist eine Art von Mord. Und Mord ist unerlaubt, egal, ob man sich oder andere ermordet. Der Mensch besitzt sich selbst nicht, sondern gehört Gott.

■ *Suizid* ■

Selbstmord hat noch eine andere Sünde an sich, nämlich die Sünde der Verzweiflung, der Nicht-Hoffnung auf Gott. Wer also Selbstmord verüben will, hat keine Hoffnung mehr, daß Gott ihm noch zur Seite steht. Der Mensch, der glaubt, daß Gott sich in seinem Leben befindet, würde nie Selbstmord begehen, weil er weiß, daß Gott ihm helfen wird.

Das zeigt natürlich auch, daß man bei Selbstmordabsicht keine starke Persönlichkeit besitzt. Wird der starke Mensch dagegen mit einem Problem konfrontiert, überlegt er es sich, handelt und gewinnt die Situation. Der schwache Mensch wird dagegen vom Problem überwunden, und er verliert die Runde.

Es existieren viele Gründe, warum jemand mit einer schwachen Persönlichkeit versehen ist. Selbst der Mensch aber, der das eigene Problem nicht lösen kann, kann andere Menschen um Rat bitten.

Der Mensch, der sich umbringen will, ist jedoch schwach: Entweder im Verstand, in der Psyche oder in seinen Nerven. Im Christentum sind wir der Überzeugung, daß der Mensch im Bildnis Gottes erschaffen wurde. Der schwache Mensch ist in diesem Fall nicht im Bildnis Gottes kreiert.

Im Christentum war es der schwache Judas, der Christus verraten hat und daran gestorben ist.

Wir sollten auch noch sehen, daß es nicht nur den sofortigen Selbstmord gibt, sondern daß man sich auch langsam umbringen kann. Doch das ist auch Mord. Das ist eine Art des Stück-für-Stück-Umbringens. Der Mensch, der sich selbst umbringt, glaubt eben nicht an das ewige Leben im Jenseits. Er glaubt, daß mit dem Sterben und dem Tod alles aufhört. Er glaubt nicht an die Wiederauferstehung. Und er trifft dann Gott als Mörder.

In unserer Welt glauben die Menschen an Hellseher.[1] Es gibt ja auch Hellseher, die versprechen, »*Onkel Tom*« zu rufen. Es kann

■ *Medien* ■

---

(1) Vgl. die gesamten Ausführungen über das Hellsehen z.B. mit den Gesprächen mit Ivy Davis, Seite 52, Tom Johanson, Seite 66, Ursula Roberts, Seite 198.

natürlich sein, daß der Teufel sich als diese Seele ausgibt. Wie kann man sicher sein, daß es sich wirklich um die angegebene Seele handelt?

Lassen Sie uns das näher untersuchen. So würden wir eine Erklärung, der »*Geist*« würde etwas beschreiben, das nur die empfangende Person wissen kann, nicht als Erklärung einer Identifikation akzeptieren. Es kann der Teufel sein, denn der weiß, was man war, was man ist, und er kann herumschauen und sich entsprechend informieren. Das Gegenteil, nämlich das es eine menschliche Seele ist, die durch das Medium spricht, ist nicht beizubringen.

Zudem: Was haben wir für eine menschliche Autorität, daß wir glauben könnten, wir könnten menschliche Seelen aus dem Jenseits einfach hervorrufen?

Lassen Sie uns fragen, was mit den Seelen der Verstorbenen ist. Haben sie z.B. die Freiheit, einfach herumzuwandern, oder wie ist das limitiert? Die Seelen der Menschen im Leben sind entweder böse oder gute Seelen, gläubige oder ungläubige, schlechte oder gute. Natürlich kann man jetzt etwas Gutes tun und später etwas Böses, also eine Sünde begehen. Aber der Mensch kann sich aus dem Herzen heraus reinwaschen. Schlußendlich kommt es darauf an, ob Gott diesen Menschen als gut oder böse in Augenschein nimmt.

Ein reicher, böser Mann und der arme, aber gute Eliaser starben. Die Engel haben den armen Eliaser, so sagt die Bibel, zu Abraham hochgetragen. Die Seele des reichen, aber bösen Menschen jedoch steckten sie in die Hölle.

Die Frage ist nun folgende: Haben die bösen Seelen, die jetzt in der Hölle eingesperrt sind, die Freiheit, aus dieser Hölle herauszukommen und dann die anderen Seelen zu treffen? Wenn sie zum Beispiel aus der Hölle entstiegen, hätten sie dafür nicht arbeiten müssen, hätten dafür nichts erbracht. Wer erlaubt diesen Seelen, diese Hölle zu verlassen?

Was wiederum erlaubt einer guten Seele, dieses schöne Paradies im Stich zu lassen, wo die guten anderen Seelen versammelt sind und es sich hier auf Erden nur um so etwas Unwichtiges wie z.B. die Frage nach »*Onkel Tom*« handelt?

Nur in einem Fall können wir sofort zustimmen: Nämlich dann, wenn Gott diese Seele mit einer heiligen Mission und Botschaft beauftragt hat, um der Menschheit Rat zu geben oder zu helfen.

Die Seele geht von hier, von dieser Welt, immer weiter sehr hoch nach oben. Man schaut dann auf die Welt runter und sieht von der Höhe, daß hier alles nutzlos und sinnlos ist. Warum sollte eine gute Seele also das so Hohe verlassen, außer sie erhält die göttliche Botschaft? Warum sollte so eine hohe Seele z.B. durch ein Medium so etwas Triviales sagen wie: »*Als wir uns vor 20 Jahren getroffen haben, sagtest Du mir xyz.*«

Lassen Sie uns als Gedankenspiel einmal annehmen, die Seelen aus der Hölle kämen nie heraus. Beschäftigen wir uns nur mit den guten Seelen im Paradies.

Es ist als Seele im Paradies keine Frage, was für Gefühle ich habe oder was ich möchte. Es ist alles nur eine Frage, ob es ein Gottesbefehl ist, hier auf Erden zu helfen, oder nicht. Ansonsten könnten ja alle guten Seelen einfach aus Liebe hierherkommen, denn es gibt ja noch genug zu erledigen. Dann könnten auch alle Propheten und Heiligen kommen ... Dann bräuchten wir kein Paradies mehr.

Keiner geht aber ins Paradies, es sei denn, er ist ein guter Mensch. Und wenn er ein guter Mensch ist, empfindet er auch Liebe. Wenn also die Liebe ihn zwingt, hier zu helfen, dann müßten alle guten Seelen herunterkommen und das Paradies entvölkern. Und die Seele, die nicht, um zu helfen, auf die Erde kommt, würde eben nicht lieben und wäre unfreundlich. Schon deswegen müßten ja alle hierherkommen. Das Paradies hätte seinen Sinn verloren.

Sie müssen aber sehen, daß Gott die Welt regiert und nicht der Mensch. Er hat das Paradies erschaffen und ihm seinen Sinn gegeben.

★

Es gibt drei verschiedene Dinge in bezug auf den eigenen Willen: Zunächst der Wille selbst, dann der Bereich, in dem der Wille

■ *»Begrenzter« freier Wille* ■

wirken kann, und letztlich die Kapazität/Potenz des Willens.

Selbst alle Propheten, die Gott heruntergeschickt hat, besaßen eine limitierte und begrenzte Aufgabe in einem begrenzten Kreis. Aber kein Prophet erscheint und verrichtet überall das, was er möchte. Die Heiligen bekamen die Aufgabe, Gottes Willen und nicht ihren eigenen umzusetzen. Und deswegen haben sie die ganze Zeit unter Gottes Führung gearbeitet.

Kein Heiliger hat sich von Gott gelöst, indem er dem und dem und dem oder sonst irgendwem half.

★

Der Mensch ist mit einem freien Willen in dem begrenzten Raum versehen; dort besitzt er einen freien Willen, besonders in allem

■ *Göttliche Gerechtigkeit* ■

Guten, das er noch tun kann. Doch Gott hat alles unter Kontrolle.

Gott ist dabei natürlich gerecht. Einem Vater mit einem verkrüppelten Kind muß man sagen, daß das Leben auf der Erde nicht alles ist.

Deshalb sehen wir trotzdem einen Armen und einen Reichen, einen Guten und einen Bösen, also sehr wohl Gegensätze. Unser ganzes Leben ist aber nur eine Vorbereitung für das Leben, das dann nachher kommt.

In einem Kinostück sehen Sie z.B. einen Diener, einen Offizier und einen König. Der Star in so einem Film ist jedoch der, der seine Rolle am besten spielt, egal, ob es der Diener oder König ist. Wer in seiner Rolle am besten auftritt, bekommt seinen gerechten Applaus bzw. Lohn.

Schauen Sie sich Napoleon an: Er war arm dran und mußte auf der Straße unter der Laterne lernen. Mit seiner guten Persönlichkeit konnte er das erreichen, was er dann schaffte. Es gibt dagegen Leute, die wurden reich geboren und haben anschließend alles verloren.

Gott wäre unfair, wenn der Arme auf der Welt auch arm im Jenseits sein würde. Oder der Mensch, der auf dieser Welt leidet, wäre unfair von Gott behandelt, wenn er auch drüben leiden würde.

Glücklich sein, das sollten wir nicht vergessen, hat nichts mit Geld und Gut zu tun, sondern kommt von innen. Deswegen kann auch der Hausbesitzer leiden und der Hausmeister glücklich sein.

In der heiligen Bibel sagt man, daß jeder seinen Lohn bekommen wird. Doch es basiert darauf, wie er gestrebt hat. Es steht auch, daß Gott jeden nach seiner Arbeit und nach seinen Werten belohnen wird. Wenn also Gott einen bewertet, dann bewertet er einen Menschen total, sozusagen alles inklusive.

Wenn alle Leute Könige wären, wer wäre dann Diener? Wenn alle Leute zu einer Klasse gehören würden, würde nichts klappen.

Gott hat uns zu allererst mit allen guten Ausgangsmöglichkeiten bedacht: durch Adam und Eva. Sie haben sich jedoch selbst ins Unglück gestürzt: Gott war fair mit ihnen. Dann kamen Kain und Abel. Der erste Mord geschah, und so kommt die Unfairneß durch den Menschen in die Welt. Das ist die Erbsünde; aber nicht nur darum geht es.

Auch darum, daß wir heute nicht mehr umsonst schuften. Mit Noah kam die Flut, danach sprachen die Propheten. So existiert seitdem nicht mehr nur die Sünde, sondern jetzt auch eine positive Entwicklung zum Guten.

Nehmen wir aber an, wir akzeptierten im Moment den Gedanken, daß alle Menschen die gleiche Ausgangslage hätten. Da aber alle Menschen einen freien Willen besitzen, wäre in kürzester Zeit der jetzige Zustand wieder erreicht. Sowohl im Geld als auch in der Position. Wenn wir so damit umgehen, kann man dann noch die Frage stellen, ob Gott unfair ist? Ich glaube nicht.

Gott gibt jedem genug, daß er damit glücklich sein kann, was er bekommen hat. Glücklichsein stammt vom Herzen.

Spiritualität und Medien

Alison M. Williams und Barbara Hogg:
Die Teilhard-Anhänger

London: Ich stehe vor einem Haus der Kirche. Neben dem schildernen Fingerzeig auf viele kirchliche Institutionen irgendwo auch ein kleiner Hinweis: The Teilhard Centre.

»Die Konstellation ist mir neu«, denke ich. Schließlich hat die katholische Kirche Teilhard de Chardin seinen Fortschrittsoptimismus vorgehalten, der die Erbsünde und das jüngste Gericht eher ausklammert als philosophisch einschließt. Und darum bekämpfte sie ihr eigenes Mitglied.

Tatsächlich, so erfahre ich später von meinen beiden Gesprächspartnerinnen, bestehen diese Animositäten immer noch. Doch zumindest existiert hier eine räumliche Nähe.

Alison M. Williams, eine charmante und gebildete Frau, ist rein ehrenhalber als *»Managerin«* tätig. *»Wir sind eben nur eine kleine Gruppe«*, bestätigt auch das tätige Mitglied Barbara Hogg. *»Da müssen wir alle persönlich ran.«*

Beide Damen empfangen mich auf einer umglasten Veranda. Typisch englisch nicht nur das Haus, sondern auch das zunächst fast zeremonielle Schweigen bei einer Tasse Tee.

Teilhard de Chardin, dessen Anhänger mir hier später glühend über ihn und seine Ideen erzählen, lebte von 1881 bis 1955. Als Paläontologe, Anthropologe und Philosoph wurde er 1899 Jesuit. Der Franzose führte Forschungsreisen nach China, Afrika und Indien durch und lebte mehrere Jahre in Peking und New York.

Teilhard de Chardins mystische Vision sah eine Entwicklung aller menschlichen Kulturen zu einer gemeinsamen klassenlosen Gesellschaft hin. Diese einzige Weltkultur nannte er »*Punkt Omega*«.

»Wichtig ist«, so insistiert Alison Williams immer wieder, *»daß Omega nicht durch Klassenkampf, sondern durch christliche Liebe entwickelt wird.«*

Die englische Lady streicht nachdenklich über ihr gut sitzendes Haar. *»Als unser wichtigstes menschliches ⟩Kapital⟨ in unserer Gemeinschaft bezeichne ich die Mannigfaltigkeit unserer Mitglieder. Dazu gehört aber auch der Idealismus, der uns über alles auf dieser Welt reflektieren läßt.«*

Toleranz ist ein wichtiger Punkt, Idealismus auch, denke ich. *»Doch wie steht es mit der aktiven Tat?«*, so frage ich. *»Sollte Spiritualität nicht auch umsetzbar sein? Sollten wir anderen Menschen gerade in dieser unruhigen Zeit nicht besonders kraftvoll helfen?«*

In den beiden kleinen Räumen des Centre, vollgestopft mit Büchern, Zeitschriften, Manifesten und Aufrufen, unbearbeiteter und bearbeiteter Korrespondenz wird es still.

Versonnen schauen wir uns in die Augen. Die beiden Damen lächeln. Wissend und weise. Und ganz deutlich mit dem Herzen.

Wir brauchen Denker und Macher, so lautet ihre Botschaft. Wir denken im Sinne Teilhards weiter, so verstehen wir unsere Mission. Wir interpretieren seine Gedanken in bezug auf Politik, Management, Religion, Brüderlichkeit, Nächstenliebe.

Was ich hier erfahre, ist das, was der Hinduist vielleicht Jnana-Yoga, das Yoga der Erkenntnis nennen würde. Gerade der intellektuelle Kopf braucht seine besondere Art von Zugang zur Spiritualität. Durch reine göttliche Verehrung, durch hingebungsvolle Arbeit ist er nicht zu gewinnen oder gar zu befriedigen.

Beide Frauen blicken mich an. Ihre Augen strahlen vor Nächstenliebe. Und so werden mir diese Teilhard de Chardin-Folger in einer besonderen Art in Erinnerung bleiben: Als herzensgute Jünger und Anhänger im Geist.

■ Alison Williams und □ Barbara Hogg

»Ich bin auf meine Art vollständig, aber nicht autark.«

■ Ich glaube, die Teilhard de Chardin-Gesellschaft hat Mitglieder in 20 oder mehr Ländern.

■ *Gemeinschafts-Gründung* ■

Die Gesellschaft wurde im Februar 1966 offiziell gegründet. Die bewegende Kraft war eine Deutsche, die Tochter des deutschen Botschafters in Paris. Sie war von der Bedeutung des Teilhardismus für uns heute überzeugt. Sie hatte sehr viel Energie, einflußreiche Kontakte, und ihr Mann hatte viel Geld. Das traf sich alles gut. Zu der eindrucksvollen Liste unserer Vizepräsidenten – die meisten wurden wohl von ihr in diese Position hineingetrieben und nicht überredet — gehört auch Robert Jungk.

Es gibt auch ein (kleines) deutsches Zentrum in Kempten. Es existieren in Deutschland auch noch andere, die sich für Teilhard interessieren. So ein führender Professor, der als berühmter Akademiker wissenschaftliche Arbeiten über Teilhard herausgibt. Aber der ist zu keiner Zusammenarbeit bereit, weil er wahrscheinlich das Gefühl hat, daß er nur Zeit vergeudet und nichts dabei gewinnt, wenn er sich mit Teilhard-Leuten zusammentut. Das entspricht natürlich nicht dem Denken Teilhard de Chardins.

★

In der offiziellen katholischen Kirche gibt es eine Vielzahl von Meinungen zum Teilhard de Chardin Centre. An der Spitze denkt

■ Teilhard und katholische Kirche ■

man sehr kritisch über ihn. 1961 ließ man eine Warnung vor seinem Denken veröffentlichen, die man nie zurückgenommen hat. Aber es ist »nur« eine Mahnung, keine Verurteilung. Eine Warnung, daß sein Denken theologische Irrtümer enthält.

Das ist die eine Seite. Aber immer mehr Katholiken, vom Bischof bis hinunter zum Laien, erwärmen sich wirklich für Teilhards Auffassung der katholischen Lehre. Vor nicht langer Zeit gab es einen Artikel in einem der katholischen Wochenblätter unseres Landes »The Universe«. Der Verfasser ist der General-Vikar der Westminster Diozöse, und der ist eine ziemlich hochstehende Persönlichkeit. Es war ein Artikel über das Jahrzehnt der Bekehrung und der Berufung sowie letztendlich über den Priestermangel. Er sagte, daß Teilhard sich in der heutigen Kirche zu Hause fühlen würde, in einer Kirche, die ihren Weg ins Jahrzehnt und Jahrtausend der Evangelisation hinein sucht. Auf diese Art drückte er aus, daß er anerkennt, wie sehr Teilhards Apostolat Teil der

Evangelisation ist, also des Versuchs, christliche Weltanschauung in der modernen Welt glaubhaft zu machen.

Der Artikel berief sich mehrmals auf eines der populärsten Bücher Teilhards »*Him of the Universe*«. Dort ist in inspirierender Sprache am Schluß von der Rolle der Kirche die Rede.

Wenn ich einfach sagen könnte, der General-Vikar ist von Teilhard begeistert, so wäre das großartig. Aber es bleibt ja die Tatsache, daß diese Warnung von 1961 noch immer in Kraft ist.

★

Eines der bedeutendsten Konzepte Teilhards ist »*Das Zentrum in Dir*«; diese Metapher des »*Zentral-Seins*« sagt mir viel. Sie be-

■ *»Das Zentrum in Dir«* ■

deutet u.a.: Du bist eine kohärente Persönlichkeit. Du weißt, wer du bist, und du möchtest dich anderen mitteilen, daß andere sich dir mitteilen. Dieses soll auf der Basis der Gleichheit und der persönlichen Beziehung geschehen.

Vermutlich wird es immer etwas geben, das menschliche Kommunikation schwierig macht. Sprachlich aber können wir das z.B. durch Esperanto überwinden.

Was wir mit dem Teilhard-Center erreichen wollen, läßt sich so ausdrücken: Den kosmischen Evolutionsprozeß, von dem wir ein Teil sind, wollen wir studieren und bewußter erleben, um intensiver an seinem Ablauf teilzunehmen.

Im Vergleich zu einigen New Age-Gruppen sind wir insgesamt mehr kopforientiert, obwohl wir natürlich Kopf, Herz und Seele in allem einschließen. Doch wenn wir Teilhard selbst gerecht werden wollen, dürfen wir gerade den Kopf nicht vernachlässigen; d.h. Forschung und Studium, verstehen, wie die Dinge funktionieren. Damit wir die nächste Phase erreichen.

In seinem Denken ist nämlich sehr stark vertreten, daß wir uns in einer Übergangsphase befinden.[1] Die menschliche Gesellschaft steuert auf eine globale Gesellschaft hin. Das ist ein völlig neues Konzept. Die Menschen sind allerdings noch nicht richtig bereit, in globalen Maßstäben zu denken. In den Golf-Krisen sehen wir ja, wie national wir alle denken: Die Araber werden mit ihrem eigenen Volk identifiziert, und die Amerikaner haben wahrscheinlich amerikanische Interessen im Sinn, wenn sie sich einmischen.

Und dennoch arbeitet die UNO nun besser, als sie es lange Zeit getan hat. Siehe hier z.B. den Konsensus der fünf ständigen Mitglieder des UN-Sicherheitsrates, daß es sich bei der Verletzung des Völkerrechts in Kuwait um etwas handelte, daß man nicht dulden durfte. Ich glaube, daß wir innerhalb der Übergangsphase ein Stadium erreicht haben, in dem die Menschen erkennen, daß das Völkerrecht eine gute Sache ist. Wir alle machen uns dafür stark und verteidigen es. Aber wir haben noch nicht den Punkt erreicht, wo die internationale Wachsamkeit stark genug ist, um die Menschen auf der Basis eines Konsensus alle Entscheidungen gemeinschaftlich treffen zu lassen.

---

(1) Vgl. zu diesem Aspekt z.B. auch Sir George Trevellyan auf Seite 208

Aber ich denke, so sollte es sein. Dieses würde mit Teilhards Denken übereinstimmen, mit der Vorstellung, daß Persönlichkeiten mit eigenem Mittelpunkt sich darüber einigen, was getan werden muß.

Was wir in diesen Jahren als ein Auseinanderfallen alter Einheiten erleben, ist im Sinne Teilhards sehr heilsam. Er würde sagen, daß wir von der menschlichen Ebene erst beginnen. Mit der ganzen Evolution haben wir die menschliche Ebene doch gerade erst erreicht.

Wie identifizieren wir uns selbst als Volk? Wir kennen uns als Individuen, wir identifizieren uns mit unseren Familien, mit unseren Freundeskreisen und Interessengruppen. Wichtige Bereiche, in denen sich Menschen wiedererkennen, sind Sprache, Kulturkreis, nationale und regionale Herkunft. Man muß sich in all diesen Bereichen erkennen – und sich dazu bekennen. *»Ja, wir sind Tschechen oder Slowaken oder Serben oder Kroaten etc. Das ist unsere Identität. Doch wir wollen uns – und das ist jetzt wichtig – freiwillig mit Euch zusammentun, weil wir eine gemeinsame Grenze und ein gemeinsames Interesse anerkennen.«*

In der Vergangenheit sind die Menschen ja zusammengezwungen worden. Auf diese Weise sind Reiche entstanden. Was Kultur und Gesetzgebung anbelangt, so hat diese Entstehung von Reichen ja Vorteile erbracht, jedoch von außen aufgezwungen. Teilhard de Chardin lehrt, daß dies auf natürliche Weise nur aus dem Inneren kommen kann.

Die natürliche Entstehung von Dingen geschieht aus dem Inneren. So interpretiere ich das Zentrum, was den Sinn der bewußten Identität betrifft. Dann sagt man aus vollem Bewußtsein: Ich bin auf meine Art vollständig, aber nicht autark! Und meine Gruppe ist nicht ausreichend, und diese wenigen Gruppen wiederum sind nicht ausreichend. Wir gehören irgendwie zusammen, laßt uns zusammentun. Ohne einander zu unterdrücken oder etwas aufzuzwingen. Das ist das menschliche Ideal der Beziehungen.

☐ Der wichtigste Aspekt des »*Centering*« ist, daß diese Dinge mit Liebe getan werden müssen. Sie können mit nichts anderem getan werden, als mit wahrer Liebe zwischen einem Wesen und einem anderen. Das gilt auch für einen selbst. Wenn man sich selbst nicht liebt, kann man nicht ein wirkliches Zentrum in sich haben.

Ich möchte das gerne in Relation zu früheren Phasen der Evolution setzen, als bestimmte Zellen voneinander angezogen wurden und zusammenkamen, um eine höhere Stufe der Evolution zu bilden. Wir befinden uns nun in einem neuen Wirkungskreis, was bedeutet, daß wir wissen, daß wir wissen. Wir müssen nun diese Energie des Zusammenkommens anwenden, indem wir unsere Bewußtseinsstufe benutzen, welche Liebe sein muß, die etwas Höheres ist, als von einem anderen Wesen angezogen zu werden.

Wir müssen lieben, und das ist es, wo wir die spirituelle Energie gebrauchen werden.

★

■ Praktisch geben wir dreimal jährlich einen Bericht heraus. Er ist sicherlich kopflastig im Vergleich zu einigen Periodika aus dem

■ *Praktische Tätigkeiten* ■

New Age-Lager, die mir sehr intuitiv, poetisch, mystisch, spirituell erscheinen. Unser Magazin erfordert Denkarbeit. Wir machen

Workshops über einige Werke Teilhards. Wir organisieren eine Serie von Vorlesungen, bei denen es um die Teilhardschen Aspekte in Biologie, Kosmologie, Psychologie, Spiritualismus, Physik und andere geht.

★

Ich glaube, daß wir den gewöhnlichen Menschen auf unsere Art überhaupt nicht erreichen. Es liegt teilweise daran, daß wir nicht

■ *Kontakt mit dem »Volk«* ■

wissen, wie wir unser Anliegen formulieren müssen. Wir versuchen es unermüdlich, aber es klingt immer wieder kopflastig. Jedesmal, wenn ich eine neue Broschüre oder andere Literatur zusammenstelle, kommt es mir immer noch so vor, als würde der gewöhnliche Mensch, wie immer wir den auch definieren mögen, sagen: *»Was für'n Zeugs«*.

Man kann es aber auch so sehen: Das ist es, was wir sind und wo wir sind. Warten wir darauf, daß die Leute uns *»einholen«*. Aber wir müssen wenigstens sicherstellen, daß wir uns nicht verstecken.

Differenzierte Einheit – um einen Teilhard-Jargonausdruck zu gebrauchen – ist das, wofür wir uns einsetzen, und es ist eine gute Sache. Es ist interessant, anregend, kreativ, wohlverwurzelt. Es kommt aus dem Inneren. Es ist das, was wir eigentlich wollen, nicht etwas, das wir von außen aufzupfropfen versuchen.

★

Wir haben auch nicht grüne Kampagnen oder so etwas bei uns laufen. Wir hatten zwar Veranstaltungen über Ökologie, aber es

■ *Zentralaufgabe : Begegnungen* ■

gibt andere Organisationen, die sich mit dieser Problematik besser befassen. Unsere Funktion bezieht sich mehr auf die menschliche Seite.

Und die Menschen und ihre Beziehungen untereinander sind kompliziert genug. Vielleicht müssen wir uns gerade darauf konzentrieren und nicht auf diese Endzeitstimmung, die zur Zeit sehr populär ist. Sondern auf die menschlichen Beziehungen in dieser komplizierten Welt, also auf Ehen, Freundschaften, Klassen … Ich meine Klassen im pädagogischen Sinne.

Unsere Aufgabe ist es, Menschen zusammenzubringen und ihnen zu helfen, einander kennenzulernen, einander zu vertrauen, Unterschiede zu achten und, ja, zu lernen, einander zu lieben.

Unser Mitglied John Woodcock ist sehr interessiert an industrial self-management. Eines der wichtigsten Teile unseres aktuellen

■ *Centre-to-Centre-Gruppen* ■

Programmes sind auch die von ihm initiierten Centre-to-Centre-Gruppen, die unterschiedliche Leute zusammenbringen, damit sie einander zuhören, um Themen, die ihnen durch den Kopf gehen, miteinander auszutauschen : sei es etwas aus ihrem persönlichen Leben, etwas, das sie gelesen haben, oder ein aktuelles Ereignis.

Centre-to-Centre-Gruppen bringen Chefs, leitende Angestellte, Angestellte, Arbeiter in kleinen Gruppen zusammen, wo sie einander nicht auf der funktionalen, sondern auf der persönlichen Ebene kennenlernen. Das ist die Idee, daß sie sich nicht nur als Glied der Betriebshierarchie, die natürlich vorhanden sein muß, sondern auch als Person kennen.

Jede Gesellschaft – eigentlich fühle ich mich bei dem Begriff Gemeinschaft wohler – hat andere Werte, ganz gewiß eine andere

■ *Gefahren der Demokratie* ■

Geschichte. Der Teilhardsche Blick auf die Welt ist ein nicht-uniformer Blick auf die Welt. Die heutige Kultur scheint sich in Richtung Uniformität zu entwickeln. Die westliche Popkultur scheint mir nicht im Einklang mit Teilhards Vorstellung von wirklich menschlichen Werten. Der kleinste gemeinsame Nenner übernimmt gewissermaßen die Oberhand. Das ist die negative Seite der Demokratie. Er war sich der negativen und der positiven Seiten von Demokratie, Kommunismus oder Faschismus bewußt. Die negative Seite der Demokratie sah er in einem extremen Individualismus, ein Vorherrschen des kleinsten gemeinsamen Nenners, daß nichts kompliziert sein darf und alles unmittelbar attraktiv sein muß. Und wieder verstehe ich Teilhard so, daß er sagt: Entdecke alles darüber, wer du bist, was du in deiner Gemeinschaft bist, und teile es den anderen mit. Das ergibt nämlich ein Demokratieverständnis aus dem Spirit heraus.

★

William Blake – ich liebe seine Gedichte — und Teilhard de Chardin zeigen keine Unverträglichkeit. Sie drücken ihre Visionen

■ *William Blake, Meister Eckhart und Teilhard* ■

unterschiedlich aus, sind aber sehr vereinbar. Es wäre faszinierend gewesen, die beiden zusammen zu haben. Blake hatte ein viel stärker ausgeprägtes Sozialbewußtsein … Ja, er war ein Mystiker, wie zum Beispiel auch Meister Eckhart. Auf dieser Ebene haben sie viel gemeinsam.

Aber auch Eckharts Mystik ist anders ausgedrückt: Teilhards Mystizismus wurde von einem anderen Jesuiten als Mystizismus des Wissens beschrieben. Er war Naturwisschaftler und Mystiker, und das ist der Unterschied zu jemandem, der kein Naturwissenschaftler ist.

Blakes Sorge und Leidenschaft galten sehr dem Volk. Aus Teilhards Werk lassen sich Folgerungen für die Menschen ableiten, aber er artikulierte sich nicht direkt in dieser Hinsicht. Sein Interesse lag in Wissenschaft und Forschung. Er war sehr optimistisch in bezug auf die Technologie. Es sind andere, die, von seinen Prinzipien begeistert, diese auf soziale Fragen anwenden.

Ursula Roberts: Die Botschafterin

Sie löst bei unserer Begegnung eine gewisse Spannung in mir aus. Was ist das für ein Mensch, der von sich behauptet, mehr ein Gefäß, eine Art Klavier zu sein, auf dem ein anderer spielt?

198

Diese ältere Dame wirkt in ihrer Art ausgesprochen britisch auf mich. Und doch auch wieder ganz unkompliziert offen. Wir haben uns in der Lobby der SAGB Spiritualist Association of Great Britain verabredet, ein öffentliches Haus mit Cafeteria und Buch-Shop. So ist es nicht verwunderlich, daß uns zwei Damen zuhören, die nur ein paar Tische weiter sitzen. Sie warten augenscheinlich auf eine geistige Behandlung bei einem spiritual healer – doch sind jetzt von dem Medium Ursula Roberts fasziniert.

Sie wiederum stört das nicht, sondern bindet die weiteren Zuhörer problemlos mit ein.

»Was denken Sie?«, fragt sie mich. Immer wieder will sie mehr hören, als erzählen. Und auf einmal merke ich: Was Ramadan, ihr geistiger Führer durch sie sagt, ist der eine Teil der Botschaft. Doch auch sie selbst, zunächst Suchende, jetzt Vermittelnde, will Brüderlichkeit und Liebe, will Spiritualität und Friede als ihre persönliche, einflußnehmende Message loswerden.

Plötzlich bemerkt sie etwas Persönliches bei ihrem Gesprächspartner. *»Ich spüre bei Ihnen ...«*, tastet sie sich ganz vorsichtig in die Privatsphäre ihres Gegenübers. *»Stimmt das?«*

Erstaunen. So ganz unrecht hat sie nicht; hat ihr Gespür, ihre Feinfühligkeit, ihre Ahnung, ihre Sensibilität es erkannt? Wer wagt jetzt zu sagen, woher diese Aussage gekommen ist? Mag es das diesseitige Jetzt oder das vergangene Jenseits sein – der Hintergrund ist für die zutreffende und betroffen machende Aussage ohne Belang.

Ursula Roberts rückt auf ihrem Sessel hin und her. Sie hat Schwierigkeiten mit den Beinen. Doch die behinderte Frau nähert sich dabei vorsichtig verbal ihrem Gesprächspartner. Der Geistführer

Ramadan ist vergessen. Jetzt entsteht Kommunikation, vielleicht sogar Kommunion direkt zwischen den Beteiligten.

Das Medium mit den streng zurückgekämmten Haaren lächelt und verhindert dadurch Angst-Aufbau. *»Wer etwas über einen anderen Menschen zu unvermittelt 'ahnt' und damit auf einer sehr intimen Basis auch noch recht hat«*, sinniere ich, *»der besitzt eine große Verantwortung, weil er auch Angst verbreiten kann.«*

Doch Ursula Roberts wird ganz handfest. Sie gibt Ratschläge, wie man die eigene Sensibilität fördert. Telepathie kann man sehr leicht üben, vermittelt sie. Auch das, womit Medien handeln und agieren, bedarf der Übung, oft sogar eines langjährigen Trainings.

Für sie ist ihre Tätigkeit nichts Besonderes. Einerseits überbringt sie die Nachrichten von Ramadan, ihrem geistigen Führer. Andererseits besitzt sie so viel eigene Spiritualität mit dem besonderen Herzensanliegen, Menschen zur spirituellen Gemeinschaftlichkeit zu bewegen.

In diesem Sinne sitzt sie vor mir: Als doppelte Botschafterin.

Ursula Roberts

»Ich denke, jeder sollte seinen Körper mindestens einmal verlassen.«

Neugierde ist das Wichtigste im Leben. Man kann nichts lernen, wenn man keine Fragen stellt. Obwohl man nur dadurch eine

■ Neugierde ■

Klärung dessen erreicht, was man selber lernt. Aber wenn Sie nie Fragen aufwerfen oder sich etwas Unbekanntes anhören, werden Sie nie vorwärtskommen. Wissen und Fragen sind eine großartige Reise, eine wundervolle Offenbarung.

★

Mein geistiger Führer, er nennt sich selbst Ramadan, so ein bescheidener Name, kündete, daß eine ungeheuerliche Sache in

■ Aura einer Nation und Energien ■

Deutschland passieren würde, inmitten des deutschen Volkes. Das war bereits, bevor der Fall der Berliner Mauer geschah. Er sagte, es wäre ein Bedürfnis vorhanden, diese Art des unterbewußten Krieges in Deutschland beizulegen. Alte Eindrücke (»Hineinprägungen«) der Aggression, des Schmerzes, der Grausamkeit, des Grolls – alles das ist »aufgedrückt«. Auf dem Lande ist es noch viel schlimmer.

Als ich letztes Jahr ein paar englische Freunde in den Vororten Münchens besuchte, sagten diese Leute mir, sie fänden es sehr befremdend, daß ihre Blumen dort nie so lange lebten wie in England. Es handelte sich dabei um Pflanzen, die sie pflückten oder kauften. Das ist ein kleines Anzeichen dafür, das was wir die Aura eines Landes nennen, ein wenig Veränderung ins Positive braucht.

Tatsächlich kann man, wenn man umherreist, wenn man psychisch empfänglich ist, mitunter die an einem Ort zurückgelassenen Eindrücke spüren, z.B. Leute aus der Vergangenheit auf einem Schlachtfeld.

Stellen Sie sich vor, Sie fahren nach Schottland, wo viele Schlachten zwischen Schotten und Engländern stattfanden. Wenn man empfänglich ist, dann spürt und weiß man, daß an einem Ort etwas Schreckliches vorgefallen ist, bevor man etwas über die Geschichte des Landes erfahren hat. So beginnen wir (Sensitiven) in diesem Land, die Energien, die seit vorchristlichen Zeiten hiergeblieben sind, zu entdecken. Wir sind mit diesen großen stehenden Steinen und Chroniken darüber versehen. Zur Zeit stellen wir viele Nachforschungen über diese Steine an, und wir stellen fest, daß eine wirklich lebendige Energie in ihnen pulsiert. Die ist immer noch dort, und wir glauben, daß sie ihnen durch gewisse Rituale – nicht unbedingt Blutopfer, aber Rituale – vor langer Zeit zugeführt wurde.

★

Ein Medium hat häufig nur eine Fähigkeit. Das hängt aber von der jeweiligen Mittelsperson ab und davon, ob sie einfach nur psy-

■ *Medien-Niveau* ■

chisch empfänglich ist und sich damit zufriedengibt. Oder ob sie fortschreitet und ihr innerstes Selbst genauso wie ihre Kontakte zur Geisterwelt entwickelt. Manche Medien sind einfach bloß *»psychisch«*, ohne wirkliche Medien zu sein. Und manche Mittler sind Trance-Medien, ohne besonders hochgradig *»psychisch«* zu sein; da kennen wir verschiedene Niveaus. Ich versuche persönlich, mich so weit wie möglich auf allen Ebenen zu öffnen.

★

Ich war schon als Kind Invalidin und bin immer noch teilweise gelähmt. Ich wuchs als gewöhnliches Schulmädchen auf. Meine

■ *Medium als Normalität* ■

Familie verstand die Dinge um den Spiritualismus. In diesem Land können Sie Spiritualisten in der dritten und vierten Generation finden.

Dort, wo ich aufwuchs, nahm der Spiritualismus immer mehr zu, so daß es einfach akzeptiert wurde, als ich ein Medium wurde. Sie erkannten es an – und so war ich einfach eines, mein ganzes Leben lang.

Aber ich gab mich nicht damit zufrieden, einfach den Leuten die Botschaften weiterzugeben. Ich wollte und will alles darüber wissen. So traf ich in London – man muß dazu nicht extra nach Indien – drei Yogis. Indische Yogis in London, ohne daß ich mich darum bemühen mußte. Das beweist für mich, daß, wenn jemand bereit ist, der Lehrer schon auftauchen wird. Man bleibt vielleicht nicht lange mit ihm zusammen, aber man bekommt einen weiteren Anstoß, um weiterzumachen.

★

Mein medialer Anfang begann damit, daß ich ein Licht in der Ecke meines Zimmers sah. Als ich es das erste Mal bemerkte, fürchtete

■ *Ramadan* ■

ich mich sehr. Ich war noch jung, 17 oder 18 Jahre. Als ich diesen Vorgang den Mitgliedern meines spirituellen Zirkels erzählte, forderten sie mich auf: *»Sprich es an, wenn es wiederkommt.«* Sie sagten mir, daß höhere Geister sich, wie sie es nannten, herabstimmen müßten. Beim dritten Mal fürchtete ich mich nicht mehr, sprach das Licht an, und es wurde von Mal zu Mal größer und entwickelte sich zu meinem geistigen Führer namens Ramadan.

Ich bin immer ein Trance-Medium gewesen. Es ist noch immer so, daß er mich unterrichtet, wenn ich in Trance bin. Es gibt zwar Zeiten, in denen ich Eingebungen einfach über mentalen Kontakt bekomme. Aber für gewöhnlich nehmen wir das, was er durch mich sagt, auf ein Band auf, lassen es dann drucken und veröffentlichen.

Inzwischen besitze ich eine Menge Informationen über Ramadan. Er erzählt von seinem Leben in Ägypten, wie er z.B. sein Volk in einem Krieg führte und dabei an einer Kopfwunde starb. Er ist zurückgekehrt, um Frieden zu stiften, um dem, was er einst falsch machte, entgegenzuwirken.

Ich fuhr nach Ägypten und fand sein Skelett in einem Mumienraum, die Kopfwunde war noch erkennbar. Die Züge der Mumie glichen sehr den psychischen Bildern von ihm, die ich empfangen hatte.

Aber Präsident Sadat hat diese Mumien fortschaffen lassen. So konnte ich ihn nicht noch einmal betrachten. Es ist etwas unheimlich. Viele Medien erleben jedoch so etwas, und eine derartige Situation bedeutet für uns nichts Außergewöhnliches. Man kann den Zusammenhang zwischen einem geistigen Führer einerseits und (s)einem toten Körper andererseits nicht wissenschaftlich beweisen.

Ramadan und andere sagen, daß Reinkarnation existiert. Aber nicht jeder lebt als eine Reinkarnation. Wenn Sie genug meditieren, können Sie es über sich selbst herausfinden. Ich weiß, daß ich eine Reinkarnation bin; aber das ist nebensächlich.

In dem Feld, in dem wir tätig sind, dem Spiritualismus, da besitzen wir gerne Beweise. Es reicht nicht, wenn ein Medium Ihnen sagt: »*Onkel Franz oder Onkel Willi steht an Deiner Schulter.*« Vielleicht akzeptieren Sie das. Aber wenn Sie klug sind, wollen Sie ein wenig mehr darüber wissen, z.B. wie er aussieht. Oder ob er etwas sagen kann, was das Medium nicht gewußt haben kann. Das ist es, was wir mit »*die Dinge beweisen*« bezeichnen. Nur so ist auch die Reinkarnation beweisbar.

Heute leben viele Menschen, die während des letzten Krieges umgekommen sind. Ramadan spricht allerdings mehr über Grundlegendes. Ich habe noch einen anderen Führer, der über so Sachen wie »*Onkel Willi*« redet.

Wir alle haben Gruppen von geistigen Führern. In dieser Welt hier arbeitet man ja auch in Gruppen. Selbst wenn man im Top-Management ist, ist man mit Leuten umgeben, die einem zuarbeiten. Auf der anderen Seite geht es nicht anders zu. Da meldet sich immer einer, dessen Namen man wissen muß; aber es handelt sich immer um eine Gruppe, die zusammenarbeitet.

Je älter ich werde und je länger ich Medium bin, desto mehr Leute lerne ich in der geistigen Welt kennen. Das ist doch auch klar, schließlich sterben ja ständig Menschen um mich herum. Ich erkenne immer mehr Freunde und Verwandte dort drüben. Die Gruppe vergrößert sich stets. Und sie alle interessieren sich für das, was in der Welt geschieht und was wir machen.

Es dreht sich darum, was man Entwicklung nennt, aber ich glaube, Ausdehnung ist ein viel besseres Wort. Es hilft uns, unser Bewußtsein auszudehnen, anstatt stumpfsinnig das tägliche Einerlei zu durchleben.

★

Ich bin ein Trance-Medium. Doch es gibt dabei zwei verschiedene Zustände. Der eine ist »*in Trance sein*«, den anderen nennen wir

■ *Trance* ■

»*entranced*«. Viele Leute geraten in Trance. Man ist zum Beispiel in Trance, wenn man seinen Körper verläßt. Aber »*entranced*« zu sein bedeutet, daß eine andere Wesenheit Ihren Geist benutzt und Sie Dinge tun läßt.

Um »*entranced*« sein zu können, muß man wirklich Teil einer Gruppe von Leuten sein, deren Energien einem helfen. Es erfordert viel Zeit und Geduld. Schließlich wird dieser Geist Sie zum Sprechen bringen.

Verstehen Sie, es ist sehr schwierig. Ich würde allen, die es probieren wollen, empfehlen, sich zu zweit oder zu dritt zusammenzutun, ein ruhiges Treffen zu organisieren – mit sanfter Musik und stiller Meditation. Lassen Sie sich treiben und warten Sie ab, welche Lenkung Sie erhalten. Wohin Sie gehen, woher Sie kommen – Sie werden es erleben.

★

Angst vor dem Tod habe ich nicht, denn ich bin schon außerhalb meines Körpers gewesen. Wenn man dieses erfährt und man sieht

■ *Tod* ■

dort sein Selbst, sein anderes Selbst, dann kann man sich nie mehr vor dem Sterben fürchten, denn man weiß: Das einzige, was geschieht, ist, daß man wieder »*hinauf*« gezogen wird.

Zunächst habe ich meinen Körper ganz spontan verlassen. Ich lag da, ein wenig müde und war nicht in Trance. Früher geschah es öfter, jetzt im Alter nicht mehr so häufig. Aber ich weiß, daß ich »*im Schlaf*« hinausgehe und die Leute mich sehen. Sie erzählen mir, was ich dann gemacht habe (was ich natürlich auch selber weiß). Wir halten es für eine natürliche Sache. Es gehört zum Medium-Sein einfach dazu. Ich denke, jeder sollte seinen Körper mindestens einmal verlassen. Sonst lernt man nie, daß man mehr als nur der Körper ist.

Neulich sprach ich mit einem Kerl, der bei der Armee im Wüstenkrieg Fallschirmspringer war. Sie hatten herausgefunden, daß sie unterhalb der Feuerlinie eines Panzers gelangen konnten, wenn sie nahe genug herankrochen. Wenn sie dann eine Kugel in das Fahrwerk des Panzers abfeuerten, würden sie in einer Serie von Querschlägern da hindurchprallen. Gesagt, getan. Natürlich öffnete sich sofort der Geschützturm, und eine Menge italienischer Soldaten kam heraus. Dann sprang da noch ein deutscher Offizier hervor, der sie sah und sofort schoß. Derjenige, der mir das berichtete, sagte, daß er im nächsten Moment drei Leichen auf dem Boden liegen sah. Er stand da und betrachtete sie – einer der Körper war der seine.

Einige Minuten später zog es ihn in seinen Körper zurück. Es ging ihm bald besser. Da er außerhalb des Körpers gewesen ist und sich an diese Erfahrung erinnert, weiß er nun, daß er sich niemals vor dem Sterben fürchten wird.

★

Wir haben heute Politiker, die Teil der spiritualistischen Szene gewesen sind. Als das Gesetz das Parlament passierte, das den

■ *Spiritualismus als Religion* ■

Spiritualismus zu einer offiziellen Religion in Großbritannien machte, war das natürlich von gewissen Insider-Personen im Parlament durchgesetzt worden. Aber vor dieser Zeit konnte jeder unter dem sogenannten Hexerei-Gesetz als Hexe verfolgt werden.

Ich selbst nahm noch an einem Essen im Westminster Palast teil, um die Schaffung dieses neuen Gesetzes mitzufeiern.

In unserem Land empfinden wir es als eine ziemlich normale Sache, wenn Politiker Kontakte mit Medien haben. Wir wissen, daß einer der letzten südafrikanischen Premiers an Sitzungen mit einem Medium namens Bertha Harris teilnahm. Die englische Königliche Familie hat ihr eigenes Medium, was aber sehr geheimgehalten wird. Aber wir alle wissen, daß es eins gibt.

Sir George Trevellyan: Der Lebendige

»Wohnt hier Sir George?«

Ich stehe irgendwo in Wales. Die Adresse? Ein Dorf mit höchstens 10 zusammenstehenden Häusern und einer Klosterkirche. Die genaue Anschrift: *»Die Scheune«*.

»*Ich habe keine Ahnung*«, versagt der Straßenarbeiter eine genaue Auskunft. Zehn Minuten später erfahre ich, daß Sir George Trevellyan nur 50 Meter entfernt wohnt.

Hinter dem Kloster in seiner ausgebauten Scheune begegne ich ihm. Ein quicklebendiger Mann, Jahrgang 1906, schlohweißes Haar, von einer Arthrose sichtlich gebeutelt, stürmt auf mich zu: »*Welcome, welcome my friend.*« Ehe ich mich versehe, werde ich heftig umarmt.

»*Der verlorene Sohn könnte zu Hause nicht besser begrüßt werden*«, geht es mir durch den Kopf. Die kleine Scheune besitzt ein Erdgeschoß und einen ersten Stock. Wir gehen über eine kleine Stiege nach oben. Bücher über Bücher, Folianten und Alben prägen das Bild. Das Auge bleibt auf einer Butzenscheibe hängen. Im schrägen Dach ist ein Fenster eingelassen.

»*Das benötige ich nicht für das Licht*«, erklärt Sir George, »*sondern ich wollte einfach die Wolken beobachten. Schön, nicht wahr?*« Seine Augen leuchten.

Seine Stimme ist kräftig, nicht nur, weil er selber schwer hören kann, – und kratzt. Er hätte damit Louis Armstrong in jedem Jazz-Song schlagen können.

Sir George zeigt mir ein Kästchen für Briefe, das er vor dem 2. Weltkrieg als gelernter Schreiner selbst gezimmert hat. Doch berühmt geworden ist er mit seiner Arbeit in der Erwachsenen-Bildung, die sich in ganz England gerade um diejenigen bemühte, die nicht schon privilegiert waren.

»*Als ich dann pensioniert wurde, konnte ich endlich tun, was ich wollte*«, brüllt es aus ihm praktisch heraus. »*Hurra! Wir müssen uns mehr um die Spiritualität kümmern. Und Spiritualität geht gerade Erwachsene an. Das lehre ich heute.«*

Genau dafür bekam er als einer der ersten den *»Alternativen Nobelpreis«.* Die Urkunde hängt etwas verstaubt an der Wand.

»Ein wundervoller Preis. Er fördert wichtige neue Ideen und Initiativen.«

Dann muß ich ihm erzählen, was eigentlich mein Interesse ist. Als er erfährt, daß unser Gespräch vielleicht in einem Buch verarbeitet wird, das den Arbeitstitel *»Call them crazy, I call them wise«* besitzt, lacht er schallend und schlägt sich auf die Schenkel: *»Hurra. Das ist wundervoll. Eine schöne Idee.)Nennt sie verrückt, ich nenn' sie weise(. Wirklich gut.«*

Wir kommen auf Tibet zu sprechen. Er bedauert die menschliche, ökonomische und politische Situation.

Nach Stunden die erste Verabschiedung. Aber man ist nicht bei Sir George, um so einfach zu gehen. *»Ich zeige Ihnen noch etwas Schönes«.* Wir gehen durch den Wind hinüber zum Kloster. *»Da wohnt mein erwachsenes Kind mit seiner Familie. Haben wir die Anlage nicht wieder wunderschön aufgebaut?«* Er strahlt und deutet auf die gepflegten Gebäude und einen wunderschön angelegten parkähnlichen Garten.

»Auf Wiedersehen«, sagt er auf Deutsch und umarmt mich kräftig. *»Ach, ich sollte Ihnen doch noch etwas vom Land zeigen. Es ist einfach zu schön hier.«*

Und schon stürmt er auf seinen kleinen Wagen los. Wie dieser alte Mann rückwärts nur durch Spiegelblick zwischen zwei engen

Hecken fährt, muß er als junger Mann beim Auto-Sport trainiert haben. Ich komme schon vom Hinsehen außer Puste.

Über Hügel geht es auf ein kleines Plateau. Ein wunderschöner Blick hinab in ein Tal und über eine kleine Bergkette erfreuen das Auge und das Herz. *»Hier stimmt es wirklich, das Eins-Sein mit der Natur«.*

Nun verabschieden wir uns.

Denke ich. Aber Sir George will mir plötzlich noch etwas bei sich zu Hause zeigen. Und so machen wir uns zurück auf den Weg in seine Scheune. Wir plaudern weiter.

»Ich werde 100«, kichert er laut. Sir George Trevellyan, der Eiche im Wind von Wales, glaube ich es unbesehen. Er umarmt mich rauh und herzlich, stark wie ein Bär. Für ihn gibt es nur ein Wort, das alles über ihn aussagt: lebendig.

Sir George Trevellyan

»Streichen Sie einfach ein Drittel Ihres Wortschatzes.«

Was geschieht tatsächlich in diesem Augenblick? Was geschieht tatsächlich in **diesem** Augenblick? Was geschieht tatsächlich in

■ *Jetzt: Flut der Liebe* ■

diesem **Augenblick**? Was **geschieht** tatsächlich in diesem Augenblick? Ein ausgezeichnetes Thema. Laßt uns darüber nachsinnen.

Wir haben zur Zeit eine steigende Flut der Liebe, die sich in die Welt ergießt. Diese Konzeption einer Flut, die vieles wegsaugt, fortspült, diese Vorstellung ist etwas, das sich tatsächlich ereignet; für mich das Wichtigste, das zur Zeit passiert.

Die reine göttliche Liebe ergießt sich über den Planeten. Sie kann sich natürlich nur dort zwischen den Menschen ausbreiten, wo diese eine innere Stille erreicht haben – eine Fähigkeit, andere Menschen nicht zu kritisieren und das Leben zu lieben, wo immer sie ihm begegnen.

Dies ist ein Planet der Freiheit. Unser Planet ist ein großartiges göttliches Vorhaben, dessen Ziel es ist, daß die menschliche Rasse, die wir auch auf dem Weg zur 10. Hierarchie nennen können, sich zur Freiheit hin entwickelt, daß sie schließlich zum Mitschöpfer Gottes wird. Die 10. Hierarchie ist unter den neun großen Hierarchien der Engel. Danach kommen die Menschen.

Gott sagt sinngemäß in der Bibel: *»Laßt uns den Menschen schaffen nach unserem Ebenbild.«* Männlich und weiblich schuf er ihn.

Was ist der Mensch in Relation zu den Himmeln? – Das Werk seiner Hände. Was ist der Mensch, daß Du seiner gedenkst, oder der Sohn des Menschen, daß Du für ihn sorgst? Du hast ihn ein wenig unter die Engel erniedrigt, ihn aber gekrönt mit Herrlichkeit und Ehre.[1]

★

---

[1] Vgl. 1 Mose 1:26,27 sowie Heb 2:6-7

Dieser Planet wurde speziell geschaffen für ein außergewöhnliches Experiment; Den Menschen auf den freien Willen und

■ *Der Mensch: Freier Wille* ■

Intelligenz hin zu entwickeln. Daß der Mensch – Mann oder Frau – im Laufe der Zeit aus eigenem Entschluß zu Gott zurückkehrt, um dann am Schöpfungsprozeß teilzunehmen.

Das ist eine großartige Konzeption: Gott ersinnt seine Schöpfung. Eine Ehrfurcht einflößende, phantastische Vorstellung. Aber können wir aus solch einer Perspektive nicht einfach einen Punkt ansteuern, an dem wir sagen: *»Laßt uns ein Risiko eingehen, lassen wir uns die Schöpfung mitschaffen.«*? Laßt uns die 10. Hierarchie auf diesen lieblichen Planeten setzen. Laßt uns sehen, was sie mit ihrer Freiheit anstellen. Geben wir ihnen eine Chance.

Natürlich werden viele das Falsche tun, werden den Versuchungen der dunklen Mächte erliegen. Aber einer nach dem anderen wird innehalten und sehen, daß es etwas viel Aufregenderes als egoistische Wünsche oder Begierden zu befriedigen gibt. Es existiert Aufregenderes als Wut, Furcht, Zweifel oder Leidenschaft.

Es gilt zu entdecken, daß wir innehalten können, um ganz bewußt nicht zu reagieren und uns zu entscheiden, nicht nach unseren Sinneseindrücken und unseren gewohnten Wünschen zu handeln. Handeln wir dagegen lieber gemäß unserem höheren Selbst.

★

Dies ist uns stets sehr nahe und dabei, Situationen herbeizuführen, in denen wir erprobt werden. Es wäre uns jedoch möglich, diese Probe zu bestehen, wenn uns etwas dazu anreizt, in den alten Egoismus zu verfallen, innezuhalten und »*nein*« zu sagen. Und damit etwas viel Aufregenderes zu tun.

Das verlangt zu erkennen, daß ich Teil einer großen göttlichen Einheit bin und daß ich in Freiheit in mein höheres Selbst hinein handeln kann.

Wenn jemand in der Lage ist, so etwas zu tun, so kommt eine neue Art menschlichen Wesens zum Vorschein. Es gehört zwar noch zum Homo sapiens, wird aber vom Bewußtsein gelenkt und geführt, anstatt einfach aus Furcht oder einem Wunsch-Leidenschafts-Verhaltensmuster heraus zu reagieren. Es treten Menschen hervor, die dieses können, die ihre Reaktion bewußt ins höhere Selbst hineinlenken.

Viele haben es versucht. Der Unterschied heute ist, daß wir mit unserer spiritualistischen Weitsicht die Tatsache entdeckt haben, daß wir ein höheres Selbst haben. Sozusagen ein spirituelles Mitglied unseres ganzen Wesens, das uns zusammen mit unserem Engel überstrahlt und uns durch Situationen führt, in denen wir getestet werden. In Krisenzeiten – dieses ist jetzt sehr wichtig –, wenn die Dinge um uns herum auseinanderbröckeln, wenn das Leben sehr schwierig wird, dann können wir sehr sicher sein, daß unser höheres Selbst uns sehr nahe ist. Ihr und mein höheres Selbst sind jetzt genau hier im Raum: Hallo …

Und von einer unsichtbaren Ebene im All her hören sie uns zu. Der amerikanische Wissenschaftler John White betrachtete dies als eine neue Spezie des Menschen und nannte sie mulia homo sapiens nonethicus. Es ist ein Wesen, das männlich-weiblich im Gleichgewicht hält und seine Reaktionen bewußt lenkt.

Wir haben Fakten für das tatsächliche Auftreten einer neuen Art von Menschen. Zuerst begegnen wir immer wieder einem Wesen, das danach strebt, bewußte Kontrolle über sich zu übernehmen und nicht einfach nur nach eingefleischten Verhaltensmustern zu reagieren. – Stellen Sie sich einfach nur einen Tiger vor, so ein wunderbares Tier mit all seinen herrlichen Instinkten. Lassen Sie es in London oder Berlin zur Hauptverkehrszeit frei. Es würde in Panik geraten und wäre total verloren. Seine Instinkte wären einfach nutzlos. Dasselbe wird mit uns passieren.

Wir werden es noch erleben. Ich wahrscheinlich, denn ich habe die Absicht, noch bis Ende des Jahrhunderts zu leben. Ich denke, ich komme 10 Jahre nach meinem Tod dann wieder zurück. Ich kann nicht so lange wegbleiben. Das hat man mir tatsächlich gesagt, daß ich wiedergeboren werde, um weiterhin zu lehren.

Wir werden uns in den nächsten Jahren großen Veränderungen jenseits unserer Vorstellungskraft gegenübersehen. Viele Leute werden – lassen Sie es mich so ausdrücken – ihren Körper verlieren. Das ist die andere wichtige Tatsache, die ich immer wieder erwähne: Sie müssen erkennen, daß derjenige in Ihnen, der sagt »Ich bin«, dasjenige, das durch unsere Augen auf unser Gegenüber blickt, daß dieses ein Tröpfchen Göttlichkeit ist. Gott ist Leben, Leben ist Gott. Was immer Sie unter Leben verstehen: Dieses Wesen in Dir und mir ist Leben. Und es ist Gott. Es ist purer Unsinn zu glauben, es könne sterben. Es kann seinen Körper von sich werfen. Wenn der Körper ertrinkt, bei einer Explosion oder sonstwie ums Leben kommt, so setzt das bloß diese Wesenheit frei. Sie kann dann lebendiger als zuvor ins All zurückströmen.

★

Vor einiger Zeit hielt ich eine Totenrede für einen meiner besten Freunde, der ein begabter Kunsthandwerker war. Ich machte

■ *Der Tod: Ein Weg zum Leben* ■

dieses zum Zentralthema meiner Rede neben seinem Sarg. Ich drückte seiner Frau in der Kirche mein Mitgefühl aus und lobte ihn. Dann sagte ich: *»David, dieser dynamische Schöpfer – er glich wirklich einem Renaissance-Menschen, der sich jedem Handwerk zuwendet und für jede ingeniöse Aufgabe zu haben ist: Er ist nicht in diesem Sarg!«*

Wir sagen immer noch bei Begräbnissen: *»Laßt ihn in Frieden ruhen. Er schläft nun unter der Friedhofserde.«* Es ist lächerlich, sich David, diesen dynamischen, kreativen Menschen auf dem Gipfel seiner Schaffenskraft als zufrieden schlafend vorzustellen. Für Hunderte oder Tausende von Jahren. Es ist einfach absurd. Diese Vorstellungen sind ein Überbleibsel mittelalterlichen Denkens. Dieses Wesen ist uns ein unsterbliches, göttliches Wesen, das den Körper als Gefäß benutzt.

Der Körper kann natürlich sterben, und in dem Sarg befindet sich der Körper, aber nicht Davids Wesen. Dieses Wesen wird durch liebendes Gedenken von außerhalb der Zeit zurückgezogen. David ist da. Er kann nirgendwo anders sein, nun, da 300 Menschen seiner liebend gedenken. David, der wirkliche David ist hier und so spreche ich ihn an: *»Viel Glück, David. Geh' vorwärts. Wir unterstützen Dich. Mach' weiter mit Deiner kreativen Arbeit. Wir segnen Dich, während wir Deinen Körper hier begraben.«*

Das wühlte die Leute auf, und viele kamen hinterher und sagten, so hätten sie das noch nie betrachtet.

Es ist ein tragisches Überleben alten Glaubens, daß wir aus Rücksicht auf Familie und Freunde sagen: »Nun ist es vorbei. *Er schläft nun.*«

Wir wollen mit dieser Tradition brechen, wir brauchen eine neue, eine »*New-Age-Form*« des Begräbnisses, wo ganz andere Dinge vorgehen. Ich bin tatsächlich dabei, mit einigen meiner Freunde mein Begräbnis zu planen. Auf gewisse Art ein großartiges Ereignis.

Als ich in einer kleinen Industriestadt zum ersten Mal ein Begräbnis leitete, war der Pfarrer gestorben. Er war sehr fortschrittlich und lehrte die Reinkarnation und nicht den Tod. Seine Kirche war die einzige der ganzen Diozöse, die stets voll war. Seine letzte Bitte an mich war, an seinem Sarg zu reden, und deshalb war ich also dort. Die ganze Gemeinde war dabei; drei- bis vierhundert Leute füllten die Kirche. Der Bischof und dreißig andere Geistliche waren zugegen.

Die Leute waren nun verwirrt. Sie hatten das Gefühl, daß sie um ihn trauern müßten, aber das war das Gegenteil von dem, was er gelehrt hatte. Als ich die Kanzel bestiegen hatte, forderte ich den Organisten auf, nichts von der »*Näher-zu-Dir-mein-Gott*«-Musik zu spielen, sondern ein prächtiges Händel-Stück. Dann machte ich ihnen klar, daß er nicht in diesem Sarg, sondern tatsächlich bei uns war. Auch damals redete ich ihn spontan an: »*Robert, wir wünschen Dir alles Gute. Wir danken Dir für alles, was Du uns gegeben hast. Geh' uns voraus in das Licht.*«

Als wir aufbrachen, war den Leuten klar, daß ich dasselbe wie er gesagt hatte. Dann trugen wir den Sarg unter dröhnender Händel-

Musik aus der Kirche hinaus auf den Friedhof. Hinterher sagten sie: »*Wir sind den Sarg losgeworden. Wir haben ihn abgeschickt.*« Die Geistlichen fragten sich natürlich verdutzt, wer dieser predigende Kerl denn wohl sei.

Dieser kleine Abstecher ist sehr wichtig: Für den Teil von dir, auf den es ankommt, existiert der Tod nicht. Neunzig Prozent der Nachrichten handeln heute vom Tod. Wir haben dagegen die einzige echte Nachricht, nämlich, daß der Tod gar nicht existiert. Wir sind nicht zu töten. Unser Körper kann umkommen, wir nicht. Das ist die erste wirklich ungeheuerliche Sache.

Was habe ich die ganze Zeit gemacht, in der ich nicht in diesem Körper war? Ich lebe hier doch nur für eine kurze Zeit. Bald werden die Menschen erkennen, dieses hier ist ein Ort der Ausbildung. Für Jahrhunderte. Deswegen gibt es Reinkarnation. Deshalb müssen wir durch alle diese Rangstufen, durch die ganze Geschichte. Wir sind die Geschichte. Wir müssen unser Bewußtsein verändern.

Zu Anfang sagte ich schon, daß in unserem umkämpften und dunklen Planeten die steigende Flut der Liebe hineinströmt. Das ist Christus.

★

Die Quelle Gottes ist in der Tat frühester Geist, kreatives Denken, das die Gedanken Gottes, lange bevor es feste Materie gab, ausge-

 Erst Energie: dann Materie ■

gossen hat. Zuerst ergießt sich das Reich der Ideen, die unsichtbare Dinge sind. Es handelt sich um das große Meer lebendiger Ideen, die wir begreifen müssen und die sich später in der sichtbaren Natur wiederfinden.

Im 1. Kapitel der Genesis heißt es, daß Gott die Pflanzen schuf nach ihrer Art, die Fische nach ihrer Art, die Bäume nach ihrer Art, alle Vögel nach ihrer Art. Und dann erschuf er den Menschen, männlich und weiblich. Danach sagt der Bericht, daß auf der Erde nichts wuchs, weil es noch nicht geregnet hatte. Es folgt eine zweite Schöpfungsgeschichte in den ersten Versen des 2. Kapitels. Und er machte die Pflanzen, die Fische, die Vögel, die Tiere, schließlich Adam. Dann bildete er Eva aus der 5. Rippe. Warum also haben wir zwei Schöpfungsgeschichten?

Das Geheimnis liegt in dem kleinen Ausdruck *»nach ihrer Art«*. Er schuf zunächst das Gruppen-Ego der Pflanzen, die archetypische Idee der Pflanzen, jeder Pflanze. Ebenso schuf er die archetypische Idee der Bäume, bevor etwas sichtbar wurde. So schuf er auch die Idee (!) aller Tiere und des Menschen mit seiner Intelligenz. Doch noch immer war nichts zu sehen. Es steht da: Da waren keine Pflanzen, denn es hatte nicht geregnet. Erst dann kommt das zweite Stadium, in dem dieses Reich archetypischer Formen in sichtbare Formen verlagert wurde. Und wir erhalten diese Welt hier. Der Archetypus, das Gruppen-Ego, war also zuerst da und wird dann in der physikalischen Welt verwirklicht.

Dieses ist in der Tat ein ganz neuer Zugang zur Natur. Wir sind in der ganzen Natur das vernunftbegabte Geschöpf, das die Fähigkeit besitzt, die archetypische Idee in der Pflanze wahrzunehmen. Das ist Goethes *»Urpflanze«*.

Goethe gibt uns hier einen vehementen Hinweis, den ich auch bei Rudolf Steiner fand, der sein Denken so intensivierte, daß er in seinem Bewußtsein den Archetypus wirklich antraf. Die Ur-Idee jeder Spezies.

Es sind also zwei Ideen, mit denen wir hier spielen: erstens die Fähigkeit, die archetypische Idee zu begreifen, und zu denken und zu erkennen, daß wir eine spirituelle Wesenheit sind, die unmöglich sterben kann. Es bedeutet einfach, die körperliche Behausung zu wechseln.

Und zweitens erfreuen wir uns an der wunderbaren Vorstellung, daß die Christus-Kraft in einer Flut der Liebe hereinströmt.

★

Hier begegnen wir der Schwierigkeit, daß die Vorstellung Christi für viele Menschen eng mit Jesus verknüpft ist. Die Christus-

■ *Jesus: nicht Christus* ■

Macht Gottes. Gott ist ein Wesen göttlichen Denkens, kreativen Denkens, des Gefühls und des schöpferischen Willens. Er schafft uns nach seinem Bild, deswegen sind wir ein Wesen des Denkens, des Gefühls und des schöpferischen Willens. Wir besitzen auf diese Art drei Aspekte.

Diese drei Aspekte verkörpern auch die Tiere der Evangelisten: Der Stier, der die Dynamik vertritt. Der Löwe, der mit seiner Mähne und seinem Gebrüll ein großartiges Herz-Tier darstellt. Dann der Adler, der eine Metamorphose des Kopf-Systems des Menschen ist.

Der Adler, der Vogel, der nichts als einen komischen kleinen Stummel mit einem Werkzeug als Bein hat. Die Zellen der Vogelfedern wachsen im Embryo von der Außenseite nach innen. Eine Welt aus Farbe, Licht und Luft schafft diesen Vogel, der der ätherischen Welt angehört. Die Federn sind wie das Blitzen menschlicher Gedanken.

Neben die Tiere der Evangelisten, Stier, Löwe, Adler, kommen noch die Engel.

Vor 2000 Jahren wurde die Christus-Energie dadurch in die Welt gestoßen, daß sie sich mit dem vorbreiteten Gefäß Jesus vereinigte. Jesus also der Mensch – Christus das göttliche Liebes-Prinzip. Wir müssen erneut lernen, die Christus-Macht als das Herz-System Gottes zu sehen. Die Macht der Liebe, die universelle absolute Liebe, die Inkarnation Christi findet nun in jedem von uns statt.

Wenn wir eine Kammer schaffen können, aus der wir Haß, Kritik, Verurteilung, Wut, Furcht und Zweifel und alle negativen Qualitäten verbannen, schaffen wir einen Punkt, in den die Flut der Christus-Energie strömen kann.

Nun noch einmal diese wichtige Sache: Sobald Sie von Christus reden, denken viele gleich an Jesus, und sie mißverstehen unsere Behauptungen als ein Dogma. Wir müssen Christus und Jesus trennen.

Jesus ist das Haupt der Hierarchie, der großen Gruppe erhöhter Wesen, den Meistern, die in Berührung mit der Menschheit stehen. Jesus ist der oberste dieser Meister, die – man nennt es die Veräußerlichung dieser Hierarchie – mehr und mehr dazu tendieren, zu inkarnieren und damit bei uns aufzutauchen, um uns zu retten.

Der Christus ist einfach die Christus-Macht: Es (!) lebt. Es ist die Kraft und das Liebesgefühl, das Herzempfinden Gottes. Gott ist der große Denker, die Quelle der Christus-Macht der Liebe. Was nun geschieht ist, daß diese Christus-Macht reiner Liebe wie eine steigende Flut auf die Erde erst durchsickert, dann strömt.

Wir konzentrieren unsere Aufmerksamkeit natürlicherweise so sehr auf Nachrichten über Unglücke und Katastrophen, daß wir diesen feinen Punkt übersehen: Es ist völlig egal, wenn wir unseren Körper verlieren. Uns geht es viel besser, wenn wir aus ihm heraus sind. Wenn wir umkehren und versuchen, Kontakt mit unserem höheren Ich aufzunehmen anstatt unseren Egoismus zu befriedigen, ist es beinahe sicher, daß unsere Führer (Geistwesen)[1] darauf achten, daß man ziemlich schnell aus dem Körper »*gepflückt*« wird. Man wird keine Schmerzen spüren. Der Tod ist nichts.

Der Prozeß der Liebe hat gerade erst angefangen. Wenn Sie diese Idee annehmen, dann schauen Sie einfach, was sie bedeutet. So lehren und helfen z.B. die Mitglieder des New Age einander. Es ist eine Anerkenntnis, daß Liebe zwischen uns strömt. Auf vielen Ebenen begegnet man dieser Liebe. Und genau das ist das Ereignis, auf das es ankommt.

Das ist äußerst wichtig, denn die Mächte der Finsternis sind jetzt aktiv. Sie denken, sie haben uns. Wär's nicht phantastisch, einen neuen Weltkrieg anzufangen, wär das kein Spaß? Aber sie rechnen nicht mit der Tatsache, daß dieser Planet so kostbar ist, so schön und einen so weitreichenden Zweck hat, daß sie dort oben es nicht zulassen werden, daß er einfach in kleine Stücke zerfetzt wird.

Es kann sein, daß die negativen Kräfte ziemlich drastische Methoden anwenden werden, um uns in ihre Gewalt zu bringen, und viele Seelen werden ihre Körper verlieren müssen.

---

[1] Vgl. dazu u.a. Ursula Roberts, Ivy Davis u.a. in diesem Buch

Ich glaube, daß diejenigen, die aus freien Stücken das Denken der Liebe zurückgewiesen haben, sie werden nicht in der Lage sein, in den Gebieten der Veränderung, der sich ändernden Erde zu bleiben. Diese Seelen werden gesammelt und fortgezogen. Diejenigen, die aus freiem Entschluß die Liebe zurückgewiesen haben, werden nicht fähig sein, die Vibrationen eines Planeten zu ertragen, der mit Christus-Licht überflutet ist. Sie werden auf ein anderes planetarisches Niveau geführt, wo ihre Erziehung fortgesetzt wird. Es ist schade, vielleicht vergeht eine Million Jahre, bevor sie wieder ihre ursprüngliche Position erreichen. Unsere Generation erlebt genau den Moment, wo der große Schritt gemacht werden kann. Nach einer Art des Zusammenpralls taucht dahinter die ganze Macht des Lichts, die Christus-Macht, auf, und eine neue Welt wird errichtet. Die letzten Kapitel der Offenbarung beschreiben dieses.

Wir können das heute bereits auch in den Alltag umsetzen. Jeder kann etwas an seinem bescheidenen Platz in der Welt tun. Lassen

■ *Perfekte Sprache: nur positiv* ■

Sie mich dazu ein wunderbares Konzept dessen ausbreiten, was ich »*die perfekte Sprache*« nenne.

Sie können sich, das ist ganz klar, dafür entscheiden, alle Wörter der Verneinung, der Kritik, des Hasses, der Wut, der Überlegenheit, des Sarkasmus, der Klatschsucht, der Furcht und des Zweifels aus Ihrem Wortschatz zu streichen. Streichen Sie einfach ein Drittel Ihres Wortschatzes. Benutzen Sie nie ein Wort der Abneigung, des Zweifels, der Wut, der Verdächtigung. Sehr gut möglich! Dieses bedeutet nicht, daß Sie innerlich zum Engel geworden sind.

Wenn es einem Spaß macht, herumzumäkeln, so kann man sich umschauen und sagt z.B.: »*Schau mal, die hat ja keine Haselaugen, die hat nicht einmal blaue Augen.*« Wir können immer etwas finden, das sich nach Kritik anhört. »*Schau mal den da an. Ist das nicht ein komischer Kerl?*« Es fällt uns leicht, wenn unser Verstand durch eine Geisteshaltung der Kritik geformt wurde. Durch solche Worte gedeihen negative Gefühle ausgezeichnet. Wenn Sie sich entscheiden, eine Woche lang keines dieser Wörter zu benutzen – paß auf sie auf, laß sie weg! –, werden diese armseligen Dinge in Ihnen, die es lieben, sich von solchen Wörtern zu ernähren, darben und dahinwelken und schließlich sterben. Nach einiger Zeit werden Sie feststellen, daß Sie die Gewohnheit des Kritisierens verloren haben. Sie stiehlt sich einfach davon.

Mit der »*perfekten Sprache*« arbeiten wir darauf hin, eine Person zu werden, die folgendes nicht kann und nicht will: kritisieren, bemäkeln, negieren, untergraben. Jeder von uns hat seine eigene Lebensgeschichte und ist an seinem Punkt angekommen. Ich habe viele Mängel, Sie haben viele Mängel. Diese dort hat irgendwann etwas Böses getan, dasselbe gilt für mich, für uns alle. Wir werden irgendwie damit fertig. Weshalb sollte also irgend jemand an irgend jemandem herummäkeln? Lassen wir die Mäkelei weg. Wir sind alle Teil einer Menschheit.

★

Gandhi sagte einmal sinngemäß: »*Ich schaue in Deine Augen. Fühle Dich nicht verpflichtet, zu lächeln oder es zu bestätigen.*

 Göttlichkeit: Im Auge sichtbar

Schau einfach in das menschliche Auge. Und denke dann daran, daß die Wesenheit in mir das Tröpfchen Gottes ist und auf das Tröpfchen Gottes in Dir schaut.«

Als ich das neulich einmal erzählte, war auch ein sechsjähriges Mädchen dabei, die feierlich und ernst zuhörte. Später sagte sie zu ihrer Mutter: *»Weißt Du, Mama, Sir George sagte ja viel Wahres. Aber in einem irrt er. Ich bin kein kleines Tröpfchen, sondern ein riesengroßer Tropfen Gottes.«*

Sie erlebte die Totalität der Menschheit noch als ein immenses Wesen von der Größe des Universums. Sehen Sie die Tiefgründigkeit dieses Kindes, dieser Wahrheit. Eine wunderbare Sache. Und wir kommen wieder alle dahin zurück, dieses wahrzunehmen.

Erinnern wir uns stets an das Allerwichtigste, vergessen wir nie den Zweck des Planeten: Die menschliche Rasse soll sich nicht nur zu einem *»Bewußtsein ihrer selbst«* hin entwickeln – sie soll sich auch in Freiheit erneut Gott widmen, und sie soll ein Mitschöpfer Gottes und Christi werden. Das wird die neue Epoche sein. Und wenn wir das erreicht haben, wird das unser Ruhm sein, daß wir fähig sind, zusammen mit Christus die Galaxis in der Zukunft zu erforschen.

Natürlich gibt es praktische Fragen, wie z.B.: *»Wie soll ich mich verhalten, wenn man mich angreift?«* Ich glaube aber nicht, daß

■ *Gewalt: »Ja« im Christus-Licht* ■

es nötig ist, sich allzu sehr festzulegen. Wir müssen nur lernen, aus der Christus-Kraft und aus der Liebe heraus zu handeln.

Zuerst müssen wir uns einen Begriff von dieser Macht und dieser Kraft machen. Dann muß jede Reaktion und jede Handlung im Licht dieser Wahrheit erfolgen. Hätten Sie zur Zeit König Arthus' gelebt, wären Sie vielleicht mit Speer und Lanze bewaffnet ausgezogen und bereit gewesen, diese zu benutzen, jedoch im Namen des Lichts.

Ich glaube, mir ist wirklich danach, diese Frage jetzt zu klären, und genau wie Sie und andere kann ich mich da nur tastend heranbewegen, an ein Verstehen dieser Weltanschauung ... und ich bin mir sicher, daß diese steigende Flut der Liebe die Wahrheit ist und daraus die Antwort kommt.

Sie müssen bedenken, daß in einem kritischen Augenblick, z.B. wenn ich angegriffen werde, diese Christus-Wesen (Geistwesen), mein höheres Selbst, meine Freunde außerhalb des Körpers sehr nahe sind. Natürlich befinden sie sich außerhalb von Zeit und Raum (Zeit-Materie-Welt) in einem ätherischen Bereich, den wir nach dem Tod, während des Schlafs oder einer guten Meditation aufsuchen. Und da es dort keine Zeit gibt, ist man augenblicklich an dem Ort, auf den man seine Aufmerksamkeit richtet. Augenblicklich! Und deshalb sind Ihr höheres Selbst oder Ihre geliebten Freunde dort drüben, sofort da, wenn Sie an sie denken. Deshalb – wenn jemand Sie angreift – müssen Sie überzeugt sein, daß Ihr höheres Selbst anwesend ist und müssen in seinem Sinne handeln.

Das höhere Selbst wird niemals etwas forcieren, das darf es nicht. Es muß warten, daß Sie sich in Freiheit entscheiden, was Sie tun wollen. Aber Sie können im Namen Christi oder des Erzengels Michael handeln. Wenn dieses mit sich bringt, daß wir getötet werden, so ist das nicht wichtig. Und wenn es manchmal bedeutet, Gewalt anzuwenden, um seine Familie zu beschützen oder sonstwen, dann müssen wir dieses tun und die Folgen auf uns nehmen.[1]

---

[1] Vgl. die Aussagen zur Gewaltanwendung in der Religion der Gewaltlosigkeit in dem Gespräch mit Karmayogi S.H. Charukeerty Bhattarak Swami auf Seite 93

Aber es muß im Namen und (!) in der Gesinnung Christi und seiner Liebe geschehen.

Fordern Sie in der Meditation Ihr Christus-Licht ein. Auf den ersten Blick erscheint dies fürchterlich arrogant. Aber wenn Sie sich wirklich klarmachen, daß wir aufgerufen sind, dieses zu fordern, dann ... Den Wesen des Lichts ist es verboten, uns zu »übernehmen«. Begreifen Sie dies! Das ist die äußerst wichtige Sache, die Rudolf Steiner so klar dargelegt hat. Sowohl Christus als auch dem Erzengel Michael, der sozusagen sein Hauptkämpfer ist, ist es verboten, uns einfach in Besitz zu nehmen.

Der Mystiker William Blake sagt irgendwo: *»Wenn Sonne und Mond zweifelten, würden sie augenblicklich erlöschen. Und wenn Sie irgendwann zweifeln, wird die Sonne in Ihnen erlöschen.«* Wir haben es mit einer Art Tanz des Schicksals zu tun: Von Augenblick zu Augenblick. Kein Mensch kann heute beantworten, wie er in einem Augenblick des Angriffs reagiert. Das kann er erst, wenn der Augenblick eintritt. Doch heute kann er bereits das Christ-Sein einfordern.

Ich selber bin nicht in dieser Idee, sondern von einem atheistischen Vater in einer agnostischen Familie erzogen worden. Das Innere

■ *Werdegang: Vom Atheisten zum Spiritualisten* ■

einer Kirche interessierte uns nur aus architektonischer Sicht. Als Kinder führten wir eine Art heidnischen Lebens. Ich glaube, wir waren dem großen Gott Pan sehr nahe. Erst als ich 36 Jahre alt war, es war während des Krieges, hörte ich eine Vorlesung von einem der großen Anthroposophen, einem Anhänger Steiners. Ich war in Schottland bei einer landwirtschaftlichen Gruppe gelandet und interessierte mich für das Kompostieren. Es war eine Gruppe, die die Landwirtschaft nach Steiners Ideen betrieb. Meinetwegen ließen sie Dr. Johannes Stein einen Vortrag darüber halten, was Dr. Rudolf Steiner unter Anthroposophie verstand. Das war eine völlig neue Sache für mich. Alle großen Ideen tauchten eine nach der anderen auf: Unsterblichkeit ... Reinkarnation. Jetzt verpuffte der ganze Agnostizismus.

Nach dem Kriege war ich in der Erwachsenenbildung tätig. In dieser Zeit, als jeder wieder Dinge lernen wollte, die in Friedenszeiten nützlich sind, faszinierte mich die Idee, eines unserer großen, schloßähnlichen Landhäuser in ein kulturelles Zentrum für alle umzufunktionieren. Wochenendversammlungen in Landhäusern waren in der ganzen englischen Geschichte hindurch wichtig, aber nur für die höheren Schichten. Warum aber sollte man die großen Häuser nicht für jedermann nutzen? Dieser Traum erfüllte sich.

Nach dem Krieg begann diese Bewegung. 25 oder 30 Häuser wurden zu »Kollegschulen«, und ich bekam das beste davon. Ab 1947 war ich 24 Jahre lang auf diesem völlig neuen Gebiet tätig. Es gab und gibt Wochenendtreffen zu jedem Thema, das man sich vorstellen kann.

Als die Sache einmal richtig lief, waren jedes Jahr 3.000 Menschen da. Es war eine wunderbare Erfahrung, diese Bildungsarbeit. Und zu dieser Zeit begann ich, mit meinen tieferen Interessen für spirituelle Angelegenheiten zu experimentieren. Bald jedoch fand ich auch heraus, daß ich vorsichtig sein mußte, da öffentliche Gelder in dieser Sache steckten.

In der letzten Zeit ließ ich meine anthroposophischen Helden, die noch mit Steiner zusammengekommen waren, Vorlesungen halten. Aber die Leute begannen sich zu fragen, was diese untersetzten Zentraleuropäer mit dem komischen Akzent dort wollten. *»Was reden die für unmögliches Zeug? Wofür bezahlen wir unsere Gebühren?«*

Man hatte mich gemahnt, vorsichtig zu sein. Ich solle keine negativen Reaktionen der Gebührenzahler heraufbeschwören. So mußte ich dieses Verfahren aufgeben und war gezwungen, Steiners Ideen und ideeles Gedankengut in eine englische Form und meine eigenen Worte zu übertragen, damit die Leute nicht das Gefühl hatten, man wolle ihnen etwas unterschieben.

Ich lernte, daß es wichtig ist, den Leuten zu sagen: *»Ich erforsche Ideen und verlange nicht, daß Ihr diese Dinge glaubt. Ich will Euch nichts unterschieben! Ich bin begeistert davon, Ideen zu erkunden, und lade Euch ein, dasselbe zu tun.«*

Als ich mich dann 1971 im Alter von 65 Jahren von dieser Aufgabe zurückzog, standen 1.500 Menschen auf der Warteliste für diese speziellen spirituellen Kurse. Die konnte ich nicht im Stich lassen. So machte ich mich selbst zu einer Bildungseinrichtung, die sich mit der spirituellen Natur des Menschen und des Universums befaßt. Wir nannten sie nach einem Berg in dieser Gegend hier, den Wreekin, und mittlerweile kennt ja jeder innerhalb der spirituellen Bewegung den Wreekin Trust.

Dann habe ich mit einem Freund 10 Jahre lang überall im Land großartige Kurse gehalten. Mittlerweile habe ich an genug Konferenzen teilgenommen, den Trust 20 Jahre lang geführt. Nun bereitet es mir Vergnügen, Bücher zu schreiben, durchs Land zu reisen und Vorträge zu halten. Und immer geht es um das Christus-Licht.

Mike Hutchinson: Der Skeptiker

Es ist immer wichtig, viele Meinungen zu hören und alle Erkenntnisse zu sammeln. Nichts ist für den Geist schlimmer, als sich einseitig zu informieren, zu disputieren und daraufhin eine Anschauung zu bilden. Wer mit einem Christen redet, sollte auch einen Buddhisten hören. Wer mit einem Sozialkritiker plaudert, der sollte auch Unternehmer kennen.

Wer mit Medien gesprochen[1] hat, muß wissen, was gegen deren Methoden und Aussagen einzuwenden ist. Ich habe. Also muß ein Experte her.

Doch wer ist Experte auf diesem Gebiet und nicht gleichzeitig selbst ein Medium? Mike Hutchinson!

Hutchinson ist Boardmember der *»Skeptiker«*, einer internationalen Vereinigung zur kritischen Betrachtung der Parapsychologie. Gleichzeitig ist er englischer Herausgeber einer gleichnamigen Zeitschrift, die auch in Deutschland einen speziellen Ableger ausweist.[2]

Hutchinson macht seinem selbstgestellten Auftrag alle Ehre. Noch nie war ein Gesprächspartner – auch über dieses Buch hinaus – im Vorfeld so skeptisch. *»Wer sind Sie?«*, fragt er. *»Was wollen Sie von mir?«* Er will es halt genau wissen.

In seiner kleinen Londoner Vorort-Wohnung treffen wir uns. Das Zimmer ist klein. Für mehrere Leute ist kein Platz, so daß ich auf

---

(1) Vgl. dazu die Gespräche mit Ivy Davis, Seite 52, Tom Johanson, Seite 66 und Ursula Roberts, Seite 198
(2) *»Skeptiker«*. Parawissenschaften unter der Lupe. Erscheint 4 x jährlich. Zuckshaverdt-Verlag, Kronwinkler Str. 24, 8000 München 60, Tel. 089 / 864 94 90, Fax 089 / 86 49 49 50

dem Boden sitze. Bücher quellen aus den Regalen. Manche doppelt, manche augenscheinlich ungelesen, manche fast zerfleddert. Das typische Zimmer eines Journalisten, der auch Fach-Literatur rezensiert.

Er macht einen jugendlichen und zunächst im Vergleich zu anderen Gesprächspartnern auch leicht traurigen Eindruck. Wir müssen erst miteinander warmwerden.

Zu jedem Phänomen weiß er Skeptisches zu berichten. Das Löffelbiegen und Uri Geller haben es ihm dabei wohl besonders angetan, denn immer wieder kommt er darauf zurück.

Es ist auffallend, wie gut er bei sogenannten materiellen Phänomenen Bescheid weiß. Doch bei Geistigem berichtet er mir von zu vielen typischen Einzelfällen des Betruges – was nichts beweist. Haben nicht auch Wissenschaftler schon immer betrogen?

Sie haben – und er weiß das. Sein britischer Humor flackert immer wieder auf. Enttäuscht bin ich, daß er die medialen Phänomene überhaupt nicht aus eigener Anschauung kennt, sondern nur von Dritten und Vierten. Dabei muß er nur einige U-Bahnstationen fahren, um sie täglich miterleben zu können.

Nichts daran allerdings schmälert seine Gedanken der Skepsis. Er hat recht: Wir müssen vorsichtig sein und dürfen nicht alles glauben. Nur das bringt Wissen, macht weise und führt zu einer Stufe der Weisheit.

Plötzlich zaubert er. Im wahrsten Sinne des Wortes: Kartenkunststückchen. Ich sehe nichts. Ich begreife nichts. Er wiederholt es langsam und erklärt es. Man muß etwas Mathematik der Zufallswahrscheinlichkeit beherrschen und fingerfertig sein.

Mike Hutchinson hält vieles für solche Art von Zauber, faulen Zauber sozusagen. Und doch hat er sich die Größe bewahrt zu sagen: *»Vielleicht ist etwas daran. Ich weiß es nicht. Meine Aufgabe ist nur festzustellen, daß das, was uns als Beweis angeboten wird, keiner ist.«*

Dabei hält er etwas inne. Und lacht. Er scheint das Gefühl bekommen zu haben, daß er es doch etwas skeptischer hätte ausdrücken sollen. Als Skeptiker eben.

Mike Hutchinson

»Ich glaube, es gibt nur wenige 'Paranormale', die bewußt versuchen, den Menschen etwas vorzumachen.«

Als in der Öffentlichkeit in den frühen Siebzigern Uri Geller wirkte, das Bermuda-Dreieck ein Thema war, da las ich alles über

■ *Neugierde als persönlicher Anfang* ■

das Gabelbiegen. Ich sah Geller und kam nicht dahinter, wie er es anstellte. Dabei hatte ich einen Verdacht, daß es sich um Gaukelei handeln könne, und begann, mich nach kritischen Büchern umzusehen, die mir eine andere Perspektive bieten würden. Einige Antworten fand ich dann bei einem amerikanischen Zauberer, andere in dem Buch *»The Magic of Uri Geller«* von James Randi.

1976 begann ich einen Briefwechsel mit diesem Mann. Damals wurde in den USA das *»Komitee für die wissenschaftliche Untersuchung angeblicher paranormaler Erscheinungen«* gegründet, und er sandte mir ein Exemplar der ersten Zeitschrift, die sie herausbrachten. Heute heißt dieses Blatt *»The Sceptic Enquirer«*.

Hier in England war Dr. Christopher Evans sehr kritisch gegenüber dem Paranormalen und schrieb das Buch »*Seers, Psychics & ESP*«. Er entschloß sich, eine englische Gruppe aufzubauen, bei der ich nun als Sekretär fungiere.

Unsere Gruppe ist wie alle auf der Welt vom amerikanischen Komitee unabhängig. Es existieren zur Zeit ca. 50 Gruppen weltweit: Viele in den USA, andere in Deutschland, Belgien, Frankreich, Italien, Norwegen, aber auch in Finnland, Australien, Neuseeland und Mexiko. Alle arbeiten an der Grundidee, die Behauptungen des Paranormalen aus einer skeptischen Perspektive zu sehen, und da wo es nötig ist, an einer alternativen Sichtweise.

★

Beim Metallverbiegen gibt es im Grunde zwei Tricks. Bei dem einen geht es um das Verbiegen eines Löffels oder einer Gabel,

■ *Gabeln biegen* ■

bei dem anderen um Entzweibrechen von Metall. Es existieren auch Fälle, bei denen sich Schlüssel verbiegen. Diese werden nur sehr selten entzweigebrochen, weil sie dem Vorführenden gewöhnlich erst kurz vor der Demonstration überreicht werden – er hat sie also nicht für einen längeren Zeitraum in Händen.

Etwa 1988 sah ich Uri Geller in einer Vorstellung, in der er einen Löffel biegen wollte. Ich sah genau, wie er es tat. Dabei versteckte er den Löffel hinter seiner Hand. Er stand mir genau gegenüber, ich duckte mich und sah unter sie. Dabei konnte ich sehen, daß der Löffel bereits verbogen war.

Es existiert auch ein Video, das genau zeigt, wie Uri Geller es macht, bevor der Löffel gebogen wird. Es gibt keine positiven Beweise für Uri Gellers Behauptungen, aber viele, die dagegen sprechen.

★

Ich selber bin nie bei einer Zusammenkunft mit einem Medium, einem Hellseher gewesen. Ich kenne aber Leute, die es getan haben.

■ Hellsehen & cold reading ■

Ein guter Bekannter von mir hat alle Topmedien getroffen. Ich glaube, daß er anfangs von deren Fähigkeiten fest überzeugt war. Doch jetzt hat er seine Ansicht geändert und meint, sie seien alle nicht »echt« gewesen. Es existieren keinerlei Beweise für die Annahme, daß sie wirklich das Hellsehen beherrschen.

Hellsehen kann im allgemeinen auf einer Eins-zu-eins-Basis etwas mit einschließen, das als kaltes Lesen (»cold reading«) bekannt ist. Es handelt sich um eine psychologische Sache. Die Medien benötigen eine bestimmte psychologische Fähigkeit, die es ihnen ermöglicht, Fremden bestimmte Dinge zu erzählen, die diesen das Gefühl vermitteln, sie wüßten alles über sie.

Es gibt gewisse »Schlüssel-Ausdrücke«, die sie benutzen. Wenn jemand diese »Lesetechnik« beherrscht – und man sagt den Leuten gleichzeitig, daß es sich bei den Aussagen um geistiges Lesen handelt –, dann fangen die Nachrichten-Empfänger plötzlich an, es zu glauben.

Zum Beispiel ein amerikanischer Psychologe: Er führte Zauberkunststücke vor und betrieb Chiromantie. Dabei wandte er – unbewußt – diese Lesetechnik an. Anfänglich glaubte er selber an die Handlesekunst und hielt das, was er tat und sagte, für authentisch. Dann machte ihm jemand den Vorschlag, den Leuten das Gegenteil von dem zu berichten, was er in ihren Händen las. Er erhielt die gleichen Reaktionen. Und schon beim ersten Experiment sagte die betreffende Frau, sie hätte nie eine bessere Handlesung erhalten.

Beim Hellsehen auf Versammlungen kommen verschiedene Dinge ins Spiel. Bei einigen Fällen handelt es sich um einfaches Raten. Weiterhin wissen wir nicht, ob das Medium diese Leute nicht schon einmal früher getroffen hat.

In dem Buch »*Spiritualism – A Critical Survey*« sagt der Autor, daß man auf Spiritualistentreffen immer wieder dieselben Leute trifft, denen dieselben Botschaften zuteil werden.

Wir hatten in England eine Spiritualistin namens Stokes. Sie war eines der bekanntesten Medien hier im Lande und pflegte durch die Gegend zu reisen und in Theatern aufzutreten. Man sagte, daß sie in derartigen Situationen mit immer »*frischen*« Zuschauern unmöglich die eben beschriebene Lesetechnik anwenden könnte. Sie hatte nämlich ihre Position so eingerichtet, daß sie die Leute nicht sehen und darum keine Reaktion aufnehmen konnte.

Aber dann wurde ihr Geheimnis eben doch entdeckt. Eines unserer Sonntagsblätter stellte nämlich Nachforschungen an. Dabei stießen sie auf ein schottisches Ehepaar, das berichtete, daß sie zu einer Vorstellung des Mediums gegangen waren. Dort erhielten sie die Botschaft, daß ihr ziemlich jung gestorbener Sohn anwesend sei. Frau Stokes beschrieb den Jungen und die Ursache seines Todes, und ihre Angaben waren richtig.

Was das Publikum aber nicht wußte, war: Die Geschichte hatte das Medium zwei Wochen vorher mit der Mutter am Telefon besprochen. Dabei hatte sie zu dieser Vorstellung eingeladen. Bei diesem Telefongespräch hatte die Stokes einige Mutmaßungen über den Tod des Kindes angestellt und danebengelegen – und die Mutter hatte sie korrigiert. Deswegen (!) konnte sie während der Vorstellungen präzise Angaben machen.

Ein Forscher namens Ian Wilson ging ebenfalls zu einer Vorstellung von Doris Stokes im Palladium. Während der Pause wandte er sich mit anderen Forschern an diejenigen, die Botschaften erhalten hatten. Ohne Ausnahme hatten sie vorher Kontakt zu Doris Stokes gehabt. Sie wußte, daß sie dort waren. Wir haben also keinen Anlaß zu glauben, dies sei etwas Übernatürliches.

Allerdings denke ich, daß viele der spiritualistischen Medien und auch Rutengänger, sogar Sternendeuter von Grund auf aufrichtig sind. Weil sie etwas tun, was ziemlich gekünstelt ist, arbeiten sie sozusagen auf eigene Faust. Sie sind mit der Zeit davon überzeugt, daß diese Dinge authentisch sind. Etwas später beginnen sie dann, des Effektes willen gewisse Dinge hinzuzufügen.

Sie werden den Leuten dieselben Informationen geben, die sie »*hören*«; und einige von ihnen glauben tatsächlich, daß sie diese Stimme hören, die ihnen diese Informationen gibt, und sie geben sie dann weiter. Aber es geschieht alles des Effektes wegen. Ich weiß das natürlich nicht genau, doch es ist eine Vermutung von mir.

Im Kontakt- und Gedankenlesen weiß ich von einem berühmten kanadischen Zauberer. Der läßt regelmäßig am Ende seiner Vorstellung den Scheck für seine Gage von jemandem aus dem Publikum verstecken. Er geht fort – und das ist jetzt wirklich echt –, er geht fort, und der Scheck wird versteckt. Wenn er den Scheck nicht finden kann, so sagt er, wird er auf seine Gage verzichten.

Für sein Vorhaben muß er Körperkontakt mit demjenigen herstellen, der den Scheck versteckt hat. Gewöhnlich arrangiert er es so, daß er den Arm der Person hält und diese herumführt. Wenn Sie sich in die richtige Richtung bewegen, wird diese wissende Person ganz locker mitgehen. Laufen Sie aber in die falsche Richtung wird dieser Mensch kaum merklich widerstreben.

Es verlangt sehr viel Übung, diesen äußerst schwachen Impuls wahrzunehmen; aber erfahrene Leute können so wirklich versteckte Gegenstände aufspüren.

Das geht sogar, wenn der Kontakt nur über ein Stück Tuch hergestellt wird, z.B. einen Schal. Die Zauberer können das und wissen genau, was sie tun. Es ist nicht paranormal. Dieser Kanadier hat seinen Scheck z.B. nur zweimal verloren.

Bei der spirituellen Heilung, bei jeder Art alternativer Heilmethoden, müssen wir entweder an den Placebo-Effekt oder an die

■ *Geistiges Heilen* ■

Tatsache denken, daß viele Dinge sich einfach ohne irgendeine Behandlung bessern. Wenn ein Kranker sich einem Heiler zuwendet und es ihm anschließend besser geht, heißt das noch lange nicht, daß dieser irgendeinen Einfluß darauf hatte. Der Patient hätte sich auch »*Vom Winde verweht*« oder einen anderen Film anschauen und gesünder werden können. Was aber nicht bedeutet, daß es am Film gelegen hätte. Wenn Sie Nachforschungen anstellen, werden Sie auf Fälle stoßen, bei denen die Leute keine Besserung erfahren haben. Das sind dann die, die in Vergessenheit gerieten.

★

Oder nehmen wir diese Geist-Chirurgie, die besonders auf den Philippinen praktiziert wird. Auch hier kann man nur annehmen,

■ *Geist-Chirurgie* ■

daß es sich um Betrug handelt, und es existiert viel Beweismaterial, das genau dafür spricht.

Der Zauberer Randi hat diese Art der Chirurgie einige Male vorgeführt. Ich habe mindestens drei Videos, auf denen das gezeigt wird. Es gibt genügend Kunstgriffe, um so etwas scheinbar durchzuführen. Doch wissen Sie, was das Ergebnis ist, wenn das Blut oder die herausgenommenen Tumore Tests und Untersuchungen ausgesetzt werden? Es handelt sich um Schweineblut!

Aber diese »*psychischen Chirurgen*« haben eine Antwort darauf. »*Ist das nicht phantastisch*«, sagen sie, »*es gelingt uns nicht nur, diese Tumore zu entfernen, sondern die Götter verwandeln diese auch noch in solche Sachen wie Schweineblut. Wir haben ein weiteres Wunder.*«

★

»*Kaltes Lesen*«, eine Technik, von der wir eben schon einmal sprachen, trifft auch auf die Astrologie zu. Wenn ein Astrologe einer

■ *Astrologie* ■

Person von Angesicht zu Angesicht eine Kostprobe seiner Kunst gibt, kann er deren Reaktionen aufgreifen und seine Aussagen entsprechend variieren. Es sind sogar Fälle bekannt, in denen der Astrologe Angaben, die sein Gegenüber zu einem früheren Zeitpunkt der Vorführung machte, etwas später selbst verwendete, ohne daß das bemerkt wurde. Das zu beobachten ist eine subjektive Testmethode.

Aber Sie wollen ja eine objektive: Also nehmen Sie am besten zehn Horoskope für zehn Menschen. Streichen Sie alle Hinweise auf Sternzeichen, Geschlecht, Alter usw. heraus, und lassen Sie nur die allgemeinen Einzelheiten über Persönlichkeit und Lebenshintergrund zurück.

Geben Sie dann allen zehn diese Horoskope, und lassen Sie die Personen selbst entscheiden, welches das eigene ist. Und wenn an Astrologie etwas Wahres ist, sollten sie dazu in der Lage sein, denn das eigene Horoskop müßte sich von den anderen unterscheiden. Was Sie aber erhalten, sind Zufallsergebnisse.

In der Astrologie kennen wir die Untersuchungen eines französischen Statistikers und Psychologen. Er führte einen großen Test über populäre Astrologie durch. Durch eine Tageszeitungsanzeige bot er kostenlos Horoskope an und bat bei Absendung gleichzeitig darum, ihm doch zu schreiben, ob es gut, sehr gut oder gar ausgezeichnet gewesen sei. Einigen Testpersonen teilte er mit, ihr Horoskop beruhe auf ihrem Sternzeichen. Anderen sagte er, es beruhe zusätzlich auch auf dem Geburtsdatum. Einer dritten Gruppe teilte er mit, er habe zusätzlich noch den Geburtsort berücksichtigt.

Er fand heraus, daß diejenigen, die glaubten, ihr Horoskop beruhe nur auf dem Sternzeichen, es nicht so gut bewerteten wie diejenigen, die auch ihr Geburtsdatum mit berücksichtigt glaubten. Diese wiederum schätzten ihr Horoskop nicht so gut ein wie die, die ihren Geburtsort zusätzlich mit einbezogen meinten.

Doch nun die zwei wichtigen Zusatzinformationen: Alle hatten dasselbe Horoskop erhalten, und zwar eines, das ursprünglich von einem Astrologen für einen der schlimmsten Massenmörder in Frankreich aufgestellt wurde. Das ist ein großartiger Test. Er zeigt, wie leicht Menschen zu beeinflussen sind. Aber es ist meines Erachtens auch Beweismaterial gegen die Astrologie.

Sehen Sie: Der Forscher Hans J. Eysenck führte vor vielen Jahren einen Test durch, bei dem es in der Astrologie um die Introvertiert-extrovertiert-Effekte ging. Jedes zweite Sternzeichen symbolisiert ja die Intro- bzw. die Extrovertiertheit.

Eysenck fand heraus, daß es einen besonderen Effekt gab. Er fragte die Leute, ob sie introvertiert oder extrovertiert seien. Und als er nachprüfte, welches Sternzeichen sie hatten, stellte er Übereinstimmungen fest.

Später führte er jedoch eine andere Studie durch, bei der er sicherstellte, daß die Personen ihr eigenes Sternzeichen nicht kannten. Denn wenn Sie an die Astrologie glauben und Ihr Sternzeichen sagt, Sie seien extrovertiert, dann werden Sie dazu neigen, sich als extrovertiert einzustufen. Als Eysenck den Test wiederholte, erhielt er Ergebnisse, die auf keine Korrelation hindeuteten.

In Indien zeigen sie uns Phänomene, die uns vorgaukeln, daß sich jemand die Zunge abschneidet und wieder ansetzt. Ich sage Ihnen: Das ist einfach Schwindel.

■ *Spieße durch die Zunge* ■

Aber es stimmt, daß es möglich ist, Fleischspieße durch die Wangen oder die Zunge zu stoßen. Ich habe einen Film über einen

Mann, der ein Schwert durch seinen Körper treibt. Auf der einen Seite hinein – auf der anderen heraus. Da ist überhaupt kein Trick bei. Unter der Voraussetzung, daß er nicht die Nieren, die Leber oder ähnliche Organe trifft, ist es möglich, so etwas zu überleben.

★

Feuergehen ist Spaß, und daran ist überhaupt nichts Mysteriöses. Ich habe es selbst dreimal erfolgreich durchgeführt. Das »*Geheimnis*« liegt darin, daß unterschiedliche Materialien Hitze in unterschiedlichem Maße übertragen.

Denken Sie an einen Kuchen, der im Ofen bäckt. Während der Kuchen bäckt, haben er, die Backform und die Luft im Herd alle dieselbe Temperatur. Halten Sie nun Ihre Hand hinein, so ist die Luft sehr heiß. Aber da sie nicht sehr gut leitet, verbrennen Sie sich nicht. Sie können sogar den Kuchen berühren, ohne sich zu verletzen. Aber wenn Sie das Metall anfassen, tun Sie sich weh.

Wenn ich also Holz für ein Feuer benutze … Holz ist kein guter Hitzeleiter. Aber wenn Sie eine Metallstange und einen Holzstock in das Feuer stecken, so wandert die Hitze sehr schnell das Metall hinauf. Die Metallstange können Sie bald nicht mehr mit der Hand herausziehen – den Holzpflock schon. Wenn Sie also in einer vernünftigen Geschwindigkeit über die glühenden Holzkohlen gehen, so ist es zwar heiß – aber nicht heiß genug, Sie zu verbrennen.

★

Bedenken Sie, daß wir nie das Gegenteil der sogenannten paranormalen Phänomene beweisen müssen. Wenn jemand mit einer

Behauptung auftritt, dann muß er beweisen, daß sie wahr ist. Es ist nicht so, daß jemand anderes beweisen muß, daß sie falsch ist. Wie kann man schließlich etwas Negatives beweisen?

So etwas wie Astrologie z.B. hat Gesetze. Auf der ganzen Welt gehen die Astrologen grundsätzlich von den gleichen Regeln aus. Und sie stellen Behauptungen auf, die verifizierbar sein sollten. Es ist nicht die Aufgabe anderer zu beweisen, daß sie falsch sind. Man kann den Beweis nicht erbringen, daß niemand Metall biegen kann. Aber bisher wurde nicht, soweit ich weiß, bewiesen, daß irgend jemand es kann.

Doch selbst wenn bestimmte Effekte vor meinen Augen geschähen, würde ich nicht daran glauben. Ich würde mich immer unmittelbar fragen: *»Was wissen die, was ich nicht weiß?«* Denn ich kann getäuscht werden.

Ich beschäftige mich persönlich aktiv mit der Zauberei. Aber es geschieht, daß ich Leute einen Zaubertrick vorführen sehe und nicht dahinterkomme, wie es gemacht wurde. Das bedeutet aber noch lange nicht, daß ich es für echte Zauberei halte. Oft komme ich viel später dahinter, aber das kann schon einige Zeit dauern. Ich habe, glauben Sie mir, einige wirkliche *»Wunder«* bei Zaubervorstellungen gesehen.

Ich glaube allerdings: Es gibt nur wenige *»Paranormale«*, die ganz bewußt versuchen, den Leuten etwas vorzumachen. Die übersinnlichen Chirurgen tun es, einige der Gabelbieger werden es wohl tun.

Beim Thema Geistheilen z.B. stehe ich auf dem Standpunkt, daß es jedem Menschen gestattet sein muß, das zu tun, was er tun will.

Ich z.B. bin sehr skeptisch – aber meine Ex-Frau war eine Hexe. Sie wollte an die Hexenkunst glauben: an weiße und nicht an schwarze Magie. Das war in Ordnung. Ich unterstützte sie auch bei allem, was sie glauben wollte. Ich kam mit anderen Hexen zusammen und genoß deren Gesellschaft. Sie waren ja auch sehr nett. Ich glaube allerdings nicht, daß sie wirklich eine Art Zauberkraft besaßen.

Ich habe persönlich gewisse Probleme damit, ob spirituelles Heilen und alternative Medizin den Menschen hilft. Ich frage mich, wieweit ich, wenn ich schwerkrank wäre, gehen würde, um Hilfe oder mögliche Heilung zu suchen. Die Antwort darauf kenne ich nicht. Ich habe den Verdacht, daß ich nicht irgendwelchem Unsinn nachlaufen würde. Was mich tatsächlich beunruhigt, ist, wo man eine Grenze zieht oder ziehen sollte.

Ich persönlich glaube, daß die Wahrheit wichtig ist. Tatsachen sind wichtig. Ich halte es für falsch, wenn die Menschen über die Realität gleich welcher Sache irregeführt werden. Die Menschen können sich immer ihren eigenen Reim darauf machen. Das ist alles, was ich meinerseits verlange.

Wenn das Paranormale im Fernsehen oder in der Zeitung diskutiert wird, geschieht das ohne Ausnahme einseitig. Sie bieten uns keine skeptische Perspektive. Das ist jedenfalls das übliche. Alles, was ich von jedem Journalisten oder Autoren verlange, ist, daß sie beide Seiten vorstellen und es den Menschen überlassen, sich ein eigenes Urteil zu bilden.

Ob ich an das Leben nach dem Tod glaube? Es ist eine persönliche Frage, und deswegen werde ich sie Ihnen beantworten: Nein!

Philosophie

Uma Goyal: Die Indische

Wenn es eine Frau gibt, die Indien verkörpern kann, dann ist es Uma Goyal. Ich lerne sie zunächst als kompetente Übersetzerin und Führerin kennen und freunde mich später mit ihr und ihrer näheren und weiteren Familie persönlich an.

Studiert hat Umaji (ji, die Nachsilbe des Respektes hinter dem Namen), studiert hat sie ursprünglich Psychologie und Philosophie – doch das haben einige andere auch, und doch war es sicherlich bei ihr nur vordergründig lebensprägend.

Sie ist im Schmelztiegel des Punjab, in der Stadt des goldenen Tempels, der Stadt der Sikhs, also in Amritsar aufgewachsen. Die hinduistisch-religiöse Mutter beherbergt Wandermönche (Sadhus), Gurus (geistige Lehrer/Führer) sowie Yogis und gründet später eine Stiftung mit einem eigenen Ashram. Uma frühstückt also mit der religiösen Elite ihrer Gegend und saugt so die Toleranz und den Stolz Indiens in sich auf.

Später heiratet die spirituell inspirierte Frau nach Bombay. Eine andere Gegend, eine andere Sprache. *»Doch Bombay-Leute«*, sagt Uma, *»sie sind fleißig und halten die Wirtschaft des Landes aufrecht.«*

Sie, die »nur« fünf indische Sprachen und natürlich Englisch beherrscht, fühlt sich dazugehörig.

Niemals sah ich sie in einem westlichen Kleid oder Kostüm. *»Das ist für Indien alles ungeeignet. Im Punjab tragen wir diese wun-*

derbaren weiten Hosen mit der langen Bluse darüber. Aber«, so lacht sie, *»ich bin ganz eitel und horte auch über 300 Sarrees in meinen Schränken. Manche habe ich von meiner Mutter geerbt. Sie sind zum Teil mit Gold und Silber verwoben und aus Seide. Das ist doch das Schöne bei uns; wir können tatsächlich unsere Kleidung vererben, ohne daß sie unmodern wird. So umhüllen wir uns sehr wohl auch mit 50-100 Jahre alten Sarees sehr gerne.«*

In ihrem Haushalt lebt die über 80jährige Schwiegermutter. Zwei Bedienstete umsorgen den Haushalt. Die beiden Jungen sind aus dem Haus, der ältere in Finanzgeschäften in Bombay, der jüngere studienhalber in London.

Ärgerlich habe ich Uma nicht sehr häufig gesehen, aber immer dann, wenn ihre eigenen Kinder die indische Tradition mißachteten. Nie hat sie verstanden, warum *»der Kleine«* immer davon sprach, in die USA auszuwandern. Nie hat sie es gerne gesehen und zugelassen, daß man in ihrem Haus mit Turnschuhen durch die Wohnung läuft, wo man doch traditionsgemäß die Schuhe auszieht. Ihre Söhne haben das immer und immer wieder hören müssen.

Sie geht durch die indischen religiösen Welten, als wäre sie in allen gleichzeitig zu Hause. Im Sikh-Tempel fällt sie auf den Boden, dem Dalai Lama greift sie voller Verehrung an die Füße und beugt sich tief hinunter, im buddhistischen Tempel höre ich sie ein religiöses Lied singen, bei den Hindus vollzieht sie eine Puja – ein heiliges Ritual.

»Die Essenz aller Religionen heißt Liebe, Brüderlichkeit, Toleranz, Gottesliebe, Nachbarschaftshilfe. Darum kann man sich allen hingeben, ohne seinen inneren Glauben zu verraten.«

Ob die Frauen in Indien unterdrückt werden, frage ich sie. Wie überall auf der Welt, bekomme ich zu hören. Es hat nichts mit

Indien zu tun. Die indische Frau hat in der Familie eine starke Position.

Sie selbst ist das lebende Beispiel. Man spürt, in ihrem Haushalt gibt sie den Ton an. Überhaupt steht sie mitten im Leben : Im Basar handelt sie wie ein Kesselflicker, dem Hotel-Manager geigt sie die Meinung, wenn ein Zimmer nicht ordentlich ist. Dem Taxifahrer sagt sie deutlich Bescheid, wenn er uns übers Ohr hauen will. Der sich uns aufdrängende Tempelführer – bekommt nichts.

Dafür erhält so manches arme Wesen ein paar Rupees. In den Ashrams werden Geldsummen für die soziale Arbeit, für Armenspeisungen und Ausbildungen oder Gesundheitshilfe hinterlassen.

»Wir sind verpflichtet, etwas zu tun und zu helfen. Wenn jedoch jemand eine Leistung erbringen muß, soll er sie ordentlich erbringen. Ich empfinde es unindisch, wenn besonders fremde Reisende immer wieder 'ausgezogen' werden. Wo ist unser nationaler Stolz geblieben ?«

Stolz ist sie. Und gegenüber Gott und den Göttern voller Demut. *»Ist das nicht widersprüchlich ?«* frage ich sie. Mit ihrer Antwort wird sie sich in mein Gedächtnis eingraben. *»Nein«*, sagt sie, *»das ist einfach indisch und weiblich.«*

Uma Goyal

»Mein gesamtes Leben bin ich ein Ganzes.
Gleichgültig, als was man mich ansieht.«

Niemand weiß, wann er entstand. Es gibt nicht »das« Buch des Hinduismus. Es gibt nicht »den« Propheten des Hinduismus. Es gibt kein Dogma des Hinduismus. Der Hinduismus ist keine Religion, sondern eine religiöse Philosophie. Der Hinduismus hat alles so aufgefaßt, wie es ist. »*Alles*« bedeutet: Der Hinduismus ist die toleranteste Religion der Erde. Wir kennen keinen »*einen*« Gott, keinen »*einen*« Propheten. Wir haben unzählige Götter und Göttinnen. Wir haben Götter mit vier Köpfen oder mit zehn, mit Tierköpfen, mit zwanzig oder auch hundert Armen; und andere lustige Dinge, wie Götter, die halb Mensch, halb Vogel sind.

Wie alles angefangen hat, nicht nur mit dem Hinduismus, sondern mit allen Religionen, um das zu ergründen, müssen wir in die Zeit

■ *Anfang aller Religionen* ■

zurückgehen, in der sich aus den Tieren die Menschen entwickelten. Damals hatten die Menschen Angst vor den Wolken, dem Regen und dem Donner. Doch dann erkannten sie, daß mit dem Donner die Wolken kamen, es regnete und die Natur grün wurde. Manchmal wuchs etwas Getreide, das sie dann aufbewahrten. Als im nächsten Jahr der Donner die Wolken und den Regen brachte, säten sie die Körner aus und bekamen neues Getreide. Eines Tages erkannten sie, daß der Regen und die Wolken neues Leben, neues Getreide brachten. Also begannen sie, die Wolken, den Regen, die Sonne, den Mond und die Erde anzubeten. Da sie glaubten, die Erde gäbe das Getreide, wurde auch sie zum Gegenstand der Verehrung, der Gebete. Ohne Götzen, ohne Bildnisse, ohne alles.

Im Grunde genommen sind wir alle, nicht nur die Hindus, Naturanbeter. Die Sonne und das Feuer waren die ersten Hauptgötter.

Der Mond, die Erde und das Wasser sind es noch heute – alle fünf sind Elemente, die uns die Natur gegeben hat. Im Laufe der Zeit begannen wir, auch die Bäume, die Schlangen, überhaupt alles, was uns über den Weg lief, zu verehren.

★

Mit den Ariern fing hier die Geschichte an. Wir sprechen von drei Rassen auf der Welt: den Ariern, den Mongolen und den Schwar-

■ *Entstehung der Veden* ■

zen. Wir gehören der arischen Rasse an und kamen ursprünglich aus Zentralasien. Jene Arier, die nach Indien kamen, wurden **die** Inder. Sie fanden in Indien Menschen vor, die die Natur verehrten. Die Arier waren Nomaden und äußerst intelligent. Sie glaubten, daß sie nur überleben konnten, indem sie sich den Ureinwohnern anglichen. Als sie wegen der Weidegebiete und der weiten Felder auf diese Seite des Himalaya kamen, begannen sie, die Leute aus den nördlichen Teilen in den Süden zu vertreiben. Bedingt durch die Kämpfe breiteten sich die alten Religionen nach Süden aus. Deshalb findet man auch heute noch Spuren sowohl der Nomaden als auch der hohen Kultur der Ureinwohner.

Vor diesem Hintergrund freundeten sich die Arier mit den sehr bäuerlichen Gottheiten der indischen Ureinwohner an, denn sie hatten die Muttergöttin, sie hatten Shiva, der damals Rudra hieß, und Usha verehrt.

Als die Arier sich mit den Ureinwohnern vermischten, entstand eine Philosophie, die wir heute Veden nennen. Das waren die ersten Bücher in Sanskrit. Sie heißen heute *»Die Bücher«.* Die Veden waren nicht niedergeschrieben. Sie wurden über Generationen mündlich überliefert. Wir unterscheiden Shruti, die auf göttlicher Offenbarung beruhen, und Smriti, die auf Tradition basieren. In den Veden war alles enthalten: Von der Medizin über Musik und Philosophie bis zu den Ritualen. Der erste Teil der Veden sind die Upanishaden, jene Abhandlungen, die nicht niedergeschrieben waren und deren Verfasser wir nicht kennen. Genauso wenig wissen wir, wer den heiligen Laut OM erdacht hat.

★

Hieraus entstand die hinduistische Philosophie. Doch dieses alles war viel zu kompliziert für die einfachen Leute. Sie verstanden es

■ *Entwicklung der Hauptkasten* ■

nicht. Die Abhandlungen sind in Sanskrit geschrieben und haben Themen wie *»Du sollst nicht lügen«*, *»Du sollst nicht stehlen«* und *»alles ist innerlich«*. Aus diesem geistigen Nichtverständnis resultiert das Kastensystem. Was im Westen das Klassensystem ist, ist in Indien das Kastensystem.

Die Nomadenstämme, die dauernd Krieg führten, erkannten irgendwann, daß sie, wenn sie im Winter alle Kühe, Büffel, Schafe und Ziegen schlachteten, im folgenden Sommer nichts zu essen hatten. Sie fanden heraus, daß sie die Kühe behalten mußten, da diese ihre Welt darstellten, indem sie Felle, Milch und Brennstoff lieferten. So kam es, daß Kühe heilig wurden.

Allmählich fand man auch heraus, wie man diese Zusammenhänge dem einfachen Volk predigen konnte, indem diese große Philosophie in die Hände einiger weniger hochintellektueller Menschen gelegt wurde, in die Hände der Brahmanen. Sie waren es, die die Veden und Upanischaden lehrten und weitergaben. Während die

Kshatriyas Kriege führten und so eine weitere Kaste bildeten, schrieb die Kaste der Brahmanen die Veden und Upanischaden auf, woraus sich die Religion des Volkes entwickelte.

★

Selbst für uns heute ist es einfacher, über etwas zu reden, wenn wir ein Bild davon haben. Was wir sehen, verstehen wir besser. Folg-

■ *Hinduismus: Ein Gott* ■

lich waren Bildnisse notwendig. Doch was für welche? Heute wird der Hinduismus von außen oft als Religion der vielen Götter und damit Götzenanbeter mißverstanden. Die Götter, die wir wählten, die Tempel, die wir bauten, dienten dem Ziel, irgendwo zu sitzen und über sie nachzudenken. Wir müssen mit dem Sichtbaren anfangen und dann zum Unsichtbaren übergehen.

Das Unsichtbare ist die Erfahrung eines jeden Menschen. Dieses kann man als Gott bezeichnen. Aus den ungezählten Göttern wurden drei Hauptgötter ausgewählt: Brahma, der Schöpfer. Vishnu, der Bewahrer. Shiva, der Zerstörer. Genau wie die Dreifaltigkeit des Christentums. Aber: Wir glauben an die Einheit Gottes. Wir sehen alle Götter als einen einzigen Gott an.

Wir haben Gott nur deshalb geteilt, um ihn besser verstehen zu können. Wir haben Statuen, wo auf einer Büste drei Köpfe sitzen – einer ist der Schöpfer, einer der Bewahrer, einer der Zerstörer. Sie wollen dem einfachen Volk symbolisieren, daß Gott eins ist, aber immer anders aussieht, da er ja auch so unterschiedliche Aufgaben hat.

Nehmen Sie z.B. mich. Für manche bin ich eine Freundin. Für andere bin ich Dozentin. Zuhause, bei meinen Kindern, bin ich die Mutter. Nicht Freundin und nicht Dozentin. Ich bin auch eine Ehefrau. Doch mein gesamtes Leben bin ich ein Ganzes, gleichgültig, als was man mich ansieht. Mit den Göttern ist das ähnlich. Jeder kann frei wählen. Der Hinduismus ist eine sehr tolerante Religion. Man kann anbeten, was einem in den Sinn kommt. Alles dient nur dem Ziel, den einen Gott zu finden.

Ahmad Abdel-Wahab Ali: Der Jetzt-Zeitige

»Ich mag kein Militär«, überlege ich. *»Und genau darum mußt Du mit einem reden«*, gibt eine andere Stimme in mir Antwort, *»und ist das nicht etwa ein interessanter Mann?«*

Interessant ist das ganze Gespräch. Ich bin in einem Kairoer Hochhaus mit Eigentumswohnungen für ehemalige Militär- und Staatsangehörige. Zum Haus gehört augenscheinlich ein Swimming-Pool und ein militärischer (?) Wachdienst, der mir den Fahrstuhl weist.

Ein drahtiger Mann vielleicht Ende der Fünfziger, höchstens Anfang der Sechziger öffnet mir. Die Wohnung ist nicht luxuriös, aber gediegen ausgestattet. Die Hausfrau hat schmackhafte Häppchen zurechtgemacht, an denen ich während unseres ganzen Gespräches nicht vorbeikommen kann. Sie sind einfach zu lecker.

Das also nun ist er: 3-Sterne-General a.D., UN-Experte, vergleichender Religionsforscher, Buchautor mit Übersetzungen in England und Frankreich. Souverän beherrscht er mit seiner Stimme gleich die Szenerie. Galant, höflich, freundlich und doch bestimmt versucht er sofort die Gesprächsinhalte festzulegen.

Irgendwie glaubt er, ich wolle mit ihm über den Tod reden. Wollte ich auch. Doch jetzt ist mir die Meinung meines Gesprächspartners, der den Tod als Teil seines Berufes einkalkulieren mußte, über das Leben aus islamischer Sicht viel wichtiger.

Ein bißchen, so habe ich das Gefühl, schmollt er deswegen mit mir. Wahrscheinlich hat er sich zum Thema Tod gut vorbereitet. Doch dann, bei gutem Kaffee, ist er nicht mehr zu bremsen.

Er holt die Bibel, den Koran. Er will mir jede seiner Aussagen durch Literaturstellen beweisen. Er ärgert sich sichtlich über Beispiele von Intoleranz. Er zeigt betroffen Zeitungsbilder des Tages über Hunger und Tod. Er steht mitten im Leben – und ist immer aktiv.

Seine Aussagen kommen schnell und präzise. Manchmal wäre es mir lieber, er würde etwas mehr nachdenken. Doch es bricht einfach aus ihm heraus.

Subtile Scherze will er nicht verstehen. Auf intellektuelle Spielereien des Wortes geht er gar nicht erst ein. *»Jetzt müssen wir die Probleme lösen«* ist immer wieder seine Botschaft. *»Jetzt und ohne Wenn und Aber.«*

Er leitet alles zentral aus seiner Religion ab. Und ist dabei vom gemeinsamen Urgrund aller Abrahams-Religionen, Judentum, Christentum und Islam, fest überzeugt. Er kennt die Schwächen der Menschheit und versucht Verständnis zu gewinnen, so wie er Verständnis für andere durchscheinen läßt, wenn die Unzulänglichkeit nicht auf Intoleranz beruht. Da kann er intolerant werden.

»Ich bin für alles, was Fortschritt bringt; für jede Partei, für jede Bewegung. Programme und Ideologien sind mir völlig egal. Wir müssen jetzt den Menschen helfen, sonst ist es bald zu spät.«

Er begeistert mich. Weil mir tief in der Nacht, nach Stunden des Dialogs, klar wird, daß uns in der Analyse etwas grundsätzlich unterscheidet. Er, der religionsorientierte Militär, der gelernte Architekt und Kommunikationsfachmann, der UN-Experte und Autor, er ist hundertprozentig kompromißlos jetzt-zeitig.

Ahmad Abdel-Wahab Ali

»Wenn einer satt schläft, während sein Nachbar Hunger hat, dann ist er kein Muslim mehr.«

Ich bin dagegen, daß wir die Bezeichnungen kleiner Gruppen, wie z.B. »*Fundamentalisten*«, in die Gespräche über die Religionen

■ *Dialog ohne »Vorbegriffe«* ■

immer wieder einbringen. Wir verstehen unter Fundamentalisten etwas ganz anderes als die christlichen Menschen im Westen.

Und das führt uns zu einem Mißverständnis, durch das uns dann die Intellektuellen auseinanderreden. Wir sollten unsere Maßeinheiten in Gesprächen zunächst ausloten, bevor wir uns gegenseitig Begriffe an den Kopf werfen: Man muß eine Maßeinheit finden, die für alle gültig ist. Man muß sich zunächst einigen, ob man die Welt in Kilo- oder Millimetern messen will.

Darum interessiert mich auch keine Analyse von Karl Marx oder sonst wem über die Klassen oder die Religionen. Meine Erfahrung lehrt, daß man ein Problem dann am besten löst, wenn man von vornherein unvoreingenommen die Fragen stellt, ohne zunächst an andere Analytiker zu denken.

★

Formulieren wir das Problem wie folgt: Es existieren Religionen auf der Welt. Dabei entdecken wir Konflikte selbst unter den

■ *Religion als Notwendigkeit* ■

Menschen einer Religion, finden sie aber auch zwischen den Anhängern unterschiedlicher Religionen.

Manche glauben nun, wir müßten die Religionen überwinden, sozusagen auflösen. Das jedoch ist m.E. ein voreiliger Blick, mit dem man auch auf keinen Fall die gesamte Welt erfassen kann.

Religion ist ein Instinkt, der mit dem Menschen geboren wird. Religion bedeutet in ihrer primitivsten Art, daß der Mensch das Gefühl hat, er brauche eine andere Kraft. Diese Kraft fühlt er, sieht sie aber nicht. Und deswegen stellen wir fest, daß z.B. die Primitiven in Afrika das Gefühl haben, der Wind sei diese Kraft und Macht. Der in Afrika so bekannte *»alte Mann«* ist auch so eine Kraft, zu der man hingeht, wenn man krank ist.

Die pharaonische Geschichte basiert z.B. auf Religion und auf der Idee von einem Jenseits und Nachleben. Und nur deswegen stehen die Pyramiden da, als deutliches Beispiel für die bedeutende Kraft der Religion. Andere wiederum haben angefangen, Tiere und alles andere zu vergöttern. Doch darauf kommt es nicht an, sondern auf das Gefühl, daß man so etwas benötigt. Und bei allem existiert die Idee von Religion.

Ich habe die intensive Furcht, daß der Westen das, was er mit dem Marxismus getan hat, daß der Westen dieses mit den Religionen auch versucht. Doch das werden sie nicht zuwege bringen, obwohl der Stolz, es mit dem Marxismus geschafft zu haben, die Menschen zu dem Versuch verführen könnte. Sehr wichtig ist, daß wir uns alle einig sind oder es werden, daß man die Religionen nicht zerbrechen soll und darf.

Ich halte es für eine wunderbare Frage und eine, die man immer wieder stellen muß, darüber nachzudenken, was die Religionen tun können, um den Weltfrieden zu sichern. Wir müssen dazu auch sehen, daß nicht die Religionen die Kriege führen, sondern die Menschen. Das sind die Menschen, die alles verdorben haben: Im Westen, Osten und überall.

Und wenn wir wollen, daß wir uns annähern und in Frieden leben, und wenn wir praktisch sein wollen und nicht Utopien hinterherlaufen, dann müssen wir akzeptieren, was wir jetzt haben und jetzt ist, und das dann verbessern. Vor dieser Realität ist das Leben Unterschiedlichkeit. In einem einzigen Haus leben viele Kinder. Da existieren immer Konflikte. Das müssen wir akzeptieren.

Lassen Sie uns darum zunächst die Probleme einmal aus strategischer Sicht betrachten.

■ *Islam & Christentum – Religionen der Liebe* ■

Ist also trotz der Unterschiede Frieden möglich oder nicht, wobei die religiösen Differenzen bestehen bleiben?

Die größte Gruppe von Gläubigen vertreten im Moment die Christen und die Muslims. Sie vertreten ungefähr 40 Prozent der Weltpopulation. Beide haben eine exzellente geographische Posi-

Tom Johanson
(General Manager a.D. der
Spiritual Association
of Great Britain, Spiritual Healer)

Ivy Davis
(Geistheilerin)

Prof. »Master« Liu Hsiu-ch'i
(Professor für ganzheitliche chinesische Medizin)

257

Mutter Teresa
(Gründerin und Leiterin der Missionaries of Charity in Kalkutta, Friedensnobel-Preisträgerin)

Concordegede Ngura (Priester-Schamane auf Bali)

Acharya Swami Kootasthanand
(Hoher Hinduistischer Priester)

D. Rewatha Thero
(Hoher Priester und
Führer des Hinayana-
Buddhismus)

Sheikh Mahdi Abdel Hamid
(Hoher islamischer
Religionsführer in Kairo)

Seine Heiligkeit Sri Charukeerty Bhattarak Swami (Führer der Jainas, der Religion der Gewaltlosigkeit)

Lama Thubten Renshen im Gespräch mit Tom Johanson

Lama
Thubten Renshen

Seine Heiligkeit
Papst Shenouda III.
(Führer der
christlich-orthodoxen
Kopten)

Brahmachari
Vishuf Chaitanya
(Hoher Hinduistischer
Priester)

263

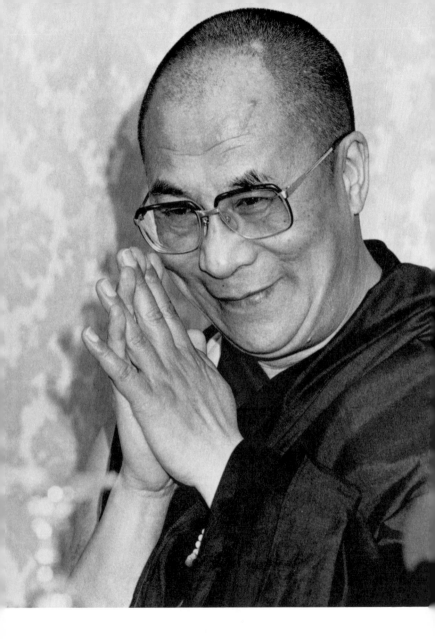

Seine Heiligkeit der Dalai Lama
(Führer des tibetanischen Mahayana-Buddhismus, Friedensnobel-Preisträger)

Uma Goyal
(Philosophin)

Sir George Trevellyan
(Spiritueller Lehrer,
Alternativer Nobelpreis-Träger)

Mike Hutchinson
(Leitungsmitglied / Zeitschriften-
verleger der »Skeptiker«
— eine Bewegung zur
logischen Betrachtung
paranormaler Phänomene)

Ursula Roberts
(Medium mit dem
Geistwesen Ramadan)

Alison Williams
(Leiterin der Teilhard de Chardin-Organisation)

tion in der Welt. Beide Zivilisationen sind mehrere hundert Jahre alt und verschmelzen – wenn wir nicht die Extreme beachten – immer mehr. Und um praktisch zu sein, müssen wir uns schon deswegen bemühen, gute Beziehungen zwischen den Christen und den Muslims zu schaffen. Und dann werden wir gefragt: Ist dem Muslim, der mit seiner Religion zufrieden ist und daran festhält, ist es ihm von seiner Religion aus erlaubt zu beharren oder nicht? Ich sage: Ja! Ich habe den Islam und das Christentum studiert und habe gefunden, daß Liebe eine der wichtigsten Aufforderungen beider Religionen ist.

Und im Koran vermittelt uns Gott, daß es den Muslims nicht verboten ist, mit anderen Freundschaft zu schließen, die uns nicht

■ *Freundschaft möglich* ■

bekämpfen, die uns nicht aus unseren Häusern vertreiben. *»Laß diese Menschen aber nicht einfach in Ruhe, sondern gib ihnen davon ab, was Du hast,«* so heißt es sinngemäß. Dieses wurde bereits zu Zeiten des Kalifen Omar praktiziert und ist keine neue Erkenntnis.

Im Koran finden wir eine Sure, die uns ein Almosensystem bescherte. Die Christen und auch andere haben bereits zu Zeiten dieses Kalifen Omar ihren Teil der Almosen bekommen, weil wir miteinander gute Beziehungen hatten. Und selbstverständlich müssen wir Muslims dem Christen und dem Juden helfen, wenn er Hilfe benötigt. Dabei behält er trotzdem seine Religion.

Der Islam hat offen gesagt: Selbst wenn Krieg herrscht, läßt man die Christen mit ihren Kreuzen und allen Dingen, woran sie glauben, in Ruhe. Es wird nur mit dem gekämpft, der selber eine Waffe trägt. Die Zivilbevölkerung, die Kinder sind für uns tabu.

Daher machen wir folgendes Prinzip fest: Ob jemand hier wohnt oder woanders; jeder soll seine Religion behalten und in Frieden mit den Mitmenschen leben.

In alten Zeiten hat der Sohn eines hohen Fürsten namens Wali den Sohn eines armen Mannes geschlagen. Der Vater von dem Armen ist zum Kalifen Omar gegangen und hat sich beschwert. Omar ließ sich alle vorführen. Der Arme war ein christlicher Kopte und kein Muslim. Omar verkündete nun folgenden weisen Richterspruch. Zunächst durfte der kleine Kopte dem kleinen Muslim eine Ohrfeige zurückgeben. Außerdem konnte der Junge auch dem alten Wali auf den Kopf schlagen, da der Kleine die Prügelei nur deswegen gewagt hatte, weil er wußte, daß sein Vater ihn schützen würde.

Die Geschichte verdeutlicht uns auch, daß Christus nichts mit den Kreuzzügen zu tun hat. Das Christentum hat eigentlich auch nichts damit zu schaffen, was zwischen Katholiken und Protestanten, was mit den Hugenotten geschieht oder geschah.

Praktisch geht es immer darum: Wir müssen versuchen, Brücken zu bauen. Wir müssen die Zweiseitigkeit und die dahinterstehenden Begriffe konsolidieren.

Selbst die Intellektuellen kennen die Gemeinsamkeiten und gemeinsamen Wurzeln nicht, da sie nicht genug lesen und nichts wissen.

★

In Frankreich war 1990 die Hölle los, weil zwei muslimische Frauen sich und ihre Kinder verschleiert hatten. Wo bleiben da

 Menschenrechte verwirklichen

die einfachen Menschenrechte? Selbst im Neuen Testament steht geschrieben, daß eine Frau sich bedecken sollte.

Oder nehmen wir das Problem mit dem Schweinefleisch, das ein Muslim in Europa immer wieder zu hören bekommt. Die Bibel spricht darüber und sagt, daß die Menschen, die Schwein essen, im Jenseits kein Paradies erleben werden.[1]

In der Gerechtigkeit finden wir zwei Begriffe, die wir beachten müssen: Frieden und Freiheit. Der Islam hat mehr als einmal bestätigt, daß man in der Religion keine Gewalt anwenden soll.

Ich verlange, daß der Christ sein Buch liest und erst einmal praktiziert, was darin steht. Ist das eigentlich zu viel verlangt? Was wir dazu benötigen, ist gegenseitige Toleranz zwischen den, aber auch innerhalb der Religionen.

Innerhalb einer Religion haben die Priester Konzepte oft unterschiedlich verstanden und ausgelegt. Auch im Islam gibt es Kom-

■ *Religion & Kirche unterscheiden* ■

mentare von einigen Muslims, die unüblich sind. So heißt es manchmal, daß man seine Gebete verkürzen darf, wenn man 40 Tage und länger verreist, andere sprechen von 3 Tagen. In den Augen des Islams sind das jedoch Teilaspekte. Im Endeffekt muß man so handeln, wie einem das persönliche Gewissen gebietet.

Unser Prophet hat gesagt: *»Frag' Dein Herz, selbst dann, wenn andere Dir etwas befehlen.«*

---

(1) Jesaja 66:17

★

Im Islam kennen wir folgende Regel: Das erste, das man schützen soll, ist das biologische Leben im Menschen.

■ Im Mittelpunkt der Mensch ■

Wenn sich z.B. jemand in der Wüste befindet, darf er essen, was es gibt: Egal, ob es tot oder erschlagen ist. Alles, was sonst verboten ist, zerbricht in dem Moment.

Selbst wenn ein Mensch unter einem Schwert liegt, um sich gezwungenermaßen vom Glauben loszusagen, so darf er unter Druck sofort seinem Glauben abschwören. Es kommt nur auf sein Herz an.

Der Islam kümmert sich um das Leben, auch um das Leben von Tieren. Unser Prophet hat uns erzählt, daß eine Frau zur Hölle gesandt worden war, weil sie eine Katze eingesperrt hatte, ohne sie zu füttern.

Der Kalif Omar hatte immer Angst davor, daß im Irak ein Esel stolpert und Gott ihn fragt: »*Warum ist der Esel gestolpert? Warum hast Du den Weg nicht pflastern lassen?*« Der Islam schützt also das Leben genauso wie das Christentum.

Es gibt Fragen, die wir nur im Rahmen der religiösen Gesetze beantworten können. Im Islam existieren für manche Dinge klare generelle Regeln, bei anderen hat der Mensch die Verpflichtung, selbst zu entscheiden. Der Prophet hat uns erklärt, daß es Sachen gibt, die wir Menschen allein lösen müssen.

★

Mein Verständnis über den Islam sagt, daß z.B. Abtreibung unter bestimmten Bedingungen erlaubt ist, z.B. wenn die Mutter dar-

■ *Abtreibung zwischen Mutter & Kind* ■

unter gesundheitlich leidet. Das gilt aber auch, wenn wir sehen, daß der Embryo verkrüppelt ist und verkrüppelt zur Welt käme. Ich betone jedoch, daß das mein Verständnis zu dieser Frage ist.

Sie müssen sehen, daß ein Kind Gottes Wesen darstellt und weder Mutter noch Vater ein Kind kreieren. Im Islam ist der Mensch die höchste und wertvollste Kreatur.

Ich habe z.B. den Tisch, an dem wir sitzen, von dem gekauft, der ihn gemacht hat. Stellen wir uns nun vor, ich hätte den Tisch sofort nach dem Kauf zerschlagen. Natürlich hätte ich mit dem Produzenten sofort Krach, denn das würde dem nicht gefallen. Abtreibung ist ein Angriff auf Gottes Autorität, und es wird ihm darum nicht gefallen.

Es gibt aber eine Regel im Islam, die in etwa aussagt, daß wir das akzeptieren sollen, was uns weniger Schaden bringt. Das spricht eben dann für die Mutter. In bezug auf einen verkrüppelten Embryo ist mir sehr wohl bewußt, daß die römisch-katholische Kirche die Abtreibung ablehnt. Jedoch müssen wir festhalten, daß gerade die Kirche ihre Meinung oft ändert.

Christus hat gesagt: Man soll sich nicht gegen das Böse wehren. Wenn mir meine islamische Religion eine Abtreibung erlaubt und das katholische Christentum im Moment nicht, so darf sich der Christ innerlich ärgern – aber angreifen darf er mich nicht.

★

Nicht die Religion macht uns das Problem, denn die Religion und Christus würden selbst in so einem diffizilen Fall der Abtreibung

■ *Katholizismus im Umbruch* ■

einen Angriff verbieten. Doch die Autoritäten, die Kirchen stellen das Problem in der Verständigung dar. Ich habe den Eindruck, als sei der Papst in seiner Kirche manchmal wichtiger als Christus.

Wir können den Papst so lassen, wie er ist, und uns trotzdem verständigen. Denn die Katholiken teilen sich bereits in zwei Welten: Da haben wir zunächst Lateinamerika, wo die Kardinäle sich von den Rahmenbedingungen des Papstes gelöst haben und sich mehr den sozialen Angelegenheiten widmen. Wir nennen sie auch die roten Kardinäle, weil sie den Armen helfen. Der Papst ist konservativ. Doch das dauert nur noch eine gewisse Zeit, und diese Haltung wird vergehen.

Sehen Sie: Die Frage über Abtreibung ist nicht viel wichtiger als die Frage über Scheidung. Die Bibel hat z.B. auch über die Scheidung geredet und sie limitiert. Jesus wiederum hat nie über die Abtreibung gesprochen.

Der Islam stellt fest, daß es Dinge gibt, in denen der Mensch nicht das Recht hat zu spionieren. Abtreibung, was zwischen Mann und Frau im Bett geschieht sind reine private Sachen und gehen niemanden etwas an. Das geht bei uns sogar so weit: Wenn ein Mann auf Reisen ist, darf er nicht unangemeldet zurückkommen. Er muß vorher eine Nachricht senden, praktisch eine Vor-Warnung loslassen.

★

Gentechnologie ist generell erlaubt, wenn sie zum Nutzen der Menschen und der Tiere eingesetzt wird. Natürlich steht auch im

■ *Wissenschaft zum menschlichen Nutzen* ■

Koran die sinnvolle Warnung, daß man das Leben auf Erden nicht zerstören darf.

Adam und Eva sind aus dem Paradies vertrieben worden. Da gab es einen Dialog zwischen Gott und dem Teufel, in dem der Teufel meinte: *»Ich werde hart arbeiten, um die Menschen dazu zu bringen, daß sie Gottes Kreationen verderben und zerstören.«* Das ist eine Prophezeiung für das, was noch geschieht. *»Ich werde den Menschen befehlen«*, so der Teufel, *»daß sie Gottes Kreaturen ändern werden.«*

Das also ist es, was man mit Gentechnik macht, und es hat ähnliche Bedingungen wie mit der Atomkraft. Doch wir sehen darin kein Problem, daß es so etwas immer wieder gibt, weil Gott dem Teufel sein Werk nicht gelingen lassen wird.

Der Islam erlaubt uns alles, was uns, den Menschen, Tieren und Pflanzen, Nutzen bringen wird. Wir können schließlich vorhersehen, was uns schadet, da es immer auch eine Phase für Experimente, eine andere Phase für die Realisierung gibt.

★

Nur wenige Laboratorien experimentieren heute mit Gentechnologie. Das Problem der Verantwortung trägt immer der einzelne

Wissenschaftler. Und im Islam sind wir der Überzeugung, daß die Bewertung einer Frage davon abhängt, was das innere Gewissen sagt, warum man es macht. Wenn also der Wissenschaftler experimentiert, um das Leben zu verbessern, so akzeptieren wir das, selbst wenn die Resultate dann später gänzlich anders als erwartet sind.

Wenn wir sicher sind, daß ein Schaden aus den Experimenten entstehen kann, dann müssen wir auf den Wissenschaftler einwirken; sind wir jedoch nicht sicher, dann haben wir keine innere Möglichkeit der Intervention.

Nur wenn wir sicher sind, daß etwas in die falsche Richtung geht, dürfen wir eingreifen. Sonst müssen wir es offenlassen. Da müssen wir praktisch sein. Man kann die menschliche Entwicklung nicht limitieren. Das ist unmöglich, keiner wird zuhören.

Im Islam wird man verpflichtet, die zu verteidigen, die leiden. Egal wo, egal, ob Muslim oder nicht. Was wir nur tun können, ist, Wissenschaftler dazu zu bringen, daß sie selber mehr Gewissen haben. Leider existiert Kriminalität überall.

Wenn wir sicher sind, daß etwas Schlechtes entwickelt wird, dann muß der Muslim auch die Schwachen verteidigen, die dadurch schwach sind, daß sie noch gar nicht geboren sind: also die zukünftigen Generationen. Wir dürfen aber nichts tun, nur weil wir denken, es könnte etwas sein oder passieren.

Atomkraft ist Gewinn und Verlust. Im letzten Weltkrieg ist in Japan die Atombombe gefallen. Schrecklich und eine große Katastrophe.

■ *Zweiseitigkeit auch des Schrecklichen* ■

Und trotzdem sehen wir auch die positive Entwicklung darauf hin:
In Agrarfragen, Fragen der Energie. Alles hat im Leben Vor- und
Nachteile. Hüten wir uns davor, nur die eine Seite zu sehen!

Die historische Entwicklung von Wissenschaften hat uns folgendes
beigebracht: Jedes Problem kann zukünftig gelöst werden. Gentechnologie und die Gefahren muß man im Kopf haben, jedoch
dürfen wir nicht vergessen, daß es noch wichtigere Dinge auf der
Welt gibt.

★

Ist es denn logisch, daß wir uns mit zukünftigen Problemen
beschäftigen und unsere jetzigen ungelöst lassen?

■ *Priorität der jetzt Lebenden* ■

Es existiert eine Weisheit in der Geschichte der Völker. So sagte
z.B. auch Buddha: *»Wenn ein Feuer in einem Haus ausbricht, muß
man erst das Feuer auslöschen.«* Dann, erst dann, können wir über
die anderen Fragen reden.

Das Budget von Deutschland z.B. wird so aufgeteilt, daß das
meiste nur ausgegeben wird, um die deutsche Gesellschaft und
deren Probleme zu befriedigen. Nur sehr wenig geht in die Er-
kenntnisermittlung oder dann in die praktische Hilfe. Doch zunächst muß der Mensch essen, wohnen und sich kleiden, benötigt
Schule und Bildung. Wenn Sie da nicht aktiv was tun, wird Ihre
Religion nicht bleiben, werden auch andere (passive) Religionen
nicht überstehen.

Man hat vor einigen Tagen eine Frau in Afrika gefunden, die seit drei Tagen verstorben war. Ihr Kind lag noch an ihrer Brust und hatte versucht, Nahrung aufzunehmen. Das Kind wurde gerettet. Ist das nicht schrecklich, und müssen wir hier nicht mehr tun? Gott wird uns zur Verantwortung ziehen für das, was jetzt geschieht. Im Islam heißt es: Wenn einer satt schläft, während sein Nachbar Hunger hat, dann ist er kein Muslim mehr.

★

»*Die Grünen*« haben hier in Ägypten angefangen, aber nicht gewonnen. Ich unterstütze alle Reformen, egal welcher Art. Wir

■ *Trotz Religion verändert vornehmlich die Politik* ■

brauchen auch die Politik, weil sie die Macht ausübt. Es wäre sehr schwierig, neue Konstellationen aufzubauen, z.B. einen interreligiösen Rat mit dem großen Scheikh, mit dem katholischen Papst, mit Papst Shenouda, dem Dalai Lama usw. zu bilden. Das ist eine schöne Idee, aber unpraktisch. Das Volk wird immer sagen – machen Sie sich da nichts vor –: Löst jetzt unsere und erst dann die Probleme der Zukunft. Die Menschen werden glauben, daß ein zusätzlicher interreligiöser Rat, eine Art Religionsparlament wie die UN, daß dieser Rat sie für dumm verkaufen will, wenn sie besonders die Aspekte der Zukunft herausarbeiten wollen.

Nehmen Sie die Palästinenser, die jeden Tag ermordet werden, die scheren sich einen Teufel darum, was morgen sein wird. Die müssen heute leben.

Ich glaube, wir müssen über die politischen Parteien wirken, da diese eine starke Rolle in der Gesellschaft besitzen und anerkannt sind. Auch die Intellektuellen glauben den Parteien, es existieren internationale Zusammenschlüsse wie die internationalen Sozialisten. Es ist viel leichter, über diesen Weg auch für ökologische Fragen eine Union zu gründen, als neue (auch religiöse) Verbindungen zu schaffen.

★

Länder wie wir müssen von den anderen Ländern lernen, ohne deren Fehler zu machen. Wir unterstützen jeden westlichen Pro-

■ *Industrielles & Soziales anschauen, aber filtern* ■

greß. Aber die westlichen Werte, die jetzt zu uns kommen, die müssen wir erst einmal filtern. Wir werden einige akzeptieren: Strikte Arbeit, Respektieren der Zeit, das Geld, die einfache Methode, eine Familie zu gründen. Obwohl das alles im Islam vorhanden ist, sind wir bereit, die Nuancen vom Westen zu übernehmen. Aber es gibt Dinge, die wir auf keinen Fall anerkennen werden, wie z.B. die offene Familie.

Das Materielle akzeptieren wir leichter. Wenn eine Gesellschaft nicht industriell ist und industriell werden möchte, dann muß sie imitieren und kopieren. Sie kann zwar auswählen, darf jedoch nicht übermäßig wählerisch sein, da alles von ihren Voraussetzungen ausgehen muß, um zu (über)leben.

Die westlichen Sozialbedingungen erkennen wir auch an, jedoch müssen diese für uns besonders gefiltert werden. Wir können selbst feststellen, was wir brauchen. Da haben wir Erfahrungen mit uns selbst.

Ergänzende Literatur

Abdel-Wahab Ali, Ahmed: The Christ. As seen in the Sources of the Christian Beliefs, Kairo 1985

Blake, William: Die Hochzeit von Himmel und Hölle, Bad Münstereifel 1987
Boyd, Doug: Swami Rama, München 1985
Brück, Michael von: Denn wir sind Menschen voller Hoffnung. Gespräche mit dem XIV. Dalai Lama, München 1988

Capra, Fritjof: Wendezeit, München 1983
Capra, Fritjof: Das Tao der Physik, München 1984
Capra, Fritjof + Steidl-Rast, David: Wendezeit im Christentum, München 1991
Charukeerty Bhattarak Swami: Religion and World Peace, Shravanabelagola Chapter, Karnataka 1985

Eynseck, Hans J. + Sargent, Carl: Der übersinnliche Mensch, München 1984

Grimm, Georg: Die Lehre des Buddho, Freiburg 1988

Dalai Lama: Das Auge einer neuen Achtsamkeit, München 1987
Dalai Lama: Logik der Liebe, München 1989
Dalai Lama: Das Buch der Freiheit, Bergisch Gladbach 1990
Davis, Paul: Gott und die moderne Physik, München 1986
Div.: Lexikon der östlichen Weisheitslehren, München 1986

Edwards, Harry: Geistheilung, Freiburg 1983

Fremantle, Francesca + Trungpa, Chögyam (Hrsg): Das Totenbuch der Tibeter, Köln 1991

Gandhi, M.K.: Die Geschichte meiner Experimente mit der Wahrheit, Gladenbach 1984
Ganeshdas Sadhubella Mahant, Acharya Swami: Geeta-Ratnam, Shri Sadhubella Udasin Ashram, Bombay 1989
Glasenapp, Helmut von: Die Philosophie der Inder, Stuttgart 1985
Gosselke, Josepha: Mit Mutter Teresa unterwegs, Freiburg

Hemleben, Johannes: Teilhard de Chardin, Reinbek 1991
Hicks, Roger + Ngakpa, Chögyam: Weiter Ozean. Dalai Lama, Essen 1985
Hillebrand, Alfred: Upanishaden, Stuttgart 1981
Hoffmann, Werner (Hrsg): William Blake 1757-1827, München 1975
Hunt, Leigh: The Story of The Marylebone Spiritual Association. Its Work & Workers 1872 - 1928 (heute: SAGB Spiritual Association of Great Britain), London 1928

Johanson, Tom: Zuerst heile den Geist, Freiburg 1984
Johanson, Tom: Heilkraft, die von innen kommt, Freiburg 1986
Johanson, Tom: Durch Schatten zum Licht, Freiburg 1988

Kaptchuk, Ted J.: Das große Buch der chinesischen Medizin, München 1988
Kelly, Petra K. + Bastian, Gert (Hrsg): Tibet – ein vergewaltigtes Land, Reinbek 1988
Kennedy, Alex: Was ist Buddhismus, München 1987

Leveson, Claude B.: Dalai Lama, Zürich 1990

Maharshi, Ramana: Sei, was Du bist, München 1990
Mahdi, Abdel Hamid Sheikh et al.: Child Care in Islam, Kairo 1985
Müller, Helmut A. (Hrsg): Naturwissenschaft und Glaube, München 1988
Muller, Kal + Zach, Paul: Indonesien (Bild/Textband), Berlin 1987

Richard, Wilhelm: I Ging. Das Buch der Wandlungen, München 1988
Riemann, Gerhard (Hrsg): Bhagavadgita, München 1989 .
Roberts, Ursula: Ramadan. Segen der Liebe, Fulda 1989
Rothermund, Dietmar: Mahatma Gandhi. Der Revolutionär der Gewaltlosigkeit, München 1989
Roy, Biren: Mahabharata, Stuttgart 1981

Schenuda (Shenouda) III: Aussprüche zur geistigen Erbauung, Zweiter Teil 51-100, o.O., Schweiz 1989
Schenuda (Shenouda) III: Allem gewachsen, weil Christus mich stärkt, Freiburg 1990
Schweizer, Gerhard: Ungläubig sind immer die anderen. Weltreligionen zwischen Toleranz und Fanatismus, Stuttgart 1990
Simon, Karl Günter: Islam. Und alles in Allahs Namen, Hamburg 1988
Stikker, Allerd: Tao, Teilhard und das westliche Denken, München 1986

Trevelyan, George: Eine Vision des Wassermann-Zeitalters, München 1987
Trevelyan, George: Unternehmen Erlösung, Kimratshofen 1989

Vivekananda, Swami: Vedanta, München 1989

Weck, Wolfgang: Heilkunst und Volkstum auf Bali, Bali/Jakarta 1986

Wehr, Gerhard: Rudolf Steiner. Leben. Erkenntnis. Kulturimpuls, München 1987

Wilber, Ken: Halbzeit der Evolution, München 1988

Yücelen, Yüksel: Was sagt der Koran dazu, München 1988

DER AUTOR

Malte W. Wilkes, geb. 1949 im Ruhrgebiet, ist Geschäftsführender Gesellschafter der Unternehmensberatung und Kommunikations- agentur IFAM Institut für angewandte Marketing-Wissenschaften BDU in Düsseldorf.

Das Institut berät seit 12 Jahren nationale und internationale Unter- nehmen in Management und Marketing, konzipiert Werbung u.a. für die Pharma-, Food-, Glas-, Automobil-Industrie, für Non-profit- Organisationen und andere.

Malte W. Wilkes ist u.a. Kolumnist im MARKETING JOURNAL, Chef- redakteur des PHARMA-MARKETING JOURNAL und schrieb über 20 Bücher. Seine letzten Publikationen beschäftigten sich mit der *»Kunst, kreativ zu denken«* sowie als Trilogie der *»Idee vom sanften Marketing«*, der *»Idee vom Selbst im Marketing«* und schlußendlich *»Lebensqualität in Management und Marketing. Eine Idee«*.

Ihn interessiert insbesondere Wertewandel, Ethik und Lebensqualität in der Wirtschaft. Zu diesen Themen führte er Gespräche mit alter- nativen Denkern, Philosophen, Heilern und Religionsführern in Asien, Europa und Afrika.

Aus diesen Gesprächen und dem Wunsch, die Zukunftstendenzen zu erfassen, selbst mitzuformen, sie für das Leben in Arbeit und Frei- zeit, Krankheit und Gesundheit darzustellen, entstand das vorlie- gende Buch.